Printed in the United States
By Bookmasters

معجم الألفاظ الاقتصادية
في لسان العرب

معجم الألفاظ الاقتصادية
في لسان العرب

الدكتور
ياسر عبد الكريم الحوراني
كلية المجتمع بالباحة/ جامعة أم القرى

الكتاب حائز على جائزة مصرف الراجحي
لأبحاث الاقتصاد الإسلامي المتميزة لعام ٢٠٠٥م

الطبعة الأولى
١٤٢٧هـ - ٢٠٠٦م

المملكة الأردنية الهاشمية رقم الإيداع لدى الدائرة الوطنية (٢٠٠٦/٨/٢١٤٧)
رقم الإجازة المتسلسل لدى دائرة المطبوعات والنشر (٢٠٠٦/٧/٢٦٨٥)

٤١٣.١١

الحوراني ، ياسر

معجم الألفاظ الاقتصادية في لسان العرب/ ياسر عبد الكريم الحوراني. -عمان:

دار مجدلاوي ، ٢٠٠٦

( ) ص.

ر.أ: (٢٠٠٦/٨/٢١٤٧)

الواصفات: / معاجم المفردات // الاقتصاد//القواميس// اللغة العربية/

* تم إعداد بيانات الفهرسة والتصنيف الأولية من قبل دائرة المكتبة الوطنية

ISBN 9957-02-252-0 (ردمك)

دار مجدلاوي للنشر والتوزيع
تليفاكس : ٥٣٤٩٤٩٧ - ٥٣٤٩٤٩٩
ص . ب ١٧٥٨ الرمز ١١٩٤١
عمان - الأردن

Dar Majdalawi Pub.& Dis.
Telefax: 5349497 - 5349499
P.O.Box: 1758 Code 11941
Amman- Jordan

www.majdalawibooks.com
E-mail: customer@majdalawibooks.com

الآراء الواردة في هذا الكتاب لا تعبر بالضرورة عن وجهة نظر الدار الناشره.

الإهداء

إلى التي لم تزل منذ ريعان عمري وعنفوان شبابي وحتى الآن التمس يدها الحانية لأجفف بها عرق المسير.. إلى أمي

المحتويات

إطلالة

يوضح الفقيه الرحالة الإمام المقدسي المعروف بالبشاري مدى المشقة وشدة المعاناة التي لقيها عندما وضع كتابه " أحسن التقاسيم في معرفة الأقاليم " والذي جمعه ورتبه بعد رحلة سفر طويلة لحق به فيها كل ما يلحق المسافرين إلا الكدية وركوب الكبيرة ، فيقول :

" تفقهت وتأدبت، وتزهدت وتعبدت، وفقهت وأدبت، وخطبت على المنابر، وأذنت على المنائر، وطردت في الليالي من المساجد، وسحت في البراري، وتهت في الصحاري، وصدقت في الورع زمانا، وخالطت حينا السلطان، وملكت العبيد، وأشرفت مرارا على الغرق، وخدمت القضاة والكبرا، وخاطبت السلاطين والوزرا، وصاحبت في الطرق الفساق، وبعت البضائع في الأسواق ، وسجنت في الحبوس، وأخذت على أني جاسوس، وركبت الكنائس والخيول، ومشيت في السمائم والثلوج، ودبر قتلي غير مرة وحججت وجاورت، وغزوت ورابطت، وعريت وافتقرت مرات، وكاتبني السادات ووبخني الأشراف، ورميت بالبدع، واتهمت بالطمع، وعاندني الحاسدون، واتبعني الأرذلون، وسعي بي إلى السلاطين.. فكم من قاسى هذه الأسباب وبين من صنف كتابه في الرفاهية ووضعه على السماع "

مدخل تمهيدي

وفيه ثلاثة مباحث :

المبحث الأول : خطة البحث

المبحث الثاني : مقارنة مسحية بين الدراسة محل البحث والمعاجم الأخرى ذات العلاقة

المبحث الثالث : أهمية اللغة وعلاقتها بالاقتصاد

المقدمة

الحمد لله حمدا كثيرا ، الذي يعلم السر وأخفى ، فلا يفوت علمه لفتة ناظر ولا فلتة خاطر ، وأشهد ان سيدنا محمدا عبده ورسوله ، جاء بالموعظة والشفاء والنور المبين ، هاديا ومبشرا ونذيرا ، فصلى الله عليه وعلى آله وصحبه وسلم ، وبعد :

فإن الاقتصاد الإسلامي يمثل أحد أهم الزوايا العلمية للمعالجة الإسلامية الشاملة لمنظومة الكون والإنسان والحياة ، وفي هذه المنظومة تقوم علاقة الإنسان بالمجتمع على أسس تعاونية وتكافلية منضبطة بتعاليم الإسلام ، وبدون شك أن سياسة المال وضمان الحاجات الأساسية للإنسان وتوفير أسباب الرفاه والرخاء العام تعد من الملامح البارزة لتلك العلاقة التي ينهض بها الإنسان في عمارة الكون والحياة .

وواضح أن الاقتصاد الإسلامي ينطوي على دراسة فروع معرفية متعددة ، ومنها دراسة اللغة التي تدخل في ضبط المصطلحات المتعلقة بهذا العلم ، وهي مصطلحات اقتصادية وأخرى فقهية ، بمعنى أن دراسة الجانب اللغوي في مجال الاقتصاد الإسلامي تعني تتبع الدلالات الاقتصادية في مجال إضافي آخر غير الاقتصاد وهو مجال الفقه لأن الألفاظ الفقهية كالألفاظ الاقتصادية من جهة استخدامها في مجالات تنظيم الجانب المادي في حياة الإنسان وأنشطته الاقتصادية المختلفة ، ويمكن بيان الملامح الأساسية في هذا المجال من خلال ثلاثة مباحث :

المبحث الأول : خطة البحث

المبحث الثاني : مقارنة مسحية بين الدراسة محل البحث والمعاجم الأخرى ذات العلاقة

المبحث الثالث : أهمية اللغة وعلاقتها بالاقتصاد

المبحث الأول: خطة البحث

وفيه أربعة مطالب، وهي :

المطلب الأول ـ أسباب اختيار البحث وأهميته وأهدافه

المطلب الثاني- معايير اختيار الألفاظ الاقتصادية

المطلب الثالث - منهجية البحث

المطلب الرابع - الدراسات المعجمية السابقة

المطلب الأول

أسباب اختيار البحث وأهميته وأهدافه

يقوم اختيار البحث على مجموعة من الأسباب والأهداف التي تشكل بمجموعها أهمية كبيرة للباحثين والمهتمين بدراسة الاقتصاد الإسلامي ، ويمكن إجمالها بالنقاط التالية :

1ـ إن أهمية الإحاطة بالتفسير اللغوي لمصطلحات الإقتصاد الإسلامي تعزز من الفهم المتعمق للدلالات الاقتصادية التي تتضمنها تلك المصطلحات ، فالمعروف أن عملية استيعاب اللغة تعد وسيلة أساسية لفهم جذور الألفاظ وأصولها الحقيقية ، وينسجم ذلك مع المنهجية العامة التي يسلكها الفقهاء في شروحاتهم الفقهية ، والتي تقوم على بيان المصطلح اللغوي ابتداء ، وقد استنبطوا في هذا المجال " قاعدة الحكم على الشيء فرع عن تصوره " .

2- ولما كان الاقتصاد أحد العلوم الإنسانية التي تشترك فيما بينها ضمن مفاهيم عديدة ، فإن الحاجة تبدو كبيرة لإحياء البحث في دراسات جديدة ومهمة ، ومنها علاقة الاقتصاد باللغة في الإطار الإسلامي ، وبدون شك أن البحث في هذا الإطار يكون حسب الدلالات الاقتصادية والفقهية أكثر اتساعا وعمقا من أطر اللغات الأخرى ، وذلك أن اللغة العربية تختلف عن سواها من اللغات بحجم المفردات من جهة ووجود مصادر لغوية ومجهود علمي تراثي كبير من جهة أخرى .

3 - إن البحث في علاقة اللغة بالاقتصاد الإسلامي يشكل أداة ضرورية وحلقة مهمة في سلسلة إسلامية المعرفة ، والتي لا يمكن أن تسهم في بناء المشروع الحضاري الإسلامي المعاصر إلا بتماسك هذه الحلقات وتكاملها في الكشف

عن آفاق المعرفة الإسلامية الواسعة ، علاوة على أن إسلامية المعرفة لا يمكن أن تحقق الأهداف المرجوة منها ما لم ترتكز بصورة أساسية على الأصول والجذور التي تشكلت منها الثقافة الإسلامية ، والواقع أن أهمية البحث في اللغة وعلاقتها بالاقتصاد الإسلامي يشكل في هذا المجال أحد الجسور المهمة في عملية النهوض والتواصل مع التاريخ والتراث .

4 - إن الوصول إلى الدلالات الاقتصادية في ألفاظ اللغة العربية من شأنه أن يوفر قاعدة بحثية ومعلوماتية يمكن الانطلاق منها لمعرفة وبناء أفكار ومفاهيم جديدة في مجال الاقتصاد الإسلامي . وفي هذا الجانب تتولد ثقافة لغوية جديدة لدى المهتمين والدارسين للاقتصاد الإسلامي ، مما لا يستغنى عنه في إعادة بناء وتكوين الشخصية الإسلامية في نطاق البحث والدراسة على أسس ثقافية ومعرفية أكثر عمقا وشمولا .

5 - ومما يساعد في عملية النهوض والارتقاء بمستوى البحث في الاقتصاد الإسلامي أن حصر علاقة اللغة بهذا العلم يسد فراغا ملحوظا سواء في اهتمامات الدارسين أو عدم توافر المرجعيات اللغوية اللازمة في هذا المجال ، فالمعروف أن المكتبة العربية تخلو من أية مصادر متخصصة حول علاقة اللغة بالاقتصاد الإسلامي .

6 - وواضح أن إفراد البحث في مجال علاقة اللغة بالاقتصاد الإسلامي ضمن مرجـع معجمي متخصص من شأنه تسهيل عملية البحث ، فبدلا من الرجوع إلى مصادر لغوية عديدة ، تختلف في أماكنها ومنهجيتها في اختيار الألفاظ ، كما تختلف في طبعاتها على مستوى المصدر الواحد ، وغير ذلك من المشاق التي يتكبدها الباحث ، فإن عملية البحث في نطاق معجم

متخصص في هذا الباب تبدو أكثر سهولة وتيسيرا بالمقارنة مع إضاعة المزيد من الجهد .

7 – إن الكتابة حول علاقة اللغة بالاقتصاد الإسلامي هـو بذاتـه مـؤشر عـلى أهميـة الانعطـاف في مسار البحث والدراسات الاقتصادية الإسلامية نحـو موضـوعات جديـدة ومبتكـرة تهـدف إلى معالجة الاختلالات والقصور في زوايا عديدة من أبحاث الاقتصاد الإسلامي .

المطلب الثاني

معايير اختيار الألفاظ الاقتصادية

تقوم عملية البحث في اختيار الألفاظ الاقتصادية على المعايير التالية :

1 - **معيار الدلالة الاقتصادية** : يعتمد هذا المعيار على المضمون الاقتصادي أو المضمون الفقهي الاقتصادي للمواد اللغوية المختارة . فأما المضمون الاقتصادي فيدخل في موضوعات الاقتصاد عامة ، كالتنمية ، وتفاعلات السوق ، وعمليات التبادل ، والنقود ، والأهداف الاقتصادية ، وكل ما يتعلق بالسلوك الاقتصادي . وأما المضمون الفقهي الاقتصادي فيدخل في الموضوعات الفقهية التي تنطوي على أية دلالة اقتصادية .

2 - **معيار المعاملات المالية** : فالمعروف أن الاقتصاد الإسلامي تركز بشكل أكبر في مجال المعاملات المالية ، ومنها مجال البيوع بأنواعها المختلفة ، وقد راعى البحث تتبع الألفاظ اللغوية التي تنطوي على هذا الجانب باعتبار أنها أهم مظاهر الاقتصاد الإسلامي خصوصا في المجال المصرفي .

3 - **معيار المفاهيم الخاصة بالاقتصاد الإسلامي** : فإن الاقتصاد الإسلامي يتميز بوجود أنشطة مالية واقتصادية خاصة غيرموجودة في أشكال الاقتصاد الأخرى ، وبسبب ذلك تظهر مفاهيم مهمة ترتب على كل مفهوم منها مواد لغوية عديدة ، ومن هذه المفاهيم "الزكاة " ، و"الخراج " ، و " الربا " ، و " المكاييل والأوزان " و " الغذاء المحرم " .

4 - **معيار المهن والصنائع**: تركز هذا المعيار في إيراد المهن والصنائع باعتبارها ظاهرة اقتصادية، وذلك من خلال الإشارة إلى الألفاظ اللغوية الدالة عليها في المتن ، وأما طبيعة المهن والصنائع فتم إفراد كشاف خاص بها في آخر البحث.

المطلب الثالث

منهجية البحث

تعتمد منهجية البحث على عدة إجراءات ، أهمها :

1- إجراء فحص يدوي لجميع المواد اللغوية لمعجم " لسان العرب " ، من أجل استقصاء وحصر جميع المفردات اللغوية المتضمنة أية إشارات اقتصادية حسب معايير البحث .

2 – التقيد بالمصطلح الاقتصادي ، أو المصطلح الفقهي الاقتصادي ، حسب مادته اللغوية كما وردت في اللسان ، مع المحافظة قدر الإمكان على خصوصية المصطلح ودقته ودلالته الاقتصادية.

3- التوسع في إيراد المادة اللغوية الاقتصادية من خلال الرجوع إلى القاموس المحيط للفيروزآبادي وإثبات أية اشتقاقات أو تصاريف جديدة . أي أن جميع المواد اللغوية الاقتصادية المستنبطة من لسان العرب تم مقابلتها مرة أخرى مع القاموس المحيط ، وتعد هذه الخطوة بمثابة عملية تصفية للألفاظ المنتقاة ، وقد تمخضت عن الملاحظات التالية :

● الاستفادة من (97) مادة لغوية اقتصادية من القاموس المحيط إما بإضافات اشتقاقية وتصاريف للأفعال وإما بإضافات في مجال المعاني والأفكار ، وقد جاءت جميع الإضافات محدودة بشكل كبير بحيث أن عدم وجودها لا يخل بالمعنى الموضوع أصلا .

● لم يغط القاموس جميع المواد اللغوية الاقتصادية المنتقاة من لسان العرب ، وقد وصل العدد الإجمالي للمواد التي لم يتم العثور عليها إلى (114) أصلا لغويا من المجموع الكلي للألفاظ الواردة في لسان العرب وعددها (588) أصلا لغويا ، أي أن ما يقارب خمس المادة اللغوية الاقتصادية الموجودة في لسان العرب غير موجودة في القاموس المحيط .

● جميع المادة اللغوية الاقتصادية المستنبطة من لسان العرب جاءت في سياق لغوي شامل ، وفي أغلب الأحيان تنسب المعاني والأفكار إلى أهل اللغة ممن أخذ عنهم ابن منظور ، وهذه المنهجية غير موجودة أصلا في القاموس المحيط،

فضلا عن الاختصار والإيجاز ، وعدم إيراد المعاني الاقتصادية للألفاظ اللغوية الموجودة في معظم الأحيان. ويدل ذلك بشكل قطعي على أهمية اللسان كمرجع أساسي في تناول الألفاظ والبحث في معانيها واشتقاقاتها اللغوية .

4 - الرجوع إلى معجم مقاييس اللغة لابن فارس لإثبات المفهوم اللغوي للمادة الواردة حسب اشتقاقها من حروف العربية ، والاستفادة من الأصل اللغوي لكل مادة وفق هذا المعيار وبيان أصل اشتقاقها اللغوي وإثباته أولا عند تعريف المادة.

5 - التوسع في إيراد المادة اللغوية التي تحتمل أكثر من دلالة اقتصادية ، دون الإخلال بالسياق أو المضمون .

6 - الالتزام بإيراد جميع الأحاديث النبوية الواردة في سياق اقتصادي ، علاوة على إيراد الآيات القرآنية ، وكذلك الإشارة الى أية أقوال مأثورة في المجال الاقتصادي .

7- توثيق الآيات القرانية ، وتخريج الأحاديث النبوية من مظانها ومصادرها مع الإشارة إلى الأحاديث التي ليس لها أصل .

8 - الرجوع إلى الدراسات السابقة والاستفادة منها ما أمكن .

9 - التمهيد للبحث من خلال توضيح أهمية اللغة العربية وتتبع جوانب علاقتها وارتباطها بعلم الاقتصاد .

10 - وضع فهارس تحليلية في نهاية البحث تضم الآيات القرآنية ، والأحاديث النبوية ، وأصحاب الأعمال والمهن وأنواع البيوع . وأما فهرس الموضوعات فيشمل جميع المواد اللغوية مصنفة ضمن مجموعات اقتصادية مختلفة ، بحيث ينتظم كل مجموعة فكرة اقتصادية واحدة ، وبالتالي فإن كل مجموعة اقتصادية تقع في سلة اقتصادية واحدة متجانسة في دلالة المواد اللغوية الواردة فيها .

11 - إعادة ترتيب المادة اللغوية حسب الترتيب الألفبائي بدلا من طريقة باب الحرف الأخير ، فصل الحرف الأول التي يعتمدها اللسان وذلك للسهولة واليسر .

المطلب الرابع

الدراسات المعجمية السابقة

إن الدراسات المعجمية في مجال مصطلحات الاقتصاد الإسلامي تقع في أكثر من جانب من جوانب العلوم الإنسانية ، وذلك بسبب الطبيعة المتداخلة لها . وربما يكون الاقتصاد الإسلامي هو أحد أكثر العلوم الإسلامية تعقيدا في عملية التداخل مع العلوم الإنسانية ككل ، والواقع أن موضوعات الاقتصاد الإسلامي وإسهاماته المختلفة تقع في مدى شديد التنوع في عملية التصنيف . وقد صنف غير واحد من المعاصرين في مجال الأعمال المعجمية المتخصصة في الاقتصاد الإسلامي، ويمكن حصر ست دراسات معجمية في هذا المجال ، وهي :

1 - المعجم الاقتصادي الإسلامي للدكتور أحمد الشرباصي :

يعد هذا المعجم من أقدم المعاجم التي تناولت مصطلحات الاقتصاد الإسلامي وقد توسع في بسط مسألة النقود ، وربما ساهم ذلك بسد فجوة كبيرة خصوصا أنه واكب انطلاقة العمل المصرفي الذي شهد نموا كبيرا مع بداية الثمانينات من هذا القرن . ولكن رغم وجود جهد علمي كبير مبذول في إخراج هذا المعجم ، إلا أنه يؤخذ عليه عدة أمور ؛ أهمها عدم مراعاة الجانب الفني في الكتابة والتصنيف ، فمثلا يخلو المعجم من وجود مقدمة موضحة لطبيعة العمل وأهميته وأهدافه إضافة إلى عدم وجود فهارس تحليلية وقائمة بالمراجع التي تم الاستفادة منها .ومن جانب آخر يكشف وجود مصطلحات ليست عربية وأخرى ليست اقتصادية عن قصور واضح في دقة حصر الألفاظ الاقتصادية وكيفية التعامل معها . وبدون شك أن المعجم يحتاج إلى إعادة توثيق لكل الأفكار المطروحة بالإضافة الى أهمية تخريج الأحاديث

من مظانها الأساسية ، كما يحتاج إلى منهجية واضحة في تناول المصطلحات وضبطها بطريقة محكمة ومتوازنة .

2 – زينة المصطلحات الاقتصادية في القرآن الكريم والأحاديث الشريفة ، حسن النجفي ، منشورات اتحاد المصارف العربية ، بيروت ، 1989 .

يشير المؤلف في بداية المعجم إلى منهجه فيقول : " وقد جهدت أن أقتصر في إصدار المعجم على المصطلحات الاقتصادية فحسب لسببين ؛ الأول أن هذا الباب لم يطرقه حسب علمي أحد من قبل . والثاني هو توافقه مع خبرتي النظرية والعملية التي اكتسبتها على مدى ما يزيد على الثلاثين عاما" .

والواقع ان هذا المعجم ترخص كثيرا في تحديد ومعرفة مصطلحات الاقتصاد الإسلامي حتى جاء على غير عادة المصنفين في هذا المجال ، فوقع في إشكاليات عديدة من حيث المفهوم والمضمون على السواء ، ويمكن تحديد بعض جوانب القصور في النقاط التالية:

❖ يشير في قائمة المراجع في آخره إلى المعجم الاقتصادي الإسلامي للشرباصي ، منشورات دار الجيل ، عام 1981 . وهذا يخالف ما ذهب إليه أن هذا الباب لم يطرقه أحد من قبل .

❖ يضم المعجم نحو (940) مصطلحا ، ولكن يوجد في هذه المصطلحات نحو (243) مصطلحا لا تقع ضمن مفاهيم الاقتصاد الإسلامي وهي تتوزع في مصطلحات مختلفة مثل :

● حياة الإنسان : وفيه مصطلحات عديدة يذكرها المعجم كالخلف والذراري والذكر وذوو الأرحام والربيبة .

- السفر : ويذكر فيه حقيبة السفر ودلج ودليل وذلول والزميل والزهبة والساري .

- السفينة : ويذكر فيه الحبل والخور والدسر والرمث والشحن والقارب والكلاء وهو المرفأ .

وهناك ألفاظ أخرى كثيرة شاذة عن المفهوم الاقتصاد الإسلامي مثل مصطلحات الخطيئة والعدة للمطلقة والغيبة والوسيلة وأنواع اليمين وغير ذلك من المفاهيم التي يدخل بعضها في حقل الجغرافية الاقتصادية وليس مصطلحات الاقتصاد الإسلامي ، وهذا يخالف طبيعة الخبرة الطويلة للباحث ، والتي أشار إليها في المقولة السابقة ، خصوصا أن ثبت المؤلفات للباحث المدرج آخر المعجم لا يدل على وجود أي كتاب أو بحث في مجال الاقتصاد الإسلامي ، وعدد هذه المؤلفات يصل إلى (21) كتابا.

❖ ورغم أن المعجم حسب عنوانه يبحث في المصطلحات الاقتصادية في القرآن الكريم والأحاديث الشريفة إلا أنه يتضمن نحو (321) مصطلحا لا يوجد فيها شاهد من القرآن أو الحديث ، وباستثناء نحو (342) مصطلحا تتضمن شواهد صحيحة فإن المصطلحات المتبقية تتضمن شواهد بعيدة عن السياق، مثل " رخا "؛ " فسخرنا له الريح تجري بأمره رخاء "، و " بيع القطوط "؛ " ربنا عجل لنا قطنا "، و " البور" أي الأرض الخربة ؛ " وكانوا قوما بورا".

❖ فالمعجم يحتاج إلى تصويبات مهمة ومنها تخريج الأحاديث النبوية لأنها أساس في منهجية العمل علاوة على أهمية تحديد المعايير المتبعة

في ضبط المصطلحات وتوثيق المصادر الأساسية في أماكنها وحسب ورودها في السياق .

3 - دليل المصطلحات الفقهية الاقتصادية للمؤلفين عز الدين التوني وعيسى زكي وخالد شعيب ، منشورات بيت التمويل الكويتي ، عام 1992 .

يركز دليل المصطلحات على الجانب الفقهي للمعاملات المالية ، وفي أغلب الأحيان يتناول حقيقة المصطلح بإسهاب وإطالة مناقشا فيها الأدلة الشرعية للوصول إلى الحكم الشرعي ، وفي بعض الأحيان يدمج بين التعريفات الفقهية والاقتصادية والقانونية . يوفر الدليل فكرة شاملة لمعظم المصطلحات التي أوردها وعـددها (134) مصطلحاً ، ويفيد في هذا الجانب القطاع المصرفي والعاملين والمتدربين فيه والباحثين في الفكر المالي في الإسلام بوجه عام . ومما يؤخذ على الدليل محدودية المصطلحات الواردة فيه بالمقارنة مع الحجم الكبير للمصطلحات في الاقتصاد الإسلامي ، كما أنه أغفل منهجية العمل من خلال المقدمة الموجزة الواردة في أوله . وهناك إجراءات فنية يحتاج الدليل إلى إعادة تصويبها مثل التعامل مع المصطلحات بطريقة دقيقة تلتزم مبدأ " الجمع والمنع " في تحديد المصطلح ، كما أنه يحتاج إلى تخريج الأحاديث من مظانها ومصادرها الأساسية .

4 - معجم المصطلحات الاقتصادية في لغة الفقهاء للدكتور نزيه حماد ، وقد تم نشره بدعم من شركة الراجحي المصرفية للاستثمار .

ينطوي معجم المصطلحات على جهد علمي كبير من خلال الالتزام بمنهجية محددة في معالجة المصطلحات محل البحث والدراسة . فينتقل إلى الجانب الفقهي للمصطلح بعد الإشارة اللغوية لحقيقته ، ثم يصل إلى الحكم الشرعي من خلال مناقشة الجانب الفقهي للمصطلح وبيان عموميته أو خصوصيته

المذهبية والفقهية . إن التوثيق للمصطلحات الفقهية الواردة في المعجم والتي يصل عـددها إلى (550) مصطلحا يؤكد عمـق البحـث مـن خـلال الرجـوع إلى مـصادر فقهيـة عديـدة تـم الاستفادة منها . ورغم وجود فائدة كبيرة متحققة مـن معجـم المـصطلحات عـلى المـستويين العلمي والبحثي إلا أنه يخلو من مقدمة علمية تتناول عناصر خطة العمل مثل المنهجيـة والإجراءات الفنية والدراسات السابقة وغيرها ، وعلى الجملـة فهـو يعـد مـن أفضل المعـاجم التي تتناول مصطلحات الاقتصاد الإسلامي وخصوصا تلك المصطلحات الفقهية الاقتصادية .

5 – معجم المصطلحات الاقتصادية والإسلامية ، علي بن محمد الجمعة ، منشورات مكتبة العبيكات ، الرياض ، عام 2000 م .

يتناول هذا المعجم المصطلحات الاقتصادية حسب مـدلولها في الفكر الغربي والمـصطلحات الاقتصادية الإسلامية ، وربما قصد الباحث بهـذا الأسـلوب ، وهـو غـير مـسبوق ، تـوفير مـادة معجمية مستقلة للمهتمين بدراسة الاقتصاد الإسلامي ، وذلك من جهة أن هذا العلـم يجمـع بين الاقتصاد والفقه . يـشير في المقدمة المـوجزة للمعجم بـأن منهجيتـه تقوم عـلى تحديد المصطلح الشرعي حسب ما ذهب إليه الجمهور ، دون الالتفات إلى أية خلافـات فقهيـة ، وفي حالة وجودها فإنه يعتمد الترجيح حسب قول الإمام أحمد وأصحابه . ولكنه لم يحدد معايير تحديد المصطلح اقتصاديا أو شرعيا ، كما تخلو المقدمة مـن الإشـارة إلى الأعـمال المعجميـة والدراسات السابقة مع أنها كثيرة جدا خصوصا في مجال الاقتصاد بوجه عام . وبدون شـك أن المعجم يحقق فائدة علمية للمهتمين في مجاله بسبب وجود جهد بحثي ملحوظ في ثناياه ، ولكنه يخلو من التوثيق كما يخلو من تخريج الأحاديث أو أية نصوص وأفكار

مقتبسة . ومن حيث المضمون يؤخذ عليه إيراد مصطلحات لا تتضمن مفاهيم اقتصادية بقدر ما هي مفاهيم فقهية ، مثل : إباحة ، براءة ، جهالة ، خيار ، الذمة ، عيب ..وهناك مصطلحات توسع في شرحها بما يخرج عن حقيقة المصطلح بمعناه الجامع المانع ، فتناولها بإسهاب وتفصيل ، مثل : التأمين (ص 156 - 164) ، والزكاة (ص 293 - 307) ، والبنك الإسلامي (ص 116 - 127) ، والبيع (ص134- 154) ، وغير ذلك .

6 – معجم مصطلحات الاقتصاد الإسلامي ، أبو الحسن علي السمّاني ، عام 2002 م .

ينطوي هذا المعجم على جهد علمي ، ولكن مع خلوه من التوثيق اللازم لجميع المضامين والأفكار فإنه يفوت الفرصة على الباحث من تحقيق أقصى استفادة ممكنة . وبوجه عام يحتاج المعجم إلى تصويبات في اختلالات منهجية عديدة :

❖ تخلو المقدمة من منهجية العمل وتحديد المصطلح ، كما أن تناوله للمصطلحات يطول ويقصر دون وجود معايير ضابطة سواء في مجال الشروحات الفقهية أو الاقتصادية الإسلامية أو الاقتصادية في الفكر المعاصر . كما تخلو المقدمة من الإشارة إلى المراجع والدراسات علما بأن هذا المعجم هو آخر المعاجم في حقله واختصاصه ، ولم يذكر في قائمة المراجع في آخره سوى بعض المعاجم العامة في الفقه واللغة دون المعاجم المتخصصة .

❖ ومن جهة المضمون يقع المعجم في اختلالات مشابهة للمعجم السابق مثل إيراد مصطلحات غير اقتصادية كالشرط والشفعة والصلح

والفسخ والـذود والـسفيه وغيرها ، كـما يتوسع في بـسط بعـض المـصطلحات شرحـا وتفصيلا بما يخرج عن حدود المصطلح مثل الوكالـة والـسلم والـشركة والتأمين والنقـود وغيرها .

ومن هنا يمكن الإشارة إلى الملامح العامة التي تجمع بين هذه الأعمال المعجمية الستة ، مـن خلال النقاط التالية :

1- تتكامل المعاجم فيما بينها إلى حد ما وبشكل نسبي سواء من حيث الفترة الطويلة التي تم تغطيتها أو من حيث المضامين والموضوعات الاقتصادية ، فكل معجم على حدة أضاف مصطلحات جديدة ومفاهيم أخرى غير موجودة في المعاجم الأخرى ، وبالتالي فإن الفائدة العلمية المرجوة من هذه المعاجم متعينة حسب طبيعة المصطلحات التي يريدها الباحث في هذا المجال ، وبدون شك أن المصطلحات المكررة تحقق صورة معينة من الجهد التراكمي والإضافة العلمية الجديدة .

2- تدمج المعاجم بين المصطلحات الفقهية والاقتصادية واللغوية وبعضها يتناول مصطلحات قانونية وجغرافية وغير ذلك .

3- تفتقر جميع المعاجم إلى وجود مقدمة علمية شارحة لطبيعة العمل المعجمي ومنهجيته والعناصر الأخرى المطلوبة وبخاصة الدراسات السابقة ومدى الإضافة العلمية المتحققة .

4- تعتمد المعاجم على الترتيب الألفبائي ، وبسبب عدم وضوح المنهجية فإن ثمة تكرارات لـبعض المصطلحات الفقهية والاقتصادية المركبة .

5- تخلو المعاجم من ثبت للفهـارس والكشافات التحليلية مـن حيث تصنيف المصطلحات في أبواب اقتصادية محددة .

6- وباستثناء معجم المصطلحات الاقتصادية في لغة الفقهاء فإن جميع المعاجم تفتقر إلى التوثيق المطلوب للأفكار والمفاهيم الواردة في ثناياها إضافة إلى عدم تخريج الأحاديث النبوية من مصادرها ومظانها .

وأما المعجم محل البحث والدراسة فإنه يتضمن بعض الخصائص والملامح الأساسية ، ممـا يجعله حلقـة مهمـة في سلـسلة الأعمـال المعجمية في الاقتصاد الإسلامي ، وبالتالي يقدم صـورة متكاملة مع الجهود العلمية الأخرى في هذا المجال ، ومن أبرز هذه الملامح والخصائص :

1 - يختص معجم اللغة بـإفراد الـدلالات الاقتصادية للألفـاظ والمـواد اللغوية حسب ورودهـا في معجم لسان العرب ، أي أن مـساحة البحـث محـددة ، ويعنـي ذلـك إمكانيـة الوصـول إلى مصطلحات اقتصادية غير واردة في المعاجم الأخرى.

2 - يلتزم المعجم بمنهجية البحث الاستقرائي في استقصاء العلاقة بين اللغة والاقتصاد ، مـما يعنـي عدم ورود مصطلحات فقهية بحتة ، وبوجـه عـام عـدم ورود مـصطلحات غـير متداولة أو معروفة في الفكر الاقتصادي الإسلامي .

3 - يسلك المعجم نفس المسلك المعروف في الدراسات العلمية الأصيلة وذلك مـن حيث وجـود مقدمة شارحة لعناصر خطة العمل وخصوصا الإشارة إلى الدراسات العلمية السابقة ومدى تحقيق إضافة جديدة .

4 - عدم وجود تكرارات للمصطلحات الواردة في ثنايا المعجم بسبب الاعتماد عـلى الأصل اللغـوي للمصطلح وليس المصطلح نفسه ، وذلك بترتيب المواد

اللغوية ترتيبا ألفبائيا جريا على عادة المعاجم اللغوية بوجه عـام للـسهولة واليـسر ، واسـتثناء مـن الطريقة المعمول بها في معجم لسان العرب .

5 – إثبات الفهارس التحليلية في آخر المعجم وخصوصا تصنيف المصطلحات في أبـواب اقتصادية محددة تيسيرا على المهتمين بالبحث في موضوعات بعينها ، وواضح أن هـذه الإضـافة تمكـن الباحث من الإلمام والإحاطـة بأبعـاد الموضوع محـل البحث وسـبر أغـواره ضـمن الاسـتعانة بمدلولاته اللغوية المختلفة .

6 – تخريج جميع الأحاديث النبوية في اللـسان والتـي وردت في سـياق البحث وتتضمن دلالات اقتصادية ، مما يوفر مادة إضافية مستقلة للباحثين في الاقتصاد الإسلامي عـلاوة عـلى أهميـة تخريج الأحاديث في سياق المصطلحات الواردة في المعجم .

وختاما ، فإنه لا يـسعني إلا أن أنـسب الفـضل إلى أهلـه والـشكر إلى فاعلـه ، فأتقـدم بـوافر الامتنان وعظيم الشكر إلى سعادة الأستاذ الدكتور حامد متولي عميـد كليـة المجتمـع بالباحـة الـذي أتاح لي كل السبل الممكنة لإنجاز هذا البحث ، وسعادة الدكتور سامي بـن إبـراهيم الـسويلم مـدير مركز البحوث والتطوير / شركة الراجحي المصرفية للتمويل للاستثمار ، الذي قام بالتنبيه عـلى بعـض الأساسيات المنهجية في خطة البحث بالإضافة إلى تزويدي بالدراسات السابقة حول موضوع البحث ، كما أنني لا أدعي الكمال في عملي ، فما كان من خير فمن الله تعالى وما كـان مـن زلـل أو خطـأ فمن قصور نفسي .

المبحث الثاني

مقارنة مسحية بين الدراسة محل البحث والمعاجم الأخرى ذات العلاقة

وفيه مطلبان :

المطلـب الأول : معاجـم الاقتصاد الإسـلامي : أرقام ودلالات

المطلب الثاني : مقارنة بين "معجم الألفاظ الاقتصادية في لسـان العرب" و " معجم المصطلحات الاقتصادية في لغة الفقهاء" .

المطلب الأول
معاجم الاقتصاد الإسلامي : أرقام ودلالات

إن أهمية البحث في الأصل اللغوي للألفاظ الاقتصادية يختلف إلى حـد كـبير عـن البحـث في الاشتقاقات اللغوية بصورتها المتداولة ، وينتج عن الاختلالات في قاعدة البحـث بـين الدراسـة محـل البحث وبين الدراسات الأخـرى فجـوة كبيرة في استقصاء الألفاظ ومعرفة الـدلالات الاقتـصادية ، يستوي في ذلك جميع الدراسات في مجال البحث ، سواء كانت دراسات ترتكـز عـلى لغـة الفقهاء أو دراسات ترتكـز عـلى مصطلحات الاقتصاديين ، وللوصول إلى نتـائج دقيقـة وحقيقيـة حـول هـذه الافتراضات والمفارقات المحتمـلة في منهجية البحـث ، قـام الباحـث بـإجراء مـسح يـدوي لمجموعـة منتقاة من المصادر والدراسات المماثلة للدراسة محل البحث ، وعددها (5) دراسات ، ويمكن بيان أهم الدلالات الإحصائية والملاحظات العامة موضحة بشكل موجز بالنقاط التالية :

أولا - المعجم الاقتصادي الاسلامي للدكتور أحمد الشرباصي

فبالرغم أن هذا المعجم يتوسع كثيرا في إيراد الألفاظ الاقتصادية ، والتي تبدو في أغلب الأحيان بعيدة عن المصطلحات الإسلامية كما أشرنا سابقا ، فإنه في مجال المقارنة بالدراسة محـل البحث يفتقر إلى (306) مصطلحا في الاقتصاد الإسلامي، أي أن الفاقد حسب دراسة الدراسة محـل البحث والتي تضم (588) مصطلحا يتجاوز النصف ، وبنسبة (52 %) . ولا بد مـن الإشـارة إلى أن هناك مصطلحات مكررة إحصائيا حسب منهجية الدراسة محل البحث ، ولكن يتم احتـسابها لأنهـا مصطلحات مستقلة غير أنها لا تظهر في الدراسـة محـل البحـث إلا مـرة واحـدة ضـمن الأصـل اللغوي للكلمة ، فمثلا الأصل اللغوي " مسك" ظهر مرة واحـدة في الدراسـة محـل البحـث موضحا بجميع تصاريفه واشتقاقاته ومدلولاتها ، وأما في "

المعجم الاقتصادي " فقد ظهر (5) مرات ولكن في مصطلحات مشتقة من الأصل اللغوي ، وهي: مُسُك، المَسْك، المَسْكة، المَسيك ، المُسكان .إن هذه القاعدة تنسحب على أصول لغوية كثيرة تنتظم جميع المصادر والدراسات محل المقارنة .

ويعني ذلك ان تفكيك المصطلح اللغوي إلى الألفاظ الاقتصادية المشتقة منه سيزيد من المصطلحات الاقتصادية كثيرا في مجال المقارنة الإحصائية بين الدراسة محل البحث والمعاجم المماثلة الأخرى ، بمعنى أن نسبة الفاقد (52 %) للمصطلحات الواردة في المعجم الاقتصادي مقارنة مع الدراسة محل البحث سيرتفع إلى نسبة أعلى، لأن الأصل اللغوي يحتسب مرة واحدة مع أنه يضم اشتقاقات عديدة ، ولكن في مجال المقارنة نفترض أن هذه المفارقة متغير ثابت ، وهذا الافتراض ضروري وأساسي لأن الهدف من المقارنة هو إثبات أن منهجية البحث ضمن الأصل اللغوي يضمن وجود وعاء واسع للألفاظ والاشتقاقات اللغوية الاقتصادية .

ثانيا- معجم المصطلحات الاقتصادية والإسلامية ، علي بن محمد الجمعة :

لا يعد هذا المعجم متخصصا كغيره من المعاجم في مصطلحات الاقتصاد الإسلامي ، لأنه حسب منهجيته يميل كثيرا إلى مصطلحات الاقتصاد بوجه عام، وبالتالي فإنه يخلو من مصطلحات الاقتصاد الإسلامي إلى حد كبير بالمقارنة مع الدراسة محل البحث ، وقد وصل الفاقد إلى (489) مصطلحا ، حسب الأصل اللغوي، وبنسبة (83 %) وهي أعلى نسبة متحققة في مجال المقارنة، ويعني ذلك أن المصطلحات الواردة فيه لا تغني كثيرا عن الدراسة محل البحث . ولكن كما تم بيانه سابقا أن مجال الاستفادة من معجم المصطلحات تظهر في جوانب أخرى غير موجودة في مصادر الاقتصاد الإسلامي وهي جوانب تتعلق بالمصطلحات الاقتصادية حسب مدلولها الغربي .

ثالثا- معجم مصطلحات الاقتصاد الإسلامي ، أبو الحسن السمّاني :

إن إيراد المصطلحات الاقتصادية في سائر المعاجم ما يزال يفتقر إلى وجود ضوابط ومعايير ثابتة ، فكل المعاجم محل المقارنة ، وبدون استثناء ، لا توضح في منهجية العمل طبيعة المصطلح الاقتصادي وحدوده وضوابطه، فمثلا في معجم مصطلحات الاقتصاد الإسلامي توجد إشكاليات من هذا النوع ، فورد لفظ " اللقيط " كمصطلح اقتصادي ، وتحت هذه المظلة يتم التعامل مع مصطلحات كثيرة منسوبة إلى الاقتصاد الإسلامي ، خصوصا تلك المصطلحات الفقهية .

إن المسح الإحصائي يفترض أن جميع المصطلحات الواردة هي مصطلحات من جنس الدراسة محل البحث ، وهذا الافتراض أيضا ضروري وأساسي من أجل تبسيط المقارنة ، واعتبار أن جميع المصطلحات متغير ثابت من حيث الدلالة الاقتصادية . وبمعنى آخر أنه لا يتم استبعاد أو استثناء أي مصطلح اقتصادي، حتى أن مصطلح " السخينة " وهو نوع من الطعام السوداني، أورده أبو الحسن السمّاني في معجمه ، هو أيضا مصطلح اقتصادي حسب افتراض المقارنة بثبات العوامل الأخرى. ومع ذلك يوجد في الدراسة محل البحث نحو (429) أصلا لغويا تنطوي على دلالات اقتصادية غير موجودة في " معجم مصطلحات الاقتصاد "، أي أن نسبة الفاقد في هذا المعجم تصل إلى (73%) من مجموع الأصول اللغوية الواردة في الدراسة محل البحث ، علما بأن قاعدة الألفاظ المكررة موجودة على نحو أكبر ، مثل : الصدقة ، الصَداق ، المُصَدِّق / الإفلاس، الفِلْس ، المُفْلس ، / الرائش ، الرَّشوة / الزكاة ، زكاة الفطر ...

رابعا- معجم المصطلحات والألفاظ الفقهية للدكتور محمود عبد الرحمن عبد لمنعم:

يقع هذا المعجم في ثلاثة أجزاء ، ويضم المصطلحات الفقهية ، ولكن كما هو معروف لا تخلو بعض الألفاظ الفقهية من دلالات اقتصادية ، وقد تم مسح

هذا المعجم بأجزائه الثلاثة للوصول إلى هذه الألفاظ ، وكذلك لمعرفة مدى تداول هذه الألفاظ الاقتصادية على ألسنة الفقهاء ، ولكن كمحاولة أولية ، لأن معجم المصطلحات والألفاظ الفقهية ليس من منهجيته إدراج الألفاظ الاقتصادية السائدة في لغة الفقهاء . ومع ذلك ورد في هذا المعجم مصطلحات اقتصادية أكثر من بعض المصادر المتخصصة الأخرى ، كالمصدرين السابقين ، فإنه يوجد (403) مصطلحا اقتصاديا غير موجودة في معجم المصطلحات قياسا على الدراسة محل البحث، أي أن نسبة الفاقد تصل إلى (69%) من مجموع مصطلحات الدراسة محل البحث، وهي نسبة أقل من نسبة الفاقد في " معجم المصطلحات " لعلي جمعة، و " معجم مصطلحات الاقتصاد " للسمّاني .

خامسا - معجم المصطلحات الاقتصادية في لغة الفقهاء للدكتور نزيه حماد :

يعد هذا المعجم من أهم المصادر والدراسات المعجمية في مجال دراسة المصطلحات الاقتصادية ، ويكتسب هذه الأهمية لعدة أسباب منها تفرده بتتبع مصطلحات الاقتصاد في لغة الفقهاء ، وطبيعة الجهد البحثي المبذول فيه من خلال الوقوف على مراجع عديدة ومتنوعة ، علاوة على خبرة الباحث في هذا الحقل ، ومن هنا يمكن الإشارة إلى بعض الملاحظات بشيء من الإسهاب والتفصيل كحلقة مكملة للجهد العلمي المشار إليه ، ومحاولة للتنبيه على أهمية تطوير البحث واستدراك النقص والخلل في ثناياه :

تنتظم قاعدة التكرار هذا المعجم أكثر من غيره بسبب وجود المصطلحات المركبة بشكل كبير ، وهذا الإجراء منطقي ومتناسق مع طبيعة البحث الفقهي ، والذي يقوم في أحوال كثيرة بتقسيم المصطلح إلى أقسام وأنواع لا تخلو من التركيب من جهة ، كما لا تخلو من التركيز على المعنى المضاف للمصطلح من جهة أخرى ، فأما بالنسبة للتركيب فهو يضيف مصطلحات كثيرة مع أنها لا تظهر

42

في " اللغة والاقتصاد " إلا ضمن أصل لغوي واحد ، مثل لفظ " أجْر " فقد ظهر في لغة الفقهاء (11) مصطلحا، وهي : إجارة ، إجارة الذمة ، الإجارة الطويلة ، الإجارة اللازمة ، الإجارة المضافة ، الإجارة المنجزة ، الإجارتان ، أجْر ، أجْر المثل، الأجْر المسمى ، أجير . ولفظ " دَيْن " ظهر في (18) مصطلحا ، ولفظ " شَرِك " ظهر في (14) مصطلحا ، ولفظ " ضَمِن " ظهر في (8) مصطلحات ، وهكذا .

وأما بالنسبة للمعنى المضاف للمصطلح فتظهر مسألتان ؛ الأولى إسقاط المعنى اللغوي للمصطلح المركب في كثير من الأحيان لأن اللغة كما هو معروف تعالج المدلول وفقا لجذره الثلاثي وأصله اللغوي ، وتبعا لذلك تدخل المسألة الثانية حيث يلجأ الباحث إلى إيراد المعنى اللغوي للمضاف ، مثل :"الإجارة المنجزة " حيث تم إيراد الدلالة اللغوية للمضاف وهو " الإنجاز ".

المطلب الثاني
مقارنة بين " معجم الألفاظ الاقتصادية في لسان العرب" و" معجم المصطلحات الاقتصادية في لغة الفقهاء"

فالمعروف أن اشتقاق وتصريف الأصل اللغوي يتسع للمزيد من الألفاظ إلا أنه ومـع ذلـك يخلو معجم المصطلحات الاقتـصادية في لغة الفقهـاء مـن (410) أصلا لغويـا وردت في الدراسـة محل البحث ، وبنسبة فاقد يصل إلى (70 %) من المجموع الإجـمالي للأصول اللغويـة الـواردة في الدراسة محل البحث ، وبطبيعة الحـال ينـتج عـن ذلـك نسـبة أكـبر مـن الفاقـد في المـصطلحات الاقتصادية إذا تم مراعاة وجود اشتقاقات كثيرة (انظر الجدول رقم 1) .

ومن هنا يمكن التأكيـد عـلى بعض الدلالات المستنبطة من واقـع المقارنة بين الدراسة محل البحث و " معجم المصطلحات الاقتصادية في لغة الفقهاء " ، ومن أهم هذه الدلالات :

• لا تتسع لغة الفقهاء لجميع المصطلحات اللغوية الاقتصادية لعدة أسباب ، منها :

1 - ينحصر عمل الفقيه في الأحكام الشرعية ، وهي تمثل بمجموعها خطاب الشارع المتعلق بأفعال العباد ، وبالتالي فإن مناقشة الفقهاء للأصول اللغوية تكون ملازمة للمصطلحات الفقهية .

2 - تزداد مناقشة الفقهاء للأصول اللغوية الاقتصادية كلما كانت المصطلحات الفقهية ذات طابع اقتصادي خصوصا في جانب المعاملات المالية ، وقد دأب العديد من الفقهاء المعاصرين على مناقشة الشروط

والضوابط الشرعية للكثير من المسائل الشرعية باعتبارها ظواهر اقتصادية ، وهذا المنحى لا يمكن اعتباره صحيحا أو دقيقا على إطلاقه حسب النظرية الاقتصادية .

3 - تتميز الأصول اللغوية بوجود مترادفات وبدائل عديدة للمعنى الواحد ، فمثلا يوجد (30) مادة لغوية تدور حول معنى " الجُوع " ، ويوجد (49) مادة لغوية حول معنى " الفقر " ، وهكذا ..

4 - تعتمد المصطلحات الفقهية على الخبرة التاريخية بحيث تزداد حسب درجة نمو العلاقات الاجتماعية بين الأفراد ، وبدون شك أن العلاقات الاقتصادية كجزء من العلاقات الاجتماعية تؤدي إلى دفع عجلة النمو مع ازدياد النشاط الاقتصادي للمجتمع كما هو ملاحظ بالنسبة للمصارف الإسلامية .

- المصطلحات الاقتصادية عند أهل اللغة أغنى بكثير من وجودها لدى الفقهاء، مع ملاحظة أن أهل اللغة لا يركزون على المصطلحات الاقتصادية لذاتها وإنما يوردونها في إطار لغوي عام . كما أن هناك تفاوت واضح بينهم في إيراد المصطلحات ومناقشتها .

- ومع أن المصطلحات اللغوية الاقتصادية أوسع بكثير من المصطلحات الفقهية الاقتصادية ، إلا أن هناك نتيجة مهمة في مجال المقارنة وهي أن تلك المصطلحات اللغوية الاقتصادية مهددة بالانقراض ، أو أن معظمها انقرض فعليا على المستوى الاجتماعي عموما ، وقد اتضح أن تداول هذه الألفاظ أصبح ضئيلا حتى من عهود بعيدة تبدأ مع التصنيف الفقهي .

- تعتمد المصطلحات الفقهية الاقتصادية في معظم الأحيان على قاعدة المصطلح المركب خلافا للمصطلحات اللغوية الاقتصادية ، والتي تعتمد على الجذر الثلاثي للمفردات ، وينتج عن ذلك أن المصطلح اللغوي يتولد عنه بالإضافة مصطلحات فقهية عديدة .

● ولكن كما هو واضح أن عملية الاستقصاء للمصطلحات الاقتصادية في لغة الفقهاء ليس أمرا يسيرا لأنه يقتضي الرجوع إلى جميع المصادر الفقهية والاستفادة منها في هذا المجال ، فإن " معجم المصطلحات الاقتصادية في لغة الفقهاء " لم يركز في عمله ومنهجيته على مصنفات فقهية محددة وإنما جاء شاملا ومطلقا حسب عنوانه " ... في لغة الفقهاء " ، وقد جاء في تعريف " هذا الكتاب " قوله : " مصنف مرتب على حروف الهجاء ، يتضمن سائر المصطلحات الفقهية الدائرة على ألسنة الفقهاء " ، ويعني المصطلحات الفقهية الاقتصادية .

ونحن نتساءل : بالرغم من الجهد البحثي المبذول في إخراج هذا المعجم ، والذي أشرنا إلى أهميته غير مرة ، فهل فعلا أنه يتضمن سائر المصطلحات الاقتصادية الدائرة على ألسنة الفقهاء كما نص على ذلك ؟

يشير الجدول رقم (1) إلى فحص عينة من ألفاظ الدراسة محل البحث لم ترد في " معجم المصطلحات الاقتصادية في لغة الفقهاء " ، مع العلم أنها وردت في المصنفات الفقهية ، وهذه العينة التي تم فحصها والوقوف عليها في لغة الفقهاء على عجل ، لا يراد من الإشارة إليها الإقلال من أهمية معجم لغة الفقهاء وإنما للدلالة على ان المعجم لم يشمل سائر المصطلحات الاقتصادية في لغة الفقهاء كما ورد آنفا ، ومن جانب آخر تمهد الطريق لتطوير البحث ولو بأية إضافات ممكنة ، ومع ذلك لا يعني الوصول إلى رتبة الكمال لأن أي عمل بحثي ومهما كان مرموقا فشأنه كذلك .

- كما تجدر الإشارة إلى أن المسح الإحصائي للألفاظ الاقتصادية الواردة في المعاجم الخمسة الآنفة محل الدراسة ، تمخض عن وجود نحو (246) أصلا لغويا في الدراسة محل البحث لم ترد في المعاجم الخمسة مجتمعة ، وبنسبة فاقد يصل إلى (42 %). وهذا يدل بوضوح على أن ألفاظ " اللغة والاقتصاد "

تزيد بنفس النسبة عن كل المعاجم محل المقارنة ، وهذه النسبة سترتفع بشكل أكبر إذا تم مراعاة الاشتقاقات اللغوية المتولدة عن الجذور اللغوية للألفاظ ، مما يبرهن بشكل قطعي على اتساع دائرة الألفاظ اللغوية الاقتصادية مستمدة من مظانها على نحو أكبر من وجودها في المصادر الأخرى ، وهذا يعزز بطبيعة الحال من أهمية المستوى البحثي كما ورد في الدراسة محل البحث.

المبحث الثالث

أهمية اللغة وعلاقتها بالاقتصاد

وفيه ثلاثة مطالب ، وهي :

المطلب الأول - أهمية دراسة معجم لسان العرب

المطلب الثاني - أهمية دراسة اللغة العربية

المطلب الثالث - جوانب العلاقة بين اللغة والاقتصاد

المطلب الأول

أهمية دراسة معجم لسان العرب

إن هناك أهمية واضحة يتميز بها معجم لسان العرب عن سائر مصادر اللغة الأخرى . وقد قام غير واحد من المعاصرين بدراسات مختلفة حول لسان العرب ، وتضمنت الدراسات جوانب مختلفة من حقول المعرفة الإنسانية ، ومنها دراسات مبتكرة وجديدة([1]) .

والواقع أن هذه الدراسة حول المضامين الاقتصادية في لسان العرب جاءت وليدة معايشة طويلة للباحث مع هذا المعجم ، لأنه واحد من أهم المراجع اللغوية المحدودة ، والتي يكاد أن يكون أنفسها وأتقنها في هذا الباب ، وذلك للأسباب التالية :

1 - يعد معجم لسان العرب مرجعا موسوعيا في أبواب الثقافة والمعرفة الإنسانية، ويحقق استفادة كبيرة للباحث اللغوي والأديب والمحدث والفقيه وغيرهم ، بمعنى أنه مرجع أصيل لا يستغنى عنه في قضايا المعرفة والفكر الإسلامي المعاصر .

2 - و يعد معجم لسان العرب مرجعا موسوعيا من جانب آخر ، وذلك من حيث أنه استوعب المصنفات اللغوية التي وضعت قبله ، وقد استند ابن منظور (ت 711 هجرية) في معجمه إلى نحو (264) مصنفا في شتى حقول المعرفة ، ولكن تركز في ثلاثة مصنفات أساسية هي " التهذيب "

---

(1) ومن المؤلفات كتاب " القاموس الجنسي عند العرب " مؤلفه علي عبدالحليم حمزة . وهناك دراسات أخرى شبيهة في موضوعات مختلفة في مجال الأعمال المعجمية المتخصصة مثل " المعجم المفصل بأسماء الملابس عند العرب " للمستشرق الهولندي وينهارت دوزي ترجمة أكرم فاضل ، وزارة الإعلام ، العراق . كما صنّف عبدالحميد إبراهيم كتابه " قاموس الألوان عند العرب " ، منشورات الهيئة المصرية العامة ، 1989 م . وواضح أن الدراسة محل البحث " اللغة والاقتصاد " غير مسبوقة في هذا المجال كونها دراسة متخصصة ومتفردة في موضوعاتها ومنهجيتها العلمية كما سبق بيانه .

للأزهري (ت 370 هجرية) ، و " الصحاح " للجوهري (ت 398 هجرية)، و " المحكم " لابن سيده (ت 458 هجرية) .

ففي اللسان نحو (2383) شاهدا من التهذيب ، وفيه نحو (761) شاهدا من الصحاح ، وفيه نحو (396) شاهدا من المحكم ، وقد امتدت موسوعيته في هذا المجال حتى استفاد من الكتب المقدسة. فبالإضافة إلى القرآن الكريم يوجد في اللسان (9) شواهد من الإنجيل ، و (31) شاهدا من التوراة[2] .

3 - ومن جهة أخرى حرص ابن منظور في معجمه على إثبات الصفة الموسوعية في البحث استنادا إلي مصنفات عديدة في موضوع واحد ، ومنها استفادته من مصنفات "الأمالي" بالرجوع إلى " الأمالي " لابن بري والزجاجي وثعلب وابن الأعرابي ، واستفادته من مصنفات " الأمثال " لابن السكيت وأبي زيد وأبي عبيد والأصمعي والميداني ، وكذلك استفادته من مصنفات " غريب الحديث " لابن الأثير وابن الأنباري وابن قتيبة وأبي عبيد والحميدي والخطابي وشمر ، والشواهد في هذا الباب كثيرة ، وحتى أن منظور رجع إلى (13) مصنفا كل واحد منها بعنوان النوادر .

4 - وإلى جانب الفائدة المتحققة من رجوع ابن منظور إلى مصنفات كثيرة ، فإنه أكسب هذه المصنفات شهرة علمية إضافية . ولكنه في هذا السياق لم يتقيد في منهجه وكتابته بالأفكار والاجتهادات الواردة قي تلك المصنفات ، وإنما قام بإضافة آراء جديدة وتفسيرات واجتهادات خالف بها مرات عديدة من التزم مناهجهم واقتبس كلامهم ، وقد جاء ذلك مع تواضعه لمكانة العلماء ومنزلتهم العلمية[3].

---

(2) وقد استفاد الباحث في إثبات الشواهد عدديا باستقصاء مسحي لكتاب : فهارس لسان العرب ، تأليف خليل أحمد عمايرة وأحمد أبو الهيجاء ، بيروت ، مؤسسة الرسالة ، 1987 . ويقع هذا الكتاب في سبعة مجلدات مصنفة حسب الموضوعات ، والواقع أنه من أهم المراجع التي أسهمت بدراسة معجم لسان العرب لما بذل فيه من جهد علمي وتقني كبير .

(3) عبد السميع محمد أحمد ، المعاجم العربية : دراسة تحليلية ، طبعة أولى ، مطبعة مخيمر ، 1969 ، ص 3

المطلب الثاني

أهمية دراسة اللغة العربية

إن اللغة بوجه عام ليست محصورة في تلك الكلمات التي تمثل قواعد وأبنية لغوية فحسب ، وإنما هي إشعاع حضاري تنفذ من خلال ثناياه الروح الإنسانية إلى العالم المادي . والواقع أن اللغة العربية لم تستمد وجودها بشكل فعلي إلا بعد أن استوعبها الإسلام في رسالته الربانية إلى الناس جميعا. فالمعروف أن اللغة العربية لم تكن منتشرة قبل الإسلام في أية بلدان سوى بلاد الحجاز وتهامة ونجد واليمن والحدود المتاخمة لها . ففي مصر كانت القبطية ، وفي شمال إفريقيا كانت البربرية وفي بعض بلاد الشام والعراق كانت الآرامية[4] .

ومن هنا فاللغة العربية هي لغة إسلامية تدور مع الإسلام حيث دار ، وقد كانت الفتوحات الإسلامية السبب المباشر لامتداد اللغة العربية واتساعها . وواضح أن العلاقات بين اللغات جميعا تأخذ طابع الصراع بين الأفراد . وفي هذا المجال كانت فتوحات اللغة العربية مساوية تماما لفتوحات البلدان ، وذلك أن اللغة العربية محفوظة في القرآن الكريم إضافة إلى أنها لغة هداية ودعوة للبشرية ، وبدون شك أن الخصائص الذاتية التي تنطوي عليها من أهم عوامل التغلب والبقاء ، وقد امتازت بغزارة مفرداتها وانتظام قواعدها ومرونة أساليبها وسمو منزلتها .

---

(4)علي عبد الواحد وافي ، وحدة اللغة العربية في الوطن العربي ، الأمة ، العدد 25 السنة الثالثة ، ص 30-31.

إن الصراع بين اللغات هو جزء من الصراع الكبير بين ثقافات الأمم ، وتدل هزيمة اللغة في بعض الأحيان بشكل واضح على دلالات ضمنية معينة تهدد وجود أقوام وأجناس بشرية ، وكما يقول مايكل كروس " إن اللغة لها قداسة وغموض الكائن الحي ، فهل يكون الحزن والحداد على انقراض اللغات أقل من الحزن على انقراض الجنس البشري " . وتاريخيا كان يوجد (10) آلاف لغة منطوقة ، ولكن لا يوجد اليوم سوى (300) لغة يتحدث بها أكثر من مليون شخص . إن اندثار اللغة وموتها هو تبديد للمنجزات الفكرية التي يحققها الإنسان على مدى آلاف السنين ، وفي هذا الجانب يقول كين هيل " إن اندثار إحدى اللغات يشبه إلقاء قنبلة على متحف اللوفر " [5] .

إن عملية الإحلال لإحدى اللغات محل لغة أخرى لا يكون هزيمة حضارية إلا في حدود ما تفرضه من هيمنة وقيم تسلطية جديدة ، وبمعنى آخر يكون سقوط حضاري للأمة أو لأقوام بأعيانهم بسبب ما يفرض عليهم من مصالح مكتسبة للدول الأقوى .

إن انتشار اللغة العربية يؤدي إلى تحقيق مصالح وحاجات أساسية للأمم الأخرى ، لأنه تحقيق لقيم العدالة ومبادئ الأخوة الإنسانية ، وفوق كل ذلك هو تحقيق للحاجات النفسية وأهداف السعادة التي لا يتوصل بها إلا عن طريق التعايش مع القرآن الذي احتوى اللغة العربية فجعل منها لغة روحية سامية تتعالى على اللغات الأخرى .

(5) ويد دافيز ، الحضارات الغاربة ، ترجمة عبد المنعم محمد ، الثقافة العالمية ، العدد 101 ، 7 / 2000 ، ص 83 .

ومن هنا جاءت دعوة الإسلام إلى التركيز على إتقان اللغة العربية وإجادة ضبطها وتذوق معانيها ، يقول عمر بن الخطاب : " تعلموا العربية فإنها من دينكم " ، وروي عنه قوله : " مـن يحـسن أن يتكلم بالعربية فلا يتكلم بالعجمية فإنه يورث النفاق " .

وقد أوضح ابن تيميه في كتابه " اقتضاء الصراط المستقيم " أن اللسان العربي هو شعار الإسلام وأهله وأن اللغات من أعظم شعائر الأمم التي بها يتميزون ويتفاخر بعضهم على بعض . لقد جـاء اهتمام المسلمين في صدر الإسلام الأول بالتنشئة الاجتماعية على أساس الالتزام بتعلم العربيـة منـذ سن الطفولة ، وكانت بيئة أهل البداوة والأعراب مدرسة حقيقية لاكتساب العربية وتقويم اللسان . وحتى أن التفاعلات الاجتماعية في هذه البيئة تعتبر مرجعا أساسيا لفقهاء اللغة ، ومصدرا ثريا مـن مصادر اللغة والاحتجاج بها .

إن اللغة العربية التي يصورها ابن منظور بأنها لغة متحركة [6] جديرة بالمزيد مـن الاهـتمام والبحث المتخصص من أجل كشف عوامل الحياة والقوة والحركة فيهـا ، وذلـك عـن طريـق إنتـاج الباحثين والعلماء وفق اجتهادات معاصرة قائمة على التطوير والتجديد .

---

(6) يوضح ابن منظور أن أحرف اللغة العربية لها خواص مختلفة تقع في أربع مجموعات ؛ فمنها ما هو حار يابس طبع النار ، ومنها مـا هـو بـارد يابس طبع التراب ، ومنها ما هو حار رطب طبع الهواء ، ومنها ما هو بارد رطب طبع الماء ، وكل مجموعة لها استخدامات ووظائف مختلفة انظر : لسان العرب ، 1 / 14 .

المطلب الثالث

جوانب العلاقة بين اللغة والاقتصاد

إن العديد من المتغيرات الاقتصادية تتشابه إلى حد ما مع معطيات اللغة في الدلالة والمضمون ، ويتضح ذلك من خلال مفهوم الاستثمار والرفاهية والنقود والتجارة وغير ذلك .

فهناك دول متقدمة تركز على الجانب الاستثماري في اللغة ، فتقوم بوضع سياسات وبرامج اجتماعية للنهوض باللغة الأم ، وتتخذ في سبيل تحقيق ذلك بعض الأهداف الداخلية والخارجية ، بمعنى أن مجموعة الدول التي تنتمي إلى لغات وطنية معينة لا تكتفي بتطوير مهارات الأفراد للتعامل مع اللغة الأم بمستويات أفضل داخل المجتمع المحلي فحسب ، وإنما تتخذ من الأهداف التي تريد تحقيقها تلك الدول محاولة للخروج والاتساع في بلدان أخرى . إن الاستثمار في اللغة على هذا الوجه هو تأكيد لعملية الإحلال والصراع اللغوي الذي أشرنا إليه سابقا بدرجة لا تختلف كثيرا عن سياسات اقتصادية يفسرها البعض بأنها ذات طابع استعماري في ثوب جديد .

إن تعزيز مكانة اللغة الأم ظاهرة ملحوظة في سياسات الدول الأكثر تقدما، فمثلا تلجأ أمريكا إلى ترويج اللغة الإنجليزية من خلال خمس هيئات على الأقل وهي وكالة التنمية الدولية (AID) ووكالة الإعلان الأمريكية (USIA) وفرق السلام(Peace Corps) وإدارة الدولة (SD) وإدارة الدفاع(DD) .

وعلى نحو مماثل تقوم ألمانيا بتصدير اللغة الألمانية من خلال الدور الأساسي لوزارة الخارجية الألمانية ، فإن قسم " ترويج اللغة الألمانية " في الخارجية

57

الألمانية يقدم تسهيلات لتصدير اللغة عبر مؤسسات وسيطة معروفة لدى كافة الناس مثل معهد غوته والهيئة الألمانية للتبادل الأكاديمي(DAAD) والمكتب المركزي للمدارس الألمانية في الخارج .

ونتيجة للظروف الاقتصادية المستجدة تشهد بعض المجتمعات إعادة ترتيب لأنماط الاتصال الكلامية ، أي أن تأثير التطور الاقتصادي هو عامل مهم في تصاعد اللغات الوسيطة داخل علاقات المجتمع على حساب اللغة الأم .

يشير (Kieffer) إلى أن اكتساب لغة أخرى يكون أكثر قيمة للفرد من الوجهة الاقتصادية والفكرية معا ، وذلك أن الفرد يكتسب قدرة اتصالية تجعل منه شخصا آخر ، ومن المؤكد أن هذا الوضع يتيح فرصا جديدة لحياة معيشية أفضل [7] .

إن ثروة المعرفة الإنسانية تعتمد بشكل كلي على تبادل الكلمات ، وفي نفس الوقت ترتبط نشاطات الحياة الاجتماعية بالمحافظة على النقود ، لأن النقود تشكل المعيار العام في المجتمع ، وواضح أن علاقة النقود باللغة تقوم على معنى وظيفي متبادل ، فالنقود تؤدي وظائف اتصالية واللغة تؤدي وظائف اقتصادية .

وإن العامل الديموغرافي يعكس من جانب آخر أهمية نسبية للغة السائدة ، فكلما يتزايد عدد السكان بمعدلات نمو مرتفعة تزداد الفرص الاجتماعية أمام الأفراد لتحقيق مصالح جديدة ، بمعنى أن إجمالي التفاعلات الاجتماعية الممكنة بين الأفراد من شأنه أن يحقق مستويات منفعة أعلى ، والواقع أن هذا الافتراض

---

(7) See : Charles Kieffer . The approaching End of the relict Southeast Iranian Languages Ormuri and Paraci in Afghanistan . International Journal Of the Sociology of Language 12, 1977, P 97.

يكون أكثر مصداقية على مستوى الأمة الواحدة ، وتبعا لذلك تستفيد كل جماعة لغوية مـن حجـم القيمة الاستعمالية الخاصة بها .

ويلاحظ أن تأثير ارتباط اللغة الأم بالتركيبة اللغوية للسكان ، هو تفسير آخر لأبعاد الـصراع بين المجتمعات وفرض سيطرة القوي على الضعيف . وربما يوجد علاقة وثيقة بين التعدد اللغـوي والثراء الاجتماعي ، وكما أوضح (Pool) " أن البلاد المجـزّأة لغويـا بـشكل كبـير بـلاد فقـيرة دائـما " وللمثال على هذه القاعدة يمكن الاستشهاد بحالة المقارنة بين السودان وهولندا ، فبينـما لا يزيد معدل دخل الفرد في السودان عـن (480) دولارا فإن معـدل دخل الفرد في هولنـدا يـصل إلى (14520) دولارا ، والمعروف أن سكان هولندا يقارب من نصف سكان السودان ، ولكن لا يوجد فيها سوى (5) مجموعات لغوية بينما يوجد في السودان (135) لغة[8] .

وهذه القاعدة يمكن تطبيقها على الفروقات الاجتماعية بين الدول الصناعية والدول النامية فإلى جانب أن اللغات قليلة في الدول الصناعية قياسـا على الـدول الناميـة فإن الارتقـاء بمـستوى الكتابة والقراءة ومن ثم انخفاض مستوى الأميـة بـين الأفراد هـو معيـار أسـاسي يميز المجتمعـات المتحضرة عن المجتمعات البدائية .

ومن جانب آخر ، يؤثر عدم التجانس اللغوي بصورة مباشرة في ارتفاع تكاليف العمـل . فمـثلا يؤدي النقص في العمالة المحلية إلى جذب عمالة وافدة مـن دول أخـرى ، وفي هـذه الحالـة تتولـد مجموعات لغوية جديدة في المجتمع ، تنتهي غالبا

([8]) See : Jonathan Pool , National Development and language Diversity . In Fishman J.A. Advances in the Sociology of Language, vol. 2. P222.

إلى إحداث فوضى لغوية ربما تهدد بفشل المشاريع المخططة أو تأتي عليها بشكل كلي ، ومما يدل على مصداقية هذا الافتراض المحاولة التي قام بها " نبوخذ نصر " لإتمام بناء برج بابل ، فجاء بعمالة مختلطة أدت في النهاية إلى فشل المشروع بسبب كثرة التعقيدات الاتصالية بين العاملين فيه .

ولذلك تعتمد بعض المؤسسات الاقتصادية العملاقة سياسات داخلية في مجال الاستخدام الأمثل للغة ، فتقوم بوضع إطار تنظيمي للعمل على أساس الالتزام بقاعدة لغوية واحدة ، وبالتالي فإن اللغة التي تنساب في جميع القنوات الاتصالية بين الأقسام والفروع المختلفة هي لغة واحدة وهي اللغة الرسمية للمؤسسة .

إن جانب التكلفة اللغوية يظهر بوضوح في مجالات عديدة في المجتمع ، وعلى صعيد الدولة والفرد معا ، وللتأكيد على ذلك توجد بعض البلدان التي تظهر في موازنتها العامة بنود مختلفة تتعلق بشكل ما بتكلفة اللغة مثل تعليم اللغة الأم وتعليم اللغات الأجنبية في المدارس ومساعدات الدولة للمؤسسات النشطة في مجال التخطيط والتطوير اللغوي ، إضافة إلى تكاليف التنمية المجتمعية لترويج اللغة في الخارج وتكاليف العمليات الاتصالية مع المنظمات الدولية .

ومن غير شك أن الدولة تتحمل نفقات جديدة في مجال تطوير الجوانب الاتصالية في القطاع العام ، فهناك برامج متنوعة تقوم بها الدولة من خلال إعادة تعليم الموظفين مهارات اتصالية ذات علاقة بلغات جديدة في مجالاتهم المهنية المختلفة ، وتنشأ مؤسسات لغوية تعنى بجانب تطوير اللغة عن طريق الاستخدام الأمثل للغة على نطاق المجتمع ، وللمثال على ذلك يوجد في الأردن " الأكاديمية العربية " في عمان حيث تقوم بدور مهني في هذا المجال .

إن تكاليف اللغة تظهر من خلال أنشطة فردية يقوم بها الأشخاص على نحو اعتيادي كل يوم ، وهي بدون شك تمثل تكاليف يتحملها المجتمع بشكل ما ، فمثلا يمكن أن تستمر المكالمة الهاتفية لمدة أطول بسبب عدم كفاءة موظف حكومي غير قادر على مجاراة لغة من خلال الهاتف من المتوقع أن يعرفها ، وهذا يعني ببساطة أن الزمن الإضافي للمكالمة الهاتفية سيظهر على شكل تكلفة زائدة في فاتورة الهاتف . وفي هذا الجانب بالذات يتضح تأثير عامل التجانس اللغوي وتأثير وجود مجموعات لغوية مختلفة في المجتمع الواحد ، وكما أشرنا سابقا أنها تشكل ظاهرة في المجتمعات الأقل نموا ، فكلما تتاح علاقات مجتمعية قائمة على التعدد اللغوي ، ينتج عن ذلك قيمة إضافية في فاتورة الخدمة الهاتفية الرسمية علاوة على خدمة الترجمة والترجمة الفورية ونحو ذلك .

وفي جانب آخر تلعب وحدة اللغة أحد أهم الأدوار الأساسية في صياغة الشروط اللازمة للتجارة العابرة للحدود ، والتي تتم في إطار علاقات سوقية حرة . لقد كان غياب وجود لغة متجانسة من أبرز المشكلات التجارية التي واجهت حركة الاستعمار الأوروبي حيث كانت تسعى لإقامة علاقات تجارية فيما وراء المحيطات ، وقد نتجت صعوبات كبيرة تفوق عدم وجود عملة مقبولة في قيمتها لدى كافة الأطراف ، وواضح أن عدم الوصول إلى لغة مشتركة قد جعل نظام المقايضة لا يتجاوز العلاقات التجارية المطلوبة في مستواها الأدنى .

إن التجارة ظاهرة ملحوظة بشكل بارز في نظرية العلاقة بين اللغة والاقتصاد ، فسلوك التاجر أو البائع هو رمز حقيقي للتجارة النقدية ، وذلك أن علاقة التاجر بالسوق تظهر من خلال الإعلان التجاري كنوع من شروط الاتصال اللغوي ، لأن التاجر حينما يعرض سلعته في السوق يريد أن يبرهن على أن المطلوب ليس سماعه أو الإصغاء إليه فحسب وإنما يريد بشكل أساسي أن يفهمه

الآخرون . إن اللغة والتجارة شرطان مسبقان لعلاقة السوق الوثيقة بكل منظم مشاريع، وبكل طرف من أطراف التبادل ، وكذلك تؤثر الثقافة العامة للتجار ومدى معرفتهم باللغة الأم واللهجة المحلية في تطور اللغة ذاتها ، وقد يؤدي هذا الوضع إلى ازدياد معدل التغير في القواعد والبناءات اللغوية المعتمدة ، وربما ينتهي بنتائج اجتماعية وخيمة تهدد وحدة اللغة للأمة الواحدة .

يوضح " جونسون " التأثير المدمر للتجارة على بنية اللغة فيقول : " ومهما تكن التجارة ضرورية ومربحة ، فإنها تفسد اللغة كما تفسد الأخلاق ، والتجار - لكونهم يتعاملون كثيرا مع الغرباء ويسعون للتواؤم معهم - يجب عليهم في الوقت نفسه أن يتعلموا لهجة مختلطة كالرطانة التي يستعملها التجار على سواحل البحر المتوسط والسواحل الهندية . وهذا لن يكون مقصورا دائما على التبادل أو مخازن السلع أو الموانئ ، بل سوف يصل تدريجيا للفئات الأخرى من الناس ، وفي النهاية سوف يندمج في الحديث الجاري" [9] .

إن جوانب العلاقة بين اللغة والاقتصاد متنوعة وكثيرة ، ويصعب حصرها في نطاقات محدودة ، فاللغة أولا وأخيرا هي سلعة اقتصادية ، ويتضح ذلك من خلال عملية التعلم المستمر ، لأن الأفراد الذين يتعلمون لغة جديدة يحققون منفعة جديدة ، ومع ازدياد الإشباع المتحقق من تعلم لغة جديدة مفيدة يكون هناك أفرادا أكثر راغبين في تعلمها ، والواقع أن تفسير ازدياد قيمة اللغة بعدد المتحدثين بها يشبه تأثير كرة الثلج حيث يزيد سعر المخزون السلعي الرخيص لأنه يكتسب قيمة جديدة .

(9) Samuel Johnson, Samuel Johnsons Dictionary: A modern Selection. New York, Pantheon books, 1964. P25.

مصطلحات
الاقتصاد الإسلامي

الهمزة

● **أبث:** أبث على الرجل يأْبِثُ أبْثا: سبّه عند السلطان خاصة. والأبِثُ: الأشِرُ.
الأبْثُ الفقر؛ وقد أبَثَ يأْبثُ أبْثاً.

● **أبر:** الهمزة والباء والراء يدل بناؤها على نخس الشيء بشيء محدد. الإبْرةُ: مِسَلّة الحديد. وإبْرَة العقرب: التي تلدغ بها. وأبَرَته: لسعته أي ضربته بإبْرَتها. والتأبير: محو الأثر.
أبر النخلَ والزرعَ يأبُره أبْراً وإباراً: أصلحه. والآبر: العامل. والمؤْتَبِرُ: ربّ الزرع. والمأبور: الزرع والنخل المُصْلَح. وقال أبو حنيفة: كل إصلاح إبارة. وفي الخبر: خير المال مُهْرة مأمورة وسكّة مأبُورة[1]، السكة سكة الحرث، والمأبورة المُصْلَحَة له، أراد خير المال نتاج أو زرع.
وفي الحديث: من باع نخلاً قد أبِّرت فثمرتها للبائع إلا أن يشترط المُبْتاع[2]. وشبه الشافعي ذلك بالولادة في الإماء إذا أبيعت حاملاً تبعها ولدُها. وإن ولدته قبل ذلك كان الولد للبائع إلا أن يشترط المبتاع مع الأم.
ويقال للمخْيَط إبرة، وجمعها إبَر، والذي يُسوِّي الإبَرَ يقال له الأبّار.
وفي القاموس: وصانعه وبائعه الأبّارُ، أو البائعُ: إبْريٌّ.

---

(1) سنن البيهقي الكبرى 10 / 64 ، رقم الحديث : 19814 . مسند أبو بكر الصديق 3 / 468 ، رقم الحديث : 15883. المعجم الكبير 7 / 91 ، رقم الحديث : 6470 . فتح الباري 8 / 394 .

(2) صحيح البخاري 2 / 768 ، رقم الحديث : 2090 . صحيح مسلم 3 / 1172 ، رقم الحديث : 1543 .

● **أبش:** الهمزة والباء والشين ليس بأصل، لأن الهمزة فيه مبدلة من هاء. الأبْشُ: الجَمْع .
وقد أبَشَ لأهله يَأْبِشُ أبشاً: كَسَب. ورجلٌ أبَّاش: مكتسب.

● **أتي:** الهمزة والتاء والياء يدل على مجيء الشيء وإصحابه وطاعته. اتَيْتُه أتْياً وإتْياً: جئْتُه.
والإيتانُ: المجيء. وآتى إليه الشيء: ساقه. وأتى الأمرَ: فعله. وأتى عليه الدهرُ: أهلكه. وتَأتَّى له: تَرَفّق.
الإيتاءُ: الإعْطاء. يقال: لفلانٌ أتْوٌ أي عَطاء. ورجلٌ مئتاء: مُجاز معْطاء.

● **أثث:** الهمزة والثاء في المضاعف باب يتفرع من الاجتماع واللين، وهو أصل واحد. أثَّ يأثُّ أثاً وأثاثة، فهو أثٌّ. الأثاثُ والأثاثةُ والأُثوثُ: الكثرةُ والعظمُ من كل شيء.
الأثاث: الكثير من المال، وقيل: كثرةُ المال. وقيل: المال كلُّه والمتاع ما كان من لباس، أو حشو لفراش، والأثاث: المال أجمع، الإبل والغنم والعبيد والمتاع.

● **أجر:** الهمزة والجيم والراء أصلان يمكن الجمع بينهما بالمعنى، فالأول الكِراء على العمل، والثاني جبر العظم الكسير.
الأجْر: الثواب، والجزاء. وقد أجَرَهُ الله يأجُرُهُ أجْراً وآجَرَهُ اللهُ إيجارا.
الأجْرُ: الجزاء على العمل، والجمع أجور. والأجْرَة والإجَارَة والأَجارة: ما أعطيت من أجر. واتجر الرجلُ: تصدَّق وطلب الأجر. وآجر الإنسانَ واستأجره. والأجيرُ: المستأجَرُ، وجمعه أُجَراءُ. والاسم منه: الإجارةُ. والأجْرَةُ: الكراء. وآجرته الدارَ: أكريتها، والعامة تقول: وأجرْتُه.

وفي القاموس: وائتَجَر: تصدَّق. واستأجَرْتُه وأجَرْتُه فأجَرَني: صار أجيراً لي.

- **أخر:** الهمزة والخاء والراء أصل واحد إليه ترجع فروعه، وهو خلاف التقدم. التأخُّر: ضد التقدم. تأخَّر أُخُراً وتأخَّر عنه وأخَّرته فتأخر واستأخَر. والآخَر بمعنى غير.
وبعتُه سلْعَة بأخِرَة أي بنَظِرَةٍ وتأخير ونسيئة. ولا يقال: بعته المتاع أخْرياً.

- **أرج:** الهمزة والراء والجيم كلمة واحدة وهي الأرج، وهو رائحة الطيب. الأرْجُ: نَفْحَةُ الريح الطيبة. الأريج والأريجةُ: الريحُ الطيبة. وأرِجَ الطِّيبُ: فاح.
التأريج والإراجَةُ: شيء من كتب أصحاب الدواوين في الخراج ونحوه. ويقال: هذا كتاب التأريج .

- **أرس:** الهمزة والراء والسين ليست عربية. الإرْس: الأصل الطيب. أرس يأرِسُ أرْساً إذا صار إريسا.
الإريّس بمعنى الأكّار من كلام أهل الشام. قال: وكان أهل السَّواد ومن هو على دين كسرى أهل فلاحة وإثارة للأرض، وكان أهل الروم أهل أثاث وصنعة، فكانوا يقولون للمجوسي: أريسيٍّ، نسبوهم إلى الأريس وهو الأكّارُ. وكانت العرب تسميهم الفلاحين. وقيل: الإرِّيسون العشَّارون.
وفي القاموس: أرَّسَه تأريساً: استعْمَله واستَخْدَمه.

- **أرش:** الهمزة والراء والشين يمكن أن يكون أصلا، وقد جعلها بعض أهل العلم فرعا، وزعم أن الأصل الهرش، وأن الهمزة عوض عن الهاء. أرَّش بينهم: حمل بعضهم على بعض وحرَّش. والتأرِيش: التَّحْريشُ. والأرْش: الدِّيَة.
الأرْش: ما ليس له قدر معلوم، وهو الذي يأخذ المشتري من البائع إذا اطلع على عيب في المبيع. وقيل: يقال لما يدفع بين السلامة والعيب في السلعة أرْش، لأن المُبْتاع للثوب على أنه صحيح إذا وقف فيه على خَرْق أو عيب وقع بينه وبين البائع أرْش أي خصومة واختلاف. والإرْش: الرِشْوَة.

- **أرم:** الهمزة والراء والميم أصلٌ واحد، وهو نضْد الشيء إلى الشيء في ارتفاع ثم يكون القياس في أعلاه وأسفله واحدا؛ ويتفرع منه فرع واحد، هو أخذ الشيء كلِّه، أكلاً وغيره. أرَمَت الإبلُ: أكلت. وأرَمَ على الشيء، أي عضَّ عليه. والأُرَّم: الأضراس وأطراف الأصابع.
أرَمَ ما على المائدة يَأرِمهُ: أكله. أرَمَتِ السنةُ بأموالنا أي أكلت كل شيء. وأرمَ المالُ إذا فني.

- **أزق:** الهمزة والزاء والقاف قياس واحد وأصل واحد، وهو الضِّيق. أزَق يأزِقُ أزْقاً. يقال: تأزَّق صدري أي ضاق.
المأزِق: مأزِق العيش.

- **أزم:** الهمزة والزاء والميم أصل واحد، وهو الضِّيق وتداني الشيء من الشيء بشدة والتفاف. الأزْمُ: شدة العَضِّ بالفم كُلِّه، وترك الأكل. وأزمَ البابَ: أغلقه.

الأزْمُ: الجَدْبُ المَحْل. وقيل: الأزمة الشدَّة والقحط، وجمعها إزَمٌ. وفي الحديث: اشتدِّي أزمة تنفرج[3]. يقال إن الشدّة إذا تتابعت انفرجت وإذا توالت تَوَلَّت. وأزمَ عليهم العامُ والدهرُ: اشتد قَحْطُه. والمُتَأَزِّم: المتألِّم لأزمة الزمان. وأزَمَتْهم السنةُ أزْماً: استأْصَلَتهم.

- **أسف:** الهمزة والسين والفاء أصل واحد يدل على الفوت والتلهف وما أشبه ذلك. الأسَفُ: المبالغة في الحزن والغضب. وأسِفَ أسَفاً، فهو أسِف وآسِف وأسيف، والجمع أُسَفَاء.

الأسيف العبد والأجير ونحو ذلك لذُلِّهم وبُعْدهم، وقيل: العسيفُ الأجير. وفي الحديث: لا تقتلوا عسيفا ولا أسيفاً [4].

- **أطط:** للهمزة والطاء معنى واحد، وهو صوت الشيء إذا حنَّ وانْقَض. أطَّ الرَّحْلُ أطّاً وأطيطاً: صوَّت. وأطيطُ الإبل: صوتها وحَنِينُها.

الأطيط: الجوع .

- **أفق:** الهمزة والفاء والقاف أصل واحد، يدل على تباعد ما بين أطراف الشيء واتساعه، وعلى بلوغ النهاية. الأفْق، بسكون الفاء وضمها، ما ظهر من نواحي الفلك وأطراف الأرض ونواحي السماء.

أفق فلان إذا ذهب في الأرض، وأفق في العطاء أي فضل وأعطى بعضاً أكثر من بعض. ورجلٌ أَفَّاق أي يضرب في آفاق الأرض أي نواحيها مكتسباً.

(3) مسند الشهاب 1 / 436 ، رقم الحديث : 748 .

(4) لم أجد له أصلا .

- **أكر:** الهمزة والكاف والراء أصلٌ واحد، وهو الحَفْر. أكَرَ يَأكُرُ أكْراً: حفر.
الأكَر: الحُفَرُ في الأرض، واحدتها أُكْرَةٌ. والأكّارُ: الحرّاث. والمؤاكَرَة: المخابرة. وفي الحديث أنه نهى عن المؤاكرة ([5])، يعني المزارعة على نصيب معلوم مما يُزْرَعُ في الأرض، وهي المخابرة.

- **أكل:** الهمزة والكاف واللام بابٌ تكثر فروعه، والأصل كلمة واحدة، ومعناها التنقُّص. أكَلَ الطعام يأكُلُهُ أكلا فهو آكل والجمع أكَلَة. والأكْلُ ما أُكِل. والأكيل الذي يُؤَاكِلُك.
ورجلٌ أُكَلة، بضم الهمزة، وأكُول وأكيل: كثير الأكل. وفلان يستأكل الضعفاء أي يأخذ أموالهم. وفي الحديث: لعن الله آكل الربا ومؤكِلَه([6])، يريد البائع والمشتري. ومنه الحديث: نهى عن المؤاكلة([7])، وهو أن يكون للرجل دَيْن فيهدي إليه شيئاً ليؤخره ويمسك عن اقتضائه، سُمِّي مؤاكلة لأن كل واحد منهما يُؤكِل صاحبَه أي يُطعِمه. والأكل: الرزق. وإنه لعظيم الأكل في الدنيا أي عظيم الرزق، ومنه قيل للميت: انقطع أُكْله.

- **ألس:** الهمزة واللام والسين كلمة واحدة، وهي الخيانة. الأَلْسُ: الأصل السُّوء والغدر والكذب وذهاب العقل.
الألس والمُؤَالَسَة: الخِداع والخيانة والغشُّ، ومنه قولهم: فلانٌ لا يُدالِسُ ولا يؤالِسُ، فالمُدالَسَةُ من الدَّلْس، وهو الظُّلْمَةُ، يراد به لا يُغمِّي عليك الشيء فيُخْفيه ويستر ما فيه من عيب. والمُؤالَسَة: الخيانة .

(5) لم أجد له أصلا .

(6) مسند أحمد 1 / 393 ، رقم الحديث : 3725 . فتح الباري 13 / 41 .

(7) لم أجد له أصلا .

يقال: وما ذُقْتُ عنده ألوساً أي شيئاً من الطعام. والتألُّس: أن يكون يريد أن يُعطي وهو يمنع، ويقال: إنه لمألوس العطية.

- **أمم:** الهمزة والميم أصل واحد، يتفرع منه أربعة أبواب، وهي الأصل، والمرجع، والجماعة، والدِّين. أمَّهُ يَؤُمُّه أمّاً إذا قصده. وأمَّ القومَ وأمَّ بهم: تقدَّمهم، وهي الإمامة. والأُمَّةُ، بضم الهمزة، القرن من الناس، والطاعة، والجماعة، والعالِم.

الإمَّةُ: العَيْشُ الرَّخِيُّ. يقال هو في إمَّةٍ من العيش أي في خِصْب. والإمَّة غضارة العيش والنعمة.

- **أوس:** الهمزة والواو والسين كلمة واحدة، وهي العطية.

الأَوْسُ: العطية. أسْتُ القومَ أؤوسُهم أوساً إذا أعطيتهم، وكذلك إذا عوَّضتهم من شيء. والأوس: العِوضُ.

البــاء

- **بأس:** الباء والهمزة والسين أصل واحد، الشِّدة وما ضارعها. البأساء اسم الحرب والمشقة والضرب. والبأسُ: العذاب. ورجلٌ بَئِسٌ: شجاع.
  البُؤسُ: الشدة والفقر. وبَئِس الرجلُ يَبْأَسُ بُؤساً وبأْساً وبئيسا إذا افتقر واشتدت حاجته فهو بائسٌ أي فقير.

- **بخس:** الباء والخاء والسين أصلٌ واحد، وهو النَّقْصُ. تباخسُ القومُ؛ تغابنوا. ولا تبخسوا الناسَ: ولا تظلموهم. وبخسَ عينَه: فقأها. وبخسَ المُخُّ تبخيساً أي نقص.
  البخس: النَّقصُ. بخسه حقه إذا نقصه. والبَخْسُ من الظلم أن تبخس أخاك حقه فتنقصه كما يبخس الكيال مكياله فينقصه. وثمنٌ بخس دون ما تُحب. والبَخْسُ الخسيسُ الذي بخس به البائعُ.

- **بخع:** الباء والخاء والعين أصلٌ واحد، وهو القتل وما داناه من إذلالٍ وقهر. بخعَ نفسَه يَبخَعُها بخْعاً: قتلها غيظاً أو غماً. وبخع له بحقه: أقرَّ به.
  بَخَعْتُ الأرضَ بالزراعة أبْخَعُها إذا نهكتها وتابَعْت حراثتها.

- **بخل:** الباء والخاء واللام كلمة واحدة، وهي البُخْل والبَخَلُ. بَخِلَ يَبْخَلُ بُخْلاً وبَخَلاً، فهو باخل والجمع بُخَّال، وبخيل والجمع بخلاء.
  البُخْل والبَخَل: لغتان. والبَخْل والبُخول ضد الكرم.

- **بدر:** الباء والدال والراء أصلان: أحدهما كمال الشيء وامتلاؤه، والآخر الإسراع إلى الشيء. بادَرْتُ إلى الشيء وبادرتُ إليه: أسرعتُ. وتبادرَ القومُ: أسرعوا. وابتدروا السلاح: تبادروا إلى أخذه.
البَدْرة: كيس فيه ألف أو عشرة آلاف. وناقةٌ بدريةٌ: بدرت أمُّها النِّتاج فجاءت بها في أول الزمان، فهو أغزرُ لها وأكرم.
وزادَ في القاموس: البَدْرة كيسٌ فيه سبعةُ آلاف درهم.

- **بدل:** الباء والدال واللام أصلٌ واحد، وهو قيامُ الشيء مقامَ الشيء الذاهب. بَدَلُ الشيء: غيره. وتبدَّلَ الشيءُ: تغير. والبديل: البدل. وبَدَّلَ الشيءَ: حرَّفه. ورجلٌ بَدْلٌ: كريم وشريف.
المبادلة: التبادُل. والأصل في التبديل تغيير الشيء عن حاله، والأصل في الإبدال جعل شيء مكان شيء آخر. والعرب تقول للذي يبيع كل شيء من المأكولات بَدَّال؛ والعامة تقول: بقَّال. وسمي البَدَّال بَدَّالاً لأنه يبدّل بيعاً ببيع فيبيع اليوم شيئاً وغداً شيئاً آخر.

- **بذر:** الباء والذال والراء أصلٌ واحد، وهو نثْرُ الشيء وتفريقُه. بَذَرَ الشيءَ: فرَّقه. وبذرَ اللهُ الخلق بَذراً: بَثَّهم وفرَّقهم. وتَبَذَّرَ الماءُ: إذا تغيَّر واصْفَرّ.
البَذْرُ والبُذرُ: أول ما يخرج من الزرع والبقل والنبات، وقيل هو جميع النبات إذا طلع من الأرض. وبَذَرْتُ البَذر: زرعتُه. وبَذَّرَ مالَهُ: أفسده وأنفقه في السَّرَف. وكُلٌّ ما فرقته وأفسدته، فقد بَذَّرْتَهُ. وتبذيرُ المال: تفريقه إسرافاً. والتبذيرُ: إفسادُ المال وإنفاقه في السَّرَف، وقيل التبذير أن ينفق المال في المعاصي، وقيل: هو أن يبسط يده في إنفاقه حتى لا يبقى منه ما يقتاته. والمُبَذِّر: المسرف في النفقة.

- **برز:** الباء والراء والزاء أصل واحد، وهو ظهور الشيء وبُدوِّه. برز إليه وأبرز الكتاب: أخرجه ونشره. وبرز الرجلُ: فاق على أصحابه. والبَرَاز: المكان الفضاء من الأرض.
ذهبٌ إبريزٌ: خالص. الإبْريزُ: الْحَلْيُ الصافي من الذهب.

- **برض:** الباء والراء والضاد أصلٌ واحد، وهو يدل على قلّة الشيء وأخذه قليلا قليلا. تبرَّضت الأرضُ: تبيَّن نبتها. وبئرٌ بروض: قليلة الماء.
التَبَرُّضُ: التبلغ بالقليل من العيش، وتَبَرَّضَ حاجته: أخذها قليلا قليلا. وبرض لي من ماله أي أعطاني منه شيئاً قليلاً.

- **بزر:** الباء والزاء والراء أصلان: أحدهما شيء من الحبوب، والأصل الثاني من الآلات التي تستعمل عند دقِّ الشيء. البِزْرُ ، بكسر الباء وفتحها، كل حبٍّ يَبْزُرُ للنبات. وبزره بالعصا: ضربه بها.
بَزَرَهُ بَزْراً: بذرَهُ. والبُزور: الحبوب الصغار مثل بزور البقول وما أشبهها. وقيل: البَزْرُ الحَبُّ عامة.

- **بزز:** الباء والزاء في المضاعف أصلٌ واحدٌ، وهو الهيئة من لباسٍ أو سلاح. البِزَّة ، بكسر الباء: الهيئة والشارة واللِّبْسَة، وبزَّه بزاً: غلبه وغصبه. وبزَّ الشيء: انتزعه.

البَزُّ: الثياب، وقيل ضرب من الثياب ، والبزّازُ: بائع البَزّ وحِرفتهُ البِزازةُ. والبَزْبَـزَةُ: معالجـة الشيء وإصلاحه، يقال للشيء الذي أجيد صنعتُه: قد بززته.

- **بسس:** الباء والسين أصلان: أحدهما السَّوْقُ، والآخرُ فَتُّ الشيء وخلطه. البُسبُس: الرُّعاة والنـوق الإنسية. انبسَّ في الأرض: ذهب.
بَسَسْتُ المالَ في البلاد فانْبَسَّ إذا أرسلته فتفرق فيها. وبـسَّ الـسَّويق والـدقيق وغـيرهما: خلطه بسمن أو زيت؛ وهي البسيسة.

- **بسل:** الباء والسين واللام أصل واحد تتقارب فروعـه، وهـو المنـعُ والحـبس. بـسلَ الرجـلُ فهـو باسل: عبس من الغضب أو الشجاعة. وقد بسُل أي بَطُل. والبَسْلُ من الأضداد: الحرامُ والحلال.
البُسلة، أجرة الراقي خاصة، وابتـسل: أخـذ بُـسلته. بَـسلتُ الراقـي أعطيتـه بُـسْلَته، وهـي أجرته. وابتسل الرجلُ إذا أخذ على رقيته أجراً. والبَسْلُ: نَخْلُ الشيء في المُنْخُل. وأبسله لعمله وبه: وكَّله إليه.

- **بشر:** الباء والشين والراء أصلٌ واحد: ظهور الشيء مـع حُـسْنٍ وجـمال. البَـشَر: الإنـسان الواحـد. والبِشْر، بكسر الباء، الطلاقة. بشَّرته فأبشر واستبشر: فرح.
البشارةُ، بكسر الباء وضمها، ما يعطاه المُبَشِّر بالأمر. وفي حديث توبة كعب: فأعطيتـه ثـوبي بُشارَة[8]. البُشارة، ما يعطى البشير كالعُمالة للعامل. أبشرت الأرضُ إبشاراً: بُذرت فظهـر نباتها حسنا.

(8) صحيح ابن حبان 8 / 168 ، مصنف عبدالرزاق 5 / 404 ، مسند أحمد 6 / 389 .

- **بضع:** الباء والضاد والعين أصولٌ ثلاثة: الأول الطائفة من الشيء عضوا أو غيره، والثاني بُقْعَة، والثالث أن يشفى شيء بكلام أو غيره. بَضَع اللحمَ يبْضَعه بَضْعاً: قطعه. والبَضيع: اللحم. والمِبْضَعُ: المِشْرَطُ. والبُضْع: النكاح.
البضاعةُ: القطعة من المال، وقيل اليسير منه. والبضاعة: طائفة من مالك تبعثها للتجارة. وأبضعه البضاعة: أعطاه إياها. واستَبْضَعه: جعله بضاعَته، وفي المثل: كمُسْتبضِع التمر إلى هَجَرَ، وذلك أن هجر مَعدِنُ التمر. البضاعة: السلعة. والبُضْعُ: مهر المرأة.

- **بطر:** الباء والطاء والراء أصلٌ واحد وهو الشَّقُّ. البَطْر: النشاط. وقيل: التبختر. وبطِرَ النعمةَ بَطْراً: لم يشكرها. وذهب دمُه بطْراً أي هدراً.
البَطَر: الطغيان عند النعمة وطول الغنى. والمُبَيْطِر: مُعالجُ الدوابّ. والبَيْطَرُ: الخياط. وقيل: صيَّر البيطار خياطاً كما صُيِّر الرجل الحاذقُ إسْكافاً. وبطرَ الشيءَ: شقَّه. والبطْر: الشقّ، وبه سُمِّي البيطارُ بيطاراً.

- **بطل:** الباء والطاء واللام أصلٌ واحد، وهو ذهاب الشيء وقلة مكثه ولبثه. بَطُل الشيءُ: ذهب ضَيَاعاً وخُسْرا، فهو باطل. والباطل نقيض الحق. وتبطلوا بينهم: تداولوا الباطل. والبَطَل: الشجاع.
بطل الأجيرُ، يَبْطُل بَطالة وبِطالة أي تعطل فهو بَطَّال.

- **بطن:** الباء والطاء والنون أصلٌ واحد لا يكادُ يُخلف، وهو إنسيُّ الشيء والمُقْبل منه. البَطْن: خلاف الظهر وهو الجوف، والجمع أبْطُن وبُطُون وأبْطَان. والبَطْن دون القبيلة. وتَبَطَّنتُ الأمرَ: علمته. والبطانةُ: السريرة.

بَطِنَ يَبْطَن بَطَناً: عظُمَ بطنه من الشبع. المِبْطان: الكثير الأكل والعظيم البطن. ورجلٌ بَطِنٌ: لا همَّ له إلا بطنه. ورجلٌ بَطِنٌ: كثير المال.

- **بغا:** الباء والغين والياء أصلان: أحدهما طلب الشيء، والثاني جنسٌ من الفساد. بغا الشيءَ بَغْواً: نظر إليه كيف هو. البغايا: الإماء، الواحدة: بغيٌّ. وتباغوا: بغى بعضهم على بعض.
بغى الخيرَ بُغْيَةً. يقال: بغيتُ المالَ من مَبْغاتِه، وفلانٌ ذو بُغاية للكسب إذا كان يبغي ذلك. والبُغْيَة: الحاجة.

- **بقق:** الباء والقاف في المضاعف أصلان: أحدهما التفتُّح في الشيء، قولا وفعلا، والثاني الشيء الطفيف اليسير. البَقُّ: البعوض. وبَقَّ الرجلُ: كثر كلامُه. ورجلٌ بقّاق: كثير الكلام. وبقَّت السماءُ: كَثُر مطرُها.
بَقَّ يَبُقُّ بَقّاً: أوسع في العطية. وبَقَّ لنا العطاء: أوسَعه. وبَقَّ فلانٌ مالَه أي فرَّقه.

- **بلط:** الباء واللام والطاء أصل واحد. البلاطُ: الأرضُ. وبلَّطَ الأرضَ: سوَّاها. وتبالطوا بالسيوف إذا تجالدوا بها على أرجلهم.
أبْلط الرجلُ : لزق بالأرض. وأبْلط: افتقر وذهب ماله. وقيل: أبْلَطَ إذا أفلس فلزق كالبلاط. البَطّ والبُطُّ: المِخراطُ، وهو الحديدة التي يَخْرطُ بها الخرَّاط.

بلل: الباء واللام في المضاعف فيه أكثر من أصل؛ الأول الندى، والثاني المرض، والثالث أخذ الشيء والذَّهابُ به، والرابع الرجال. البَلل: الندى، والدون، والنداوة، والعافية، والوليمة.

البَلَّة: الغنى بعد الفقر. بَلَلْتُه: أعطيته. والبُلَل: البَذر. وبَلُّوا الأرض: بذروها.
وفي القاموس: البِلَّة، بكسر الباء، الخيرُ والرزق.

- **بنح:** بَنَحَ اللحمَ: قطَعَهُ وقَسَمَه.
البُنُحُ: العطايا.

- **بندر:** البنادِرَةَ: التجار الذين يلزمون المعادن. ورجلٌ بندري: كثير المال.
وفي القاموس: البنادِرَة: الذين يَخْزُنُون البضائع للغلاء.

- **بهر:** الباء والهاء والراء أصلان: أحدهما الغلبة والعلوّ، والآخر وَسَط الشيء. البُهْرُ: ما اتسع من الأرض. وبهره بَهْراً: غلبه. وبَهَرَ الرجلُ: برع.
أبهرَ: إذا استغنى بعد فقر. البُهار: هو ثلاثمائة رطل بالقبطية. وقيل: أربعمائة رطل، وقيل: ستمائة رطل، وقيل: ألف رطل.

- **بهرج:** مكانٌ بهرجٌ: غير حمى. والبَهْرَج: الشيء المباح والباطل والرديء من الشيء.
درهمٌ بهرجٌ: رديء. والدرهمُ البهرجُ: الذي فضته رديئة، وكل رديء من الدراهم وغيرها: بهرج. وكل مردود عند العرب بَهْرجٌ.

- **بور:** الباء والواو والراء أصلان: أحدهما هلاك الشيء والآخر ابتلاء الشيء وامتحانه. البَوَار: الهلاك. بارَ الرجلُ يَبُورُ بوراً، وأبار غيرَه، فهو مُبير.
البَوار: الكساد. وبارَت السوقُ وبارت البياعات إذا كسدت تبور. والبُورُ: الأرض التي لم تزرع. البُوْر والبَوْر جمع البَوار وهي الأرض

الخراب التي لم تزرع. وبارَ المتاعُ: كسد. وبارَ عمله: بَطَلَ. وبُورُ الأرض: ما بـار منهـا ولم يَعْمَـر منهـا بالزرع.

- **بوش:** الباء والواو والشين أصلٌ واحـد، وهـو التجمـع مـن أصـناف مختلفـين. البَـوْشُ: الجمـاعة الكثيرة. وبَـوَشَ القـومُ: كـثروا واختلطـوا. وبـاشَ يبـوشُ بَوْشـاً: إذا صـحب البَـوْشَ، وهـم الغوغاء.
  البَوْشي: الرجل الفقيرُ الكثيرُ العيال.

- **بوط:** باط الرجلُ يَبُوطُ إذا ذلَّ بعد عزٍّ أو إذا افتقر بعد غنى. البُوطةُ: التي يُذيب فيهـا الـصائغُ ونحوه من الصناع.

- **بوك:** الباء والواو والكاف ليس أصلا، وهو كناية عن الفعـل. باكـت الناقـةُ تبُـوكُ بوكـاً: سـمنت. وناقةٌ بائكة: سمينة حسنة. وباك أمرُهم: اختلط عليهم.
  البَوْك: البيع. وحكي عن أعرابي أنه قال: معي درهـم بهـرج لا يُبـاك بـه شيء أي لا يبـاع. وباكَ إذا اشترى، وباكَ إذا باع، والبوك: الشراء.

- **بول:** الباء والواو واللام أصلان: أحدهما ماء يتحلب. والثاني الـرُّوع. البَـول: الولـد. والبـال: الحـال والشأن والخاطر والأمل. وبالَ الإنسانُ وغيره يَبُول بولاً.
  البال: رخاء العيش، يقال: فلان في بالٍ رخي أي في سَعَةٍ وخِصب وأمن.

- **بيع:** الباء والياء والعين أصلٌ واحد، وهو بيع الشيء. بايَعَهُ مبايعة وبياعـا: عارَضـه بـالبيع. وبـاعَ على بيعه: قام مقامه في المنزلة والرِّفعة، وظفِر به. وامرأةٌ بائع: نافقة لجمالها.

البيعُ ضد الشراء، والبيعُ: الشراء أيضا. وهو من الأضداد. وبعتُ الشيء: شريته، والابتياع: الاشتراء. والبِياعة: السلعة. واسْتبَعْتُه الشيء أي سألته أن يبيعه مني. والبَيِّعان: البائع والمشتري، وجمعه باعة. وكل من البائع والمشتري بائع وبَيِّع. أباعَه: عَرَّضه للبيع. واستَبَعتهُ الشيءَ أي سألته أن يبيعه مني. وانباع: نفق. يقال باع فلان على بيع فلان: وهو مثل قديم تضربه العرب للرجل يُخاصم صاحبه وهو يريد أن يغالبه فإذا ظفر به بما حوله قيل: باع فلان على بيع فلان.

التاء

- **تبر:** التاء والباء والراء أصلان متباعدٌ ما بينهما: أحدهما الهلاك، والآخر من جواهر الأرض. تَبَّرَه تتبيرا: كسَّرَه وأهلكه. والتَّبَار: الهلاك. والمَتبوُر: الهالك. واتبر عن الأمرِ: انتهى.
التِّبْرُ: الذهب كله. وقيل هو من الذهب والفضة وجميع جواهر الأرض من النحاس والصُّفْر وغير ذلك مما استخرج من المعدن قبل أن يصاغ ويستعمل؛ وقيل هو الذهب المكسور. وقيل: التبر الفُتات من الذهب والفضة قبل أن يصاغا فإذا صيغا فهما ذهب وفضة. وقيل: التبر ما كان من الذهب غير مضروب فإذا ضرب دنانير فهو عين. وقد يطلق التبر على الذهب والفضة من المعدنيات كالنحاس والحديد والرصاص وأكثر اختصاصه بالذهب.

- **تجر:** التاء والجيم والراء: التجارة معروفة. تجَر يَتْجُرُ تَجْراً وتِجارة: باع وشرى، والعرب تسمي بائع الخمر تاجراً. ورجل تاجر والجمع تِجارٌ وتُجَّارٌ وتَجْرٌ. وأرضٌ مُتْجَرَةٌ: يُتَّجَرُ إليها. وناقةٌ تاجر: نافقةٌ في التجارة والسوق. ويقال ناقةٌ تاجرةٌ وأخرى كاسدة. تقول العرب إنه لتاجرٌ بذلك الأمر أي حاذق. ويقال: رَبِحَ فلانٌ في تجارته إذا أفْضَلَ، وأرْبَحَ إذا صادف سُوقاً ذات ربح.

- **ترب:** التاء والراء والباء أصلان: أحدهما التراب وما يشتق منه، والآخر تساوي الشيئين. تُرْبَةُ الإنسان: رَمْسُه. وتُربةُ الأرض: ظاهرها. وأتربَ الشيءَ: وضع عليه التراب. وريحٌ تَرِبٌ: تسوق التراب. والأتراب: الأمثال.

أترَبَ: استغنى وكثر ماله، فصار كالتراب، وقيل أترب: قلَّ ماله. والتَرِب: بفتح التاء وكسر الراء: المحتاج، والمُتْرِب: الغني. والتتريب: كثرة المال. والتريب: قلة المال أيضا. وتَرِبَ الرجلُ تَرَباً: لصق بالتراب من الفقر.

- **ترف:** التاء والراء والفاء كلمة واحدة، وهي التُّرفة. أترفَ الرجلَ: أعطاه شهوته. وترِفَ النباتُ: تروَّى. واسترفَ: طغى.
  الترفُ: التَنَعُّم، والتَرْفةُ، النعمة. المُتْرَفُ: الذي قد أبطرته النعمة وسَعة العيش. وأتْرَفتْه النعمة أي أطغته. والتَّرْفَةُ: الطعام الطيب.

- **تقن:** التاء والقاف والنون أصلان: أحدهما إحكام الشيء، والثاني الطين والحمأة. التِّقنُ: رسابةُ الماء في الربيع. وتقَّنوا أرضَهم: أرسلوا فيها الماء الخاثر لتجود.
  أتقَنَ الشيءَ: أحْكَمه. ورجلٌ تقْنٌ، بكسر التاء وفتحها، مُتْقِنٌ للأشياء حاذق. يقال لكل حاذق بالأشياء تْقنٌ؛ ومنه يقال: أتقنَ فلانٌ عمله إذا أحكمه.

- **تلف:** التاء واللام والفاء كلمة واحدة، وهو ذَهاب الشيء. التَلَفُ: الهلاكُ والعطبُ في كل شيء.
  وأتلفَه: أفناه.وذهبت نفسُه تلفا: هدَراً.
  رجلٌ مِتْلَفٌ ومِتلافٌ: يُتلِفُ ماله، وقيل: كثير الإتلاف.

- **توا:** التَّوُّ: الفرد، وجاء تواً أي فرداً، وأتواهُ اللـه: أذهبه. والتَّوى: الهلاك.
  التَّوى: ذهاب مال لا يُرجى. وأتوى فلانٌ ماله: ذهب به. والعرب تقول: الشُّح مَتْواةٌ.
  تقول: إذا منعتَ المالَ من حقه أذهبه اللـه في غير حقه.

الثاء

- **ثرا:** ثرا اللـه القومَ أي كثَّرهم. ثرى القوم يَثرُون إذا كثروا ونَمَوا. والثَّرى: التراب الندي.

الثَّرْوَة: كثرة العدد من الناس والأموال. يقال: ثروة رجال وثروة مـال. ثـرا القـومُ ثـراءً: كـثروا ونَموا. وثرا أثرى: كثر مالُه. والمال الـثري: الكثـير. ورجـل ثـريّ وأثـرَى: كثـير المـال. وأثْـرَى الرجلُ وهو فوق الاستغناء. والثراء: المال الكثير.

- **ثرر:** الثاء والراء قياسٌ لا يُخلِف، غُزر الـشيء الغزيـر. عَـيْنٌ ثَـرَّةٌ: غزيـرة المـاء. وعَـيْنٌ ثَـرَّةٌ: كثـيرة الدموع. ورجلٌ ثرٌّ وثرثار: مهذار متشدق.

الثرثرة في الأكل: الإكثار في تخليط. وثَرَّ الشيء من يده: بدَّدَه.

- **ثرمل:** أمُّ ثَرْمَل: الضَبْع.

ثرمَلَ القومُ من الطعام والشراب مـا شـاؤوا أي أكلـوا. والثَّرْمَلَـة: سـوء الأكـل وأن لا يبـالي الإنسان كيف كان أكلُـه. وثرْمـلَ الطعـامَ: لم يُحْـسن صـناعته ولم يُنْـضِجْه صـانعه ولم ينفضه من الرماد. وثرملَ عملَه: لم يتنوَّق فيه ولم يطَيِّبه للضيف لمكان العجلة.

- **ثمر:** الثاء والميم والراء أصلٌ واحـد، وهـو شيء يتولـد عـن شيء متجمِّعـا، ثـم يُحمـل عـلى غـيره استعارة. أثمرَ الشجرُ: خرج ثمرُه. والمُثمِر: الذي فيه ثمر. والثَّامرُ: الليل المقمر. وأرضٌ ثميرة: كثيرة الثمر.

الثَّمَرُ: حَمْلُ الشجر. وأنواع المال والولد: ثَمَرَةُ القلب. والثمر: أنواع المال، وجمعُ الثمـر ثمـار ٌ. وثُمُرٌ جمع الجمع. والثُّمُرُ: الذهب والفضة.

وأثمرَ الرجلُ: كثر مالُه. وثمَّرَ الرجلُ مالَه: نمَّاه وكَثَّرَه. يقال: ثَمَّرَ اللـهُ مالَك أي كثَّرَه.
وفي القاموس: ومالٌ ثَمِر ومثمُورٌ: كثيرٌ.

- **ثمل:** الثاء والميم واللام أصل، وهو الشيء يبقى ويثبت ، ويكون ذلك في القليل والكثير. الثَّملة والثُّمالة: الشيء القليل يبقى في أسفل الحوض. والثَّمَل: السُكْر. والثُّمال، بالضم، السمُّ.
ثَمَلْتُ الطعامَ: أصلحته. ما ثَمَلَ شرابه بشيء من الطعام أي ما أكل شيئا من الطعام قبل أن يشرب. وثملَهم ثمْلاً: أطعمهم وسقاهم.
وفي القاموس: تثمَّل ما في الإناء: تحسَّاه.

- **ثمن:** الثاء والميم والنون أصلان: أحدهما عِوض ما يباع، والآخر جزء من ثمانية. ثمنتُ الشيء إذا جمعته، فهو مُثْمَن. وأثمَنَ القومُ: صاروا ثمانية. الثُّمُن والثُّمْن من الأجزاء.
الثَّمَن: ثمن المبيع، وثمن كل شيء قيمته. وشيء ثمين: أي مرتفعُ الثمن. يقال: ثامَنْتُ الرجلَ في المبيع أثامنه إذا قاولته في ثمنه وساوَمته على بيعه واشترائه. والجمع أثمانٌ وأثمُنٌ.

- **ثوب:** الثاء والواو والباء قياسٌ صحيح من أصلٍ واحد، وهو العَود والرجوع. ثابَ ثَوْباً : رجع. والثَّوَّاب: العسل والنحل والجزاء. والثَّوب: اللباس. أثابه اللـهُ مثوبةً أعطاه اللـه إياها.
رجلٌ ثوَّاب: الذي يبيع الثياب. ويقال: ذهب مالُ فلان فاستثاب مالاً أي استرجع مالاً.

الجيم

- **جبأ:** الجيم والباء والهمزة أصلان: أحدهما التنحي عن الشيء. جَبَأْتُ عيني عن الشيء: نَبَتْ عنه وكَرِهَتْه. وجبأ على القوم: طلع عليهم مفاجأة. وجبأ الشيء: واراه.
  الإجباء بيعُ الزرع قبل أن يبدو صلاحُه أو يدرك، تقول منه: أجبأتُ الزرعَ، وجاء في الحديث: مَن أجبى فقد أربى ([9]).

- **جبي:** الجيم والباء وما بعده من المعتل أصلٌ واحد يدل على جمع الشيء والتجمُّع. جبى الماءَ في الحوض:جمعه. والجبى، بالكسر، الماء. واجتباه: اختاره. والجابي: الجراد.
  جَبَى الخراجَ ويَجبيه: جمعه. وجبيتُ الخراجَ جبايةً. والإجباء بيعُ الزرع قبل أن يبدو صلاحُه. وفي حديث وائل بن حُجْر قال: كتب لي رسول الله صلى الله عليه وسلم : لا جَلَبَ ولا جَنَبَ ولا شغار ولا وراط ومن أجبى فقد أربى[10]. والاجتباء من الجباية وهو استخراج الأموال من مظانها.

- **جدا:** الجيم والدال والحرف المعتل خمسة أصول متباينة. الجَدا: المطرُ العامّ. والجَداء: الغناء. أجَدى عليه يُجْدي إذا أعطاه. وفي حديث الاستسقاء: اللهم اسقنا غيثا غَدَقا وجَداً طبقا[11]، ومنه أخذ جدا العطية والجدوى. والجدوى: العطية

---

(9) : الآحاد والمثاني 5 / 174

(10) : مسند الحارث 1 / 388 ، رقم الحديث : 748

(11) : المعجم الأوسط 7 / 321

كالجَدَا. وأجْداه أي أعطاه الجدوى. وجَدَوته جَدْواً وأجْدَيْتُه واستجديته: أتيته أسأله حاجة وطلبت جَدْواه. والسُّؤَّالُ الطالبون يقال لهم المُجْتدُون.

- **جرب:** الجيم والراء والباء أصلان: أحدهما الشيء البسيط يعلوه كالنبات من جنسه. الجرباء: السماء الدنيا. والجَرِيب: الوادي. والجِراب: بكسر الجيم، الوعاء. وجرَّبَ الرجلَ تَجْرِبَة، بكسر الراء: اختبره.

الجريب من الطعام والأرض: مقدار معلوم. الجريب من الأرض مقدار معلوم الذراع والمساحة، وهو عشرة أقفزة، كل قفيز منها عَشَرة أعشراء، فالعشير جزء من مائة جزء من الجريب. وقيل الجريب من الأرض نصف الفنجان. والجريبُ مكيال قدر أربعة أقفزة. والجريب قدر ما يزرع فيه من الأرض. والجمع: أجْربة وجُربان. والجِرْبَةُ: بكسر الجيم: المزرعةُ، وكُلُّ أرض أُصْلِحَت لزرع أو غرس. وأرضٌ جرباء: مُمْحِلة مقحوطة لا شيء فيها. والْجَرَبَّة: من أهل الحاجة، أو الرجال الذين لا سعي لهم. والْجَرَبَّةُ: العيالُ يأكلون ولا ينفعون. ودراهم مُجَرَّبَة: موزونة.

- **جرز:** الجيم والراء والزاء أصلٌ واحد، وهو القطع. أجرَزَت الناقة إذا هزلت. وجَرَزَه: قطعه. وسيفٌ جارزٌ: قاطع. والجَرْز: القتل. وامرأةٌ جارزٌ: عاقر.

جَرَزَ يَجْرُزُ جَرْزاً: أكل أكلاً. والجَرُوز: الأكول، وقيل: السريع الأكل. والجَرُوز: الذي إذا أكل لم يترك على المائدة شيئاً. وأرضٌ مَجْروزة وجُرُز: لا تُنبت. والجُرُز: السنة المجدبة. وأجرزَ القومُ: أمحلوا.

- **جرش:** الجيم والراء والشين أصلٌ واحد، وهو جَرْشُ الشيء. الجُرْش: حكُّ الشيء الخشن بمثله. والملحُ الجريش: المجروش.

التجْريشُ: الجوعُ والهزال. والجَرْش: الأكل.
وفي القاموس: اجترَش لعياله: كسب. واجترشَ الشيءَ: اختلسه.

- **جرف:** الجيم والراء والفاء أصلٌ واحد، وهو أخذ الشيء كله هبشاً. جَرَفَ الشيءَ: يَجْرُفه: جرفاً واجترفه: أخذه. ورجلٌ جُرَافٌ: شديد النكاح.

الجَرْفُ: المالُ الكثير من الصامت والناطق. والجارفُ الموتُ العامُّ يجرفُ مالَ القوم. ورجلٌ مُجَرَّفٌ: قد جَرَّفه الدهر أي اجتاح ماله وأفقره. ورجلٌ مُجَارَفٌ وهو الذي لا يكسب خيراً. الجُرَافُ مكيال ضخم. ورجلٌ جُرافٌ: أكولٌ جداً. وقيل يأتي على الطعام كلِّه.
وفي القاموس: ورجلٌ مُجَارَفٌ: لا يكسبُ خيراً، ولا يُنَمِّي ماله.

- **جزر:** الجيم والزاء والراء أصلٌ واحد، وهو القَطْع. الجَزْر: ضد المد. والجزيرة أرضٌ ينجزرُ عنها الماء. وجَزَرَ الشيءَ: قطعه. وجزرَ الناقةَ جزراً: نحرها. وتجازروا: تشاتموا.

أجْزَرَ القومَ: أعطاهم جَزُوراً. وفي الحديث: أنه بعث بعثاً فمروا بأعرابي له غنم فقالوا: أجْزِرْنا([12])؛ أي أعطنا شاةً تصلح للذبح، وفي حديث آخر: فقال يا راعي أجْزرني شاةً؛ ومنه الحديث: أرأيت إن لقيتُ غنمَ ابن عمي أأجتزرُ منه شاةً؟([13]) أي آخذ منها شاة وأذبحها. والجَزَّارُ والجِزِّيرُ: الذي يجزر الجزور، وحرفته الجِزارَةُ. والجُزارةُ: حق الجزَّار. وفي حديث الضحية: لا أُعطي منها شيئا في جُزارَتها ([14])؛ الُجزارة، بالضم: ما يأخذُ

(12) تفسير الطبري 3 / 285 . الدر المنثور 2 / 219 .
(13) ورد في نيل الأوطار :أرأيت لو لقيت في موضع غنم ابن عمي فأخذت منه شاة فاجتزرتها . انظر : نيل الأوطار 9 / 32 ، باب النهي أن يؤكل طعام الإنسانبغير إذنه .
(14) صحيح البخاري 2 / 285 ، رقم الحديث : 1629 . صحيح مسلم 2 / 954 ، رقم الحديث : 1317

الجزَّارُ من الذبيحة عن أجرته فمُنِع أن يُؤخذ من الضحية جزء في مقابل الأجرة. والجَزيرُ، بلغة أهل السواد، رجل يختاره أهل القرية لما ينوبهم من نفقات من ينزل بهم من قِبَل السلطان.

- **جزف:** الجَزْفُ: الأخذ بالكثرة. وجَزَفَ له بالكيل: أكثر. والجزفُ أخذ الشيء مجازفةً وجزافاً. وفي الحديث: ابتاعوا الطعام جزافا([15])، الجِزافُ والجَزْفُ: المجهول القدر، مكيلا كان أو موزوناً. والجُزاف والجزافة: بيعك الشيء واشتراؤكه بلا وزن ولا كيل.

- **جزي:** الجيم والزاء والياء قيام الشيء مقام غيره ومكافأته إياه. جَزَيتُ فلاناً حقه: أي قضيته. والمُتَجازي: المتقاضي. وجزيتُ عنك فلاناً: كافأته.
  يقال: قرضتُ فلاناً قَرْضة، وجزيته قرضة. والجِزْيَة: خراج الأرض، والجمع جِزىً وجِزيٌّ.

- **جشم:** الجيم والشين والميم أصلٌ واحد، وهو مجموع الجسم. جَشِم الأمرَ، يَجْشَمه جَشْماً وتَجَشَّمَه: تكلَّفه على مشقة. والجُشَم: الجوف.
  الجُشْمُ دراهم رديئة. ويقال: ما جَشَمْتُ اليوم طعاما أي ما أكلت.

- **جعل:** الجيم والعين واللام كلمات غير منقاسة، لا يشبه بعضها بعضا. جعل الشيءَ يَجْعَلَه جَعْلاً واجتعله: وضَعَه وصنعه وصيره. وجعل: خلق.
  جعل له كذا: شارطه به عليه، وكذلك جعل للعامل كذا، والجُعْل والجِعال والجَعِيلة والجُعالة والجَعالة، كل ذلك: ما جعل له على عمله.

(15) صحيح مسلم 3 / 1161 ، رقم الحديث : 1526 . مسند أحمد 2 / 40 ، رقم الحديث : 4979 .

والجَعالة، بالفتح: الرَّشوة. وأجْعَله جُعلاً وأجْعَله له: أعطاه إياه. والجاعِل: المُعطي، والمجتعِل: الآخذ. وفي الحديث: جَعيلة الغَرَق سُحْت([16])؛ هو أن يجعل له جُعْلا ليُخرج ما غرق من متاعه، جعله سحتا لأنه عقد فاسد بالجهالة التي فيه.

وفي القاموس: وجاعَلَه: رشاه.

- **جفف:** الجيم والفاء أصلان. جفَّ الشيء يَجِفُّ ويَجَفُّ، جُفوفاً وجَفافاً: يبس. وتَجَفْجَفَ الثوبُ: إذا ابتل ثم جفَّ.

الجَفَفُ الحاجة. ويقال: أصابهم من العيش ضَفَفٌ وجَفَفٌ وشَظَفٌ، كل ذلك من شدّة العيش.

- **جلب:** الجيم واللام والباء أصلان؛ أحدهما الإتيان بالشيء من موضع إلى موضع، والآخر شيء يغشي شيئا، الجَلْبُ: سَوْق الشيء من موضع إلى آخر. جَلبَه يَجْلِبُه جَلْباً وجَلَباً واجتلبه, بمعنى. ورعدٌ مجلِّبٌ: مصوِّت.

جلب لأهله يَجْلُبُ وأجْلَبَ: كسب وطلب واحتال. والجُلْبَةُ: السنةُ الشديدة. وقيل: الجلبة شدة الجوع. الجَلَبَةُ والأجلابُ: الذين يجلبون الإبل والغنم للبيع. والجَلُوبَة: ما يُجلبُ للبيع. الجليبُ الذي يُجلب من بلد إلى غيره. والجَلْبُ والجُلْبُ: الرحلُ بما فيه.

(16) لم أجد له أصلا .

- **جلف:** الجيم واللام والفاء أصلٌ واحد يدل على القطع وعلى القشر. جَلَفَ الشيءَ يَجْلُفُه جلفاً: قشره. والجِلْفُ: الأعرابي الجافي.
المُجَلِّفُ: الذي أتى عليه الدهر فأذهب ماله. أصابتهم جليفةٌ عظيمة إذا اجتلفت أموالهم.
الجَلْف: الخبز اليابس بلا أدم. والجَالِفَةُ: السنة التي تذهب بأموال الناس.
وفي القاموس: وسِنُون جَلائف وجُلُفٌ: تَجْلُفُ الأموال وتُذهبها. وطعامٌ جَلَنْفاةٌ: قَفارٌ لا أدمَ فيه.

- **جمع:** الجيم والميم والعين أصلٌ واحد، يدل على تضامِّ الشيء. جَمعَ الشيء عن تفرقه يَجْمعُه جمعاً، والجَمْعُ أن تجمع شيئاً إلى شيء. وتَجَمَّع القومُ: اجتمعوا.
وكل نخل لا يعرف اسمه فهو جمع. وفي الحديث: أنه أُتي بتمرٍ جنيبٍ فقال: من أين لكم هذا ؟ قالوا: إنا لنأخذ الصاع من هذا بالصاعين، فقال: لا تفعلوا، بع الجَمْع بالدراهم وابتع بالدراهم جنيباً [17].

- **جنعظ:** الْجِنْعاظَةُ: الذي يتسخَّط عند الطعام من سوء خُلقه. والجنعاظ: الأحمق.
الجِنعيظ: الأكول.

- **جهد:** الجيم والهاء والدال أصله المشقة، ثم يُحمل عليه ما يقاربه. الجَهْدُ والجُهْدُ: الطاقة. وجُهِدَ الرجلُ: إذا هزل. والجهاد: محاربة الأعداء.

(17) صحيح البخاري 2 / 767 ، رقم الحديث : 2089 . صحيح مسلم 3 / 1215 . رقم الحديث : 1593

الجُهْد: الشيء القليل يعيش به المُقِلُّ على جهد العيش. وفي التنزيل: والذين لا يجدون إلا جَهْدَهم[18]. جَهِدَ عيشُهم: نَكِدَ واشتدَّ. وجَهْد البلاء: الحالة التي يُختار عليها الموت، أو كثرة العيال، وقلة الشيء. ومرعى جهيدٌ: جَهَده المالُ. وجَهَدْتُ الطعامَ: أكثرتُ من أكله.

وفي القاموس: وأجْهَدَ مالَه: أفناه وفرَّقه.

- **جوح:** الجيم والواو والحاء أصلٌ واحد وهو الاستئصال. الجَوْح: الاستئصال، من الاجتياح. جاحتهم السنة جوحاً واجتاحتهم: استأصلت أموالهم. وسنة جائحة: جدبة. واجتاح العدوُّ ماله: أتى عليه. والجَوْحة والجائحة: الشدة والنازلة العظيمة التي تجتاح المال من سنة أو فتنة. وروي عن النبي صلى الله عليه وسلم: أنه نهى عن بيع السِّنين ووَضَع الجوائح ([19]) وفي الحديث: أن أبي يريد أن يجتاح مالي أي يستأصله([20]). قال الشافعي: جماع الجَوَائح كل ما أذهب الثمرَ أو بعضها من أمر سماويّ بغير جناية آدمي.

- **جوز:** الجيم والواو والزاء أصلان: أحدهما قطع الشيء، والآخر وسط الشيء. الاجتيازُ: السلوك. وأجازه: أنفذه. والجَواز: صكُّ المسافر. وتجوَّزَ في هذا الأمر: احتمله. وتجاوز عن الشيء: أغضى. وتجاوز فيه: أفرط.

(18) سورة التوبة ، الآية 79 .

(19) صحيح مسلم 3 / 1178 ، رقم الحديث : 1536 . صحيح ابن حبان 11 / 370 ، رقم الحديث : 4995 . سنن البيهقي الكبرى 5 / 306 ، رقم الحديث: 10408 . شرح معاني الآثار 4 / 34

(20) سنن ابن ماجه 2 / 769 ، رقم الحديث : 2291 . شرح معاني الآثار 4 / 158 . المعجم الأوسط 7 / 19 ، رقم الحديث : 6728 .

الجائزة: العطية من أجازَه يُجيزُه إذا أعطاه. التَجَوُّزُ في الدراهم: أن يَجُوزَها، وتجوَّزَ الدراهمَ: قبلها على ما بها.

- **جوس:** الجيم والواو والسين أصلٌ واحد، وهو تخلُّل الشيء. الجَوْسُ: مصدر جاس جوساً وجَوَساناً، تردد.
  الجَوْسُ: الجوع.

- **جوظ:** الجيم والواو والظاء أصلٌ واحدٌ لنعت قبيح، لا يُمدَحُ به. الجوَّاظ: الكثير اللحم الجافي الغليظ، الضخم المختال في مشيته. وجَوَّظ وتجوَّظ: سعى.
  ورجلٌ جَوَّاظة: أكول. والجوَّاظ: الجموع المنوع الذي جمع ومنع.

- **جوع:** الجيم والواو والعين، كلمة واحدة. جاع إلى لقائه: اشتهاه. وجاع إليه: عطش واشتاق.
  الجُوع: اسم للمخمصة، وهو نقيض الشِّبَع. والفعل جاع يجوع جَوعاً وجوْعةً ومجاعة فهو جائع وجَوْعانُ، والجمع جَوْعَى وجياع وجُوَّع وجُيَّع. والمجاعةُ: عام الجُوع. تجَوَّع: إذا تعمد الجوع. وفلانٌ جائعُ القدر إذا لم تكن قدرُه ملأى. والمُستُجيعُ: الذي يأكل كل ساعة.
  وفي القاموس: المُستُجيعُ: من لا تراه أبدا إلا وهو جائعٌ.

الحاء

- **حبا:** الحاء والباء والحرف المعتل أصلٌ واحد، وهو القرب والدنُوّ. حَبا الشيءُ: دنـا. وحبا حُبُوًا: مشى على يديه وبطنه. وحبت السفينة: جرت.

حَبَا الرجلَ حَبْوةً أي أعطاه. وقيل: الحباءُ العطاء بلا مَنٍّ ولا جزاء. وحابيته في البيع مُحاباة والحِباءُ: العطاء. وفي حديث صلاة التسبيح: ألا أمْنَحُك ألا أحْبُوك ؟ [21]

- **حبس:** الحاء والباء والسين. يقال: حَبَسَهُ يَحْبسُه حبساً، فهو محبوسٌ وحبيسٌ واحتبسه: أمسكه عن وجهه. والحَبْسُ: ضد التخلية.
حَبَستُ أحْبسُ حَبْساً: أي وقفت، والاسم الحُبس. أي الحبس، بالضم، ما وقف. كما قال النبي صلى الـلـه عليه وسلم لعمر في نخل له أراد أن يتقرب بصدقته إلى الـلـه عز وجل فقال له: حَبِّس الأصل وسَبِّل الثمرة [22]، أي اجعله وقفاً حبساً، ومعنى تحبيسه أن لا يورث ولا يباع ولا يوهب ولكن يترك أصله ويجعل ثمره في سبل الخير.

- **حتر:** الحاء والتاء والراء أصلان: أحدهما إطافة الشيء بالشيء واستدارةٌ منه حوله، والثاني تقليل شيء وتزهيدُه. حَتارُ كل شيء وكل ما أحاط بالشيء واستدار به. وحتر الشيءَ: أحكمه.

---

(21) سنن ابن ماجه 1 / 443 ، رقم الحديث : 1387 . سنن أبي داود 2 / 29 ، رقم الحديث : 1294 . الترغيب والترهيب 1 / 267 ، رقم الحديث : 1010 .

(22) سنن البيهقي الكبرى 7 / 162 ، رقم الحديث : 11683 . مسند الشافعي 1 / 308 .مسند الحميدي 2 / 289، رقم الحديث : 651 . سنن النسائي 6 / 232 ، رقم الحديث : 3603 . فتح الباري 5 / 403 .

الحَتْر: الأكل الشديد. وما حترَ شيئاً أي ما أكل. وحَتَرَ أهله يَحتِرُهُم حَتْراً وحُتُورا: قتَّر عليهم النفقة. والحِتْر: الشيء القليل. وحَترَ الرجلَ حَتْراً: أعطاه وأطعمه، وقيل: قلَّل عطاءه أو إطعامه. وحَتَر له شيئا: أعطاه يسيرا. وأحْتَرَ الرجلُ: قلَّ عطاؤه. والحُتْرَة والحَتيرة: الوَكيرة، وهو طعام يصنع عند بناء البيت.

- **حترف:** الحُتْروف الكادُّ على عياله.

- **حجر:** الحاء والجيم والراء أصلٌ واحد مطَّرد، وهو المنع والإحاطـة على الشيء. الحَجَر: الصخرة. واستحجر الطينُ: صار حجراً. والحَجْر والحِجْر: الحرام. والحَجْرُ: المنع.
الحَجْر: مصدر حَجَر عليه القاضي يحْجُرُ حَجْراً إذا منعه من التصرف في ماله. وفي حديث عائشة وابن الزبير: لقد هممتُ أن أحجر عليها([23]) هو من الحَجْر المَنع. والحَجَران: الذهب والفضة.

- **حذا:** حذا النعلَ حَذْوا وحذاءً: قدَّرَها وقطعها. والحذاءُ: النعل. وحاذى الشيءَ: وازاه.
حَذاهُ حَذواً: أعطاه. والحِذْوة: العطية. وأحذيتُه من الغنيمة: أعطيته منها. والحذَّاؤون: جمع حذَّاء، وهو صانع النِّعال.

- **حرب:** الحاء والراء والباء أصولٌ ثلاثة: أحدهما السلب، والآخر دُوَيْبة، والثالث بعض المجالس.
الحَرْب: نقيض السِّلم. ورجلٌ حَرْبٌ ومِحْرَبٌ ومحرابٌ: شديد الحرب شجاع.

([23]) لم أجد له أصلا .

الحَرَب: أن يُسْلب الرجل مالَه. حَرَبَه يَحْرُبه إذا أخذ ماله، فهو محروب وحريب. وحَرِيبتُه: ماله الذي سلبه. وفي الحديث: الحارب المُشَلِّح(24) أي الغاصِبُ الناهِبُ، الذي يُعَرِّي الناس ثيابهم.

- **حرث:** الحاء والراء والثاء أصلان متفاوتان: أحدهما الجمعُ والكسب، والآخر أن يُهزل الشيء. أحْرُثُ القرآن أي أدرسه. والحرث: تفتيش الكتاب وتدبره. والمرأة حرث الرجل أي يكون ولده منها.
  الحرْث والحِراثة: العمل في الأرض زَرعاً كان أو غرساً، وقد يكون الحرث نفس الزرع. والحَرَّاثُ: الزرَّاع. والحرْث: متاع الدنيا، والحَرَّاث: الكثير الأكل. والحَرث: الكسب. واحترث المال: كَسَبه. والاحتراث: كسب المال. والحَرْث: كسب المال وجمعه. ويحترث لعياله: يكتسب.

- **حرز:** الحاء والراء والزاء أصلٌ واحد، وهو من الحفظ والتحفُّظ. أحرزتُ الشيء أحْرُزُه إحرازا إذا حفظته. وأحرزَ الشيء: حازه.
  الحِرْز: الموضع الحصين. وفي حديث الزكاة لا تأخذوا من حَرَزات أمـوال الناس شيئاً(25) أي من خيارها. وهي جمع حَرْزة، وهي خيار المال لأن صاحبها يُحْرزها ويصونها.

- **حرف:** الحاء والراء والفاء ثلاثة أصول: حدُّ الشيء، والعُدول، وتقدير الشيء. الحَرْف في الأصل: الطَّرْف والجانبُ. وناقة حَرْفٌ أي مهزولة.
  المُحَرَّفُ: الذي ذهب ماله. والحُرْفُ: الحرمان. ويقال للمحروم الذي قُتِّر عليه رزقه مُحارفٌ. والمُحْترفُ: الصانعُ. والمُحرفُ، بكسر الراء ، الذي نما

(24) لم أجد له أصلا

(25) . مصنف ابن أبي شيبة 2 / 361 ، رقم الحديث : 9915 .

ماله وصَلَح، والاسم الحِرْفة. والحِرْفة: الصناعة. وحِرفة الرجل: ضَيعته أو صنعته. وحَرَف لأهله واحترف: كسب وطلب واحتال. وقيل: الاحترافُ الاكتسابُ، أيا كان. وأحرفَ الرجلُ إذا كدَّ على عياله.

- **حزر:** الحاء والزاء والراء أصلان: أحدهما اشتداد الشيء، والثاني جنسٌ من إعمال الرأي. الحَزْرُ: التقدير والخَرص. ووجهٌ حازرٌ، بكسر الزاي، عابسٌ باسرٌ.
حَزْرَةُ المال: خيارُه. والحَزَرات نقاوةُ المال.

- **حسب:** الحاء والسين والباء أصولٌ أربعة: العَدُّ، والكِفايةُ، والحُسبانُ، والأحسَب. في أسماء الله الحسنى الحسيبُ: الكافي. والحَسَبُ: الكرمُ والدِّين، والمالُ والبالُ، والفعال الحسن، والعدُّ والإحصاء.

الحِسبةُ: مصدر احتسابك الأجرَ على الله، تقول: فعَلْته حسبة، واحتسبُ فيه احتساباً، والاحتساب: طلب الأجر، والاسم: الحِسبة وهو الأجر. أعطى فأحْسَبَ أي أكثر حتى قال حسبي. وإنما سُمِّي الحسابُ في المعاملات حساباً، لأنه يُعلم به ما فيه كفاية ليس فيه زيادةٌ على المقدار ولا نقصان.

وفي القاموس: وحَسبك درهمٌ: كفاك. وحَسَّبَه تحسيباً: أطعمه وسقاه حتى شبع وروي.

- **حشش:** الحاء والشين أصلٌ واحد، وهو نبات أو غيره يجفُّ، ثم يستعار هذا في غيره والمعنى واحد. الحشيش: يابس الكلأ. وحشَّ الحشيشَ، واحتشه: جمعه. وحشَّ الحربَ إذا أسعرها. وحَشْحَشَتْهُ النارُ: أحرقته.
حَشَشْتُ فلاناً أحُشُّه إذا أصلحت من حاله، وحَشَشْت ماله بمال فلان أي كثَّرت به.

- **حصرم:** الحِصْرِمُ، بكسر الراء، أول العنب. وحَصْرَمَ قوسَه: شَدَّ وتَرَها.
ورجلٌ حِصْرِم ومُحَصْرَمٌ: ضيِّق الخلق بخيل. وعطاءٌ مُحَصْرِمٌ: قليل. والحَصْرَمة: الشح.

- **حضر:** الحاء والضاد والراء إيراد الشيء وروده ومشاهدته، وقد يجيء ما يبعد عن هذا وإن كان الأصل واحداً. الحُضُور: نقيض المغيب. الحَضْرة: قربَ الشيء. وحَضَر المريضُ إذا نزل به الموت.
الحَضَرُ: خلاف البدو. والحاضِرُ: خلاف البادي. وفي الحديث: لا يبع حاضرٌ لباد([26]) الحاضر: المقيم في المدن والقرى، والبادي: المقيم بالبادية، والمنهي عنه أن يأتي البدوي البلدة ومعه قوت يبغي التسارع إلى بيعه رخيصاً، فيقول له الحضريُّ: اتركه عندي لأغالي في بيعه، فهذا الصنيع محرَّم لما فيه من الإضرار بالغير. وسئل ابن عباس لا يبع حاضر لباد قال: لا يكون له سمساراً.

(26) صحيح البخاري 2 / 970، 2574. صحيح مسلم 3 / 1157، 1520

- **حطط:** الحاء والطاء أصلٌ واحد، وهو إنزال الشيء من عُلوّ. الحَطُّ: الوضْع. حطَّ الرحْلَ والسرجَ أي نزل. واستحطه وزرَه: سأله أن يحطه عنه.
حطَّ السعرُ يَحُطُّ حطّاً وحطوطاً: رَخُص. ويقال: سعرٌ مقطوط. استحطني فلان من الثمن شيئاً، والحطيطة كذا وكذا من الثمن.

- **حظظ:** الحاء والظاء أصلٌ واحد، وهو النصيب والجَدّ. الحَظُّ: النصيبُ والجَدُّ والبَخْتُ.
ورجلٌ حظيظٌ وحظّيٌ ومحظوظٌ: ذو حظٍ من الرزق. والحظيظ الغني الموسر.

- **حفف:** الحاء والفاء ثلاثة أصول: الأول ضربٌ من الصوت، والثاني أن يُطيف الشيء بالشيء، والثالث شدَّةٌ من العيش. حفَّ القومُ بالشيء وحواليه يَحُفُّون حَفّاً: أحدقوا به وأطاقوا واستداروا. وحفيف الشجرة: صوتها.
الحَفَفُ: قلة المأكول وكثرة الأكَلَة. ومعيشته حفف: ضنك، وقيل هو الضيق في المعاش. وفي القاموس: والحُفُوفُ: عيشُ سُوء، وقلة مال. حَفَّتهم الحاجة: أي هم محاويجُ، وقومٌ مَحفُوفُون. وحفَّ تحفيفاً: جُهد، وقلَّ ماله. وحفحف: ضاقت معيشته.

- **حفل:** الحاء والفاء واللام أصلٌ واحد، وهو الجمع. المحْفل، بفتح الفاء: اجتماع الماء. وحفلَ الوادي بالسيل: امتلأ. وحَفَل القومُ واحتفلوا: اجتمعوا واحتشدوا.
المُحَفَّلة الناقة أو البقرة أو الشاة لا يحلبُها صاحبها أياما حتى يجتمع لبنها في ضَرْعها فإذا احتلبها المشتري وجدها غزيرة فزاد في ثمنها فإذا حلبها

بعد ذلك وجدها ناقصة اللبن. والتحفيل مثل التصرية، وهو أن لا تحلب الشاة أياما ليجتمع اللبن في ضرعها للبيع. ونهى رسول الـلـه صلى الـلـه عليه وسلم عن التصرية والتحفيل([27]) وجعل صلى الـلـه عليه وسلم بدل لبن التحفيل صاعاً من تمر.

- **حقل:** الحاء والقاف واللام أصلٌ واحد، وهو الأرض وما قاربه. الحَقْل: الموضع من الأرض يزرع فيه، والحَقْلُ: الزرعُ إذا تشعب ورقه من قبل أن تغلظ سوقُه. والحَقل: الروضة.
الحاقِلُ: الأكَّار. والمَحاقِل: المَزَارع. والمُحَاقَلة: بيع الزرع قبل بدو صلاحه، وقيل: بيع الزرع في سنبله بالْحِنطة (القمح)، وهو الذي يسميه الزرّاعون المُجارَبة. والمحاقلة مثل المخابرة.

- **حكر:** الحاء والكاف والراء أصلٌ واحد، وهو الحبس. حَكَرَه يحكِره حكراً: ظلمه وأساء معاشرته. والتَحَكُّر: الاحتكار، والتحسُّر.
الحَكْرُ: ادخار الطعام للتربُّص، وصاحبه محتكر. والحَكَرُ والحُكَرُ جميعاً: ما احتُكِر. الحُكْرَةُ الاسم منه؛ ومنه الحديث: أنه نهى عن الحُكْرَة ([28]) ومنه حديث عثمان: أنه كان يشتري حُكْرَة([29]) أي جملة، وقيل: جزافاً، وأصل الحُكْرَة: الجمع والإمساك.

---

(27) صحيح البخاري 2/ 755 ، صحيح مسلم 3 / 1154 .

(28) سنن أبي أبي داود 3/ 271 ، رقم الحديث : 3447 .
(29) لم أجد له اصلا

- **حلز:** الحاء واللام والزاء أصلٌ صحيح. احتَلزْتُ منه حقي أي أخذته. وتحالزنا بالكلام: قال لي وقلت له. وتحلّز الرجلُ للأمر إذا تشمَّر له. وتحَلَّزَ القلبُ: توجَّع.
  الحَلْز: البُخل. رجل حلِّزٌ: بخيل. وامرأة حِلِّزة: بخيلة.

- **حلا:** الحاء واللام وما بعدهما معتلٌّ ثلاثة أصول: فالأول طيب الشيء في ميل من النفس إليه، والثاني تحسين الشيء، والثالث تنحية الشيء. الحُلْو: نقيض المُرّ. والحلاوة ضد المرارة. وحَلِي الشيء واستحلاه إذا أعجبك.
  حلَوتُ فلاناً على كذا مالاً فأنا أحلوه حَلْواً وحُلْواناً إذا وهبت له شيئاً على شيء يفعله لك غير الأجرة. والحُلْوانُ أيضاً: أجرة الكاهن وفي الحديث الشريف: أنه نهى عن حلـوان الكاهن ([30]). والحُلْوان أجرة الدلال خاصة. والحُلوان: ما أعطيت من رَشْوة ونحوها.
  وفي القاموس: والحُلوان: أجرة الدلال والكاهن، ومهر المرأة، أو ما تعطى على مُتْعَتها.

- **حمر:** الحاء والميم والراء أصلٌ واحد، وهو من الذي يعرف بالحُمرة. احْمَرَّ الشيء إذا لزم لونه. والسنة الحمراء: الشديدة. واحمرَّ البأسُ: أي صار في الشدة والهول مثل ذلك.
  الأحمر: الذهب، والأبيض: الفضة. وفي الحديث: أعطيت الكنزين الأحمر والأبيض([31])، وهي ما أفاء الـلـه على أمته من كنوز الملوك. والذهب كنوز

(30) السنن الكبرى 3 / 150 ، رقم الحديث : 4803 . سنن أبي داود 3 / 267 ، رقم الحديث : 3428 . سنن الدارمي 2 / 332 ، رقم الحديث : 2568 . سنن البيهقي الكبرى 6 / 6 ، رقم الحديث : 10792 .

(31) صحيح ابن حبان 15 / 109 ، 6714 . المستدرك على الصحيحين 4 / 496 ، رقم الحديث : 8390 . صحيح مسلم 4 / 2215 ، رقم الحديث : 2889 .

الروم لأنه الغالب على نقودهم. وقيل: الأحمران الذهب والزعفران، وقيل: الخمر واللحم.

- **حمق:** الحاء والميم والقاف أصلٌ واحد، يدل على كساد الشيء والضعف والنقصان. الحُمْقُ: ضد العقل. واستحمق الرجلُ إذا فعل فِعل الحمقى. وانحمق: ذلَّ وتواضع.
الأحمقُ مأخوذٌ من انحماق السوق إذا كسدت فكأنه فسد عقلُه حتى كسد. وحَمُقَت السوقُ، بالضم، وانحمقت: كسدت. والحُمق أصله الكساد.

- **حنز:** الحِنْزُ: القليلُ من العطاء.

- **حنط:** الحاء والنون والطاء ليس بذلك الأصل الذي يقاس منه أو عليه، وفيه أنه حبٌّ أو شبيه به. الحِنْطة: البُرُّ. والأحنطُ: العظيم اللحية. والحَنُوط: كل طيب يخلط للميت.
الحنَّاطُ: بائعُ الحنطة، والحِناطةُ حرفته.

وفي القاموس: والحِنطيُّ: آكل الحنطة كثيرا حتى يَسْمَن، والحانطُ: صاحبُها، أو الكثير الحنطة وإنه لحانط الصُرَّة: كثير الدراهم. وحنط الزرعُ حُنوطاً: حان حصادُه.

- **حنن:** الحاء والنون أصلٌ واحد، وهو الإشفاق والرِّقَّة، وقد يكون ذلك مع صوت بتوجُّع. الحنَّان: من أسماء الـلـه الحسنى، بمعنى الرحيم. والحنينُ: الشديدُ من البكاء والطرب. والحنينُ: الشوق وتوقان النفس. وحنانيك يا رب أي ارحمني رحمة بعد رحمة.
  الحنانُ: الرزقُ والبركة.

- **حوب:** الحاء والواو والباء أصلٌ واحد يتشعَّب إلى إثم، أو حاجة أو مسكنة، وكلها متقاربة. الحَوب والحَوبة: الأبوان، والأخت والأخ. والحَوْب والحُوْب: الحزن، والهلاك والبلاء والمرض. والتحَوُّب: التوجُّع.
  الحَوْبة: الحاجة. وفي حديث الدعاء: إليك أرفع حوبتي ([32]) أي حاجتي. وفي الدعاء على الإنسان: ألحق الـلـه بك الحوبَة والمسكنة والفقر. والحَوْبُ: الجَهدُ والحاجة. وقيل: ابن حَوْبٍ: رجل مجهودٌ محتاجٌ، لا يعني في كل ذلك رجلاً بعينه.

- **حوس:** الحاء والواو والسين أصلٌ واحد، وهو مخالطة الشيء ووطؤُه. حاسَ القومَ حوساً: طلبهم وداسهم. وأصل الحَوْس شدة الاختلاط ومداركة الضرب. ورجلُ أحوس: جريء وشجاع.
  الأحْوَسُ: الشديد الأكل، وقيل: هو الذي لا يشبع من الشيء. والحَوْس: الأكل الشديد.

(32) ورد الحديث بلفظ : واغسل حوبتي . انظر : صحيح ابن حبان : 3 / 227 ، رقم الحديث : 947 . سنن ابن ماجه 2 / 1259 ، رقم الحديث : 3830 . سنن الترمذي 5 / 554 ، رقم الحديث : 3551 .

● **حوك**: الحاء والواو والكاف، ضمُّ الشيء إلى الشيء. حاك الشِّعرَ والثوبَ، يحوكه، كلاهما بالواو، ينسجه ويلائم بين أجزائه. وحاك الشيءُ في صدري: رسخ.

حيك: حاك الثوب يحيك حَيْكاً وحَيَكاً وحياكة: نسجه، والحياكة حرفته.

الخاء

- **خبأ:** الخاء والباء والحرف المعتل والهمزة يدل على سَتْرِ الشيء. اختبأتُ: استترت. وخَبئت النارُ وأخبأها إذا أخمدها. والخِباءُ: من الأبنية.
خبا الشيء: ستره. وفي التنزيل: الذي يخرج الخبء في السموات والأرض ([33]) قيل معناه: الحرث وإثارة الأرض للزراعة، وأصله من الخبء الذي قال اللـه عز وجل: يُخرجُ الخبء. وأراد بالخبايا: الزرع لأنه إذا ألقى البذر في الأرض، فقد خبأه فيها. ويجوز أن يكون ما خبأه اللـه من معادن الأرض.

- **خبث:** الخاء والباء والثاء أصلٌ واحد يدل على خلاف الطِّيب. الخبيثُ: ضد الطيب من الرزق والولد والناس. والحرام البحت يُسمَّى خبيثا، مثل الزنا، والمال الحرام، والدم.
الخَبْث إن كان من الطعام فهو الحرام، وإن كان من الشراب، فهو الضَّارُّ. وفي الحديث: مهر البغي خبيث، وثمن الكلب خبيث، وكسبُ الحجام خبيث([34]).

- **خبر:** الخاء والباء والراء أصلان: فالأول العِلم، والثاني يدل على لين ورخاوة وغُزْرٍ. خبُرتُ بالأمر: علمته، والخَبَرُ: النبأ. واستخبره: سأله عن الخبر.
خَبرت الأرض خَبراً: كثر خَبارُها. والخَبْرُ: أن تزرع على النصف أو الثلث من هذا، وهي المُخَابرة، واشتقت من خيبر لأنها أول ما اقتطعت كذلك. والمُخابرةُ: المزارعة ببعض ما يخرج من الأرض، وهو الخِبرُ أيضا، بالكسر. وفي الحديث: كنا نُخابر ولا نرى بذلك بأسا حتى أخبر رافع أن رسول اللـه

---

(33) سورة المل ، الآية 25 .
(34) صحيح ابن حبان 11 / 556 ، رقم الحديث : 5153 . المستدرك على الصحيحين 2 / 48 ، رقم الحديث : 2478 . سنن الترمذي 3 / 574 ، رقم الحديث : 1275 .
صحيح البخاري 2 / 839 ، رقم الحديث : 2252 . صحيح ابن حبان 11 / 596 ، رقم الحديث : 5191 .

صلى اللـه عليه وسلم، نهى عنها ([35]). وفي الحديث أنه نهى عن المُخَابرة ([36]). قيل هي المزارعة على نصيب معين كالثلث والربع وغيرهما. وقيل المخابرة من خيبر، لأن النبي صلى اللـه عليه وسلم أقرهما في أيدي أهلها على النصف من محصولها، فقيل: خَابَرَهم أي عاملهم في خيبر. والمخَابرة أيضاً: المؤاكرة. والخبيرُ: الأكَّارُ.

وفي القاموس: الخُبْرَةُ، بالضم: الثريدة الضخمة. والنصيب تأخذَهُ من لحم أو سمك، وما تشتريه لأهلك، والطعامُ، واللحمُ، وما قُدِّم من شيء، وطعامٌ يحمله المسافر في سُفرَته.

- **خبط:** الخاء والباء والطاء أصلٌ واحد يدل على وطْءٍ وضَرب. الخَبْطُ: ضرب البعير الشيء بخُفِّ يده. وخبطَ القومَ بسيفه: جَلدَهُم. وخَبَطَهُ: إذا سأله. وخَبَطَهُ يَخْبُطُه خَبطاً: ضربه ضرباً شديداً.

  الاختباط: طلب المعروف والكسب. وخَبَطَهُ بخير: أعطاه من غير معرفة بينهما.

- **خدع:** الخاء والدال والعين أصلٌ واحد، وهو إخفاء الشيء. الخَدْعُ: إظهار خلاف ما تُخفيه. خَدَعه يخدَعُه خدْعاً، وخدعته: ظفِرتُ به. والخداعُ: المنع والحيلة.

  يقال: دينارٌ خادعٌ أي ناقص. وخَدَعَت السُّوقُ خَدْعـاً وانخدعت: كسدت، وكل كاسدٍ خادعٌ. وخدعت السوق: قامت كأنه ضده، ويقال:

(35) صحيح مسلم 3 / 1177 ، رقم الحديث : 1536 . سنن ابن ماجه 2 / 819 ، رقم الحديث : 2450 السنن الكبرى 3 / 103 ، رقم الحديث : 4646 . سنن البيهقي 6/ 128 ، رقم الحديث : 11479 .

(36) صحيح البخاري 2 / 839 ، رقم الحديث: 2252 . صحيح ابن حبان 11 / 596 ، رقم الحديث:5191 .

سُوقهم خادعةٌ أي مختلفة متلوِّنة. ويقال السوق خادعةٌ إذا لم يقدر على الشيء إلا بغلاء. وخدع السعرُ: إذا ارتفع وغلا. وخدع الرجلُ: قلَّ ماله. وسِنون خدَّاعة: قليلة الزكاة والرَّيعْ، أي التي يقلُّ فيها الغيثُ ويَعُمُّ بها المَحْلُ. وخدع الرجلُ: أعطى ثم أمسك.

- **خذم:** الخاء والذال والميم يدل على القَطْع. الخَذَمُ: سرعة السير والقطع. وفرسٌ خَذِمٌ: سريع. والمِخْذَمُ: السيفُ القاطع.
ورجلٌ خَذِمٌ: سَمْحٌ طيِّبُ النفس كثير العطاء، والجمع خَذِمون. ورجلٌ خَذِم العطاء أي سمح.

- **خرج:** الخاء والراء والجيم أصلان، وقد يمكن الجمع بينهما، الأول: النّفاذ إلى الشيء، والثاني: اختلاف لوْنَين. الخروج نقيض الدخول. واخترَجَه واستَخرجه: طلب إليه أن يخرج.
اسْتُخْرِجَت الأرضُ: أصلحت للزراعة أو الغراسة، والتخارُجُ: تفاعل من الخروج، كأنه يَخرجُ كل واحد من شركته عن ملكه إلى صاحبه بالبيع. وقيل: التخارج أن يأخذ بعضهم الأرض وبعضهم الدار. وعن ابن عباس، قال: لا بأس أن يتخارج القومُ في الشركة تكون بينهم فيأخذ هذا عشرة دنانير نقداً، ويأخذ هذا عشرة دنانير ديْناً. والخَرْجُ والخَرَاجُ، واحدٌ: وهو شيء يُخْرِجُه القومُ في السنة من مالهم بقدر معلوم. والخرَّاج غلَّة العبد والأمة. والخرْجُ والخراج: الإتاوَةُ تؤخذ من أموال الناس. والخرجُ أن يؤدي إليك العبدُ خراجَه أي غلَّته، والرعيَّةُ تؤدي الخرج إلى الولاة. ويقال خارجَ فلانٌ غلامَه إذا اتفقا على ضريبة يَرُدُّها العبد على سيده كلَّ شهر ويكون مخلَّى بينه وبين عمله، فيقال: عَبْدٌ مُخَارجٌ. ويُجمعُ

الخراجُ، الإتاوةُ، على أخراج وأخاريج وأخْرِجَـةٍ. وقيـل: الخـراجُ الفـيءُ، والخـرجُ الـضريبة والجزية. وأما الخراج الذي وظفه عمر بن الخطاب، رضي اللـه عنه، عـلى الـسواد وأرض الفيء فإن معناه الغلة أيضاً. وقيل للجزية التي ضربت عـلى رقـاب أهـل الذمَّـة: خـراج لأنه كالغلة الواجبة عليهم. وقيل: الخَرجُ على الرؤوس، والخراج على الأرضين. وعامٌ فيـه تخريج أي خصبٌ وجدب. والخَرْجُ خلاف الدَّخل.

- **خرز:** الخاء والراء والزاء يدل على جمع الشيء إلى الشيء وضمِّه إليه. الخَرَزُ: فصوص من حجارة، واحدتها خرزة. وخرزَ الرجلُ إذا أحكَمَ أمره بعد ضعف.
  الخَرْزُ: خياطة الأدم. والخرَّاز: صانع ذلك، وحرفته الخِرازة، والمِخْرَزُ ما يُخْرَزُ به.

- **خرش:** الخاء والراء والشين أصلٌ واحد، يدل على انتفاخٍ في الشيء وخُرُوق. الخَرْشُ: الخَدْشُ في الجسد كلِّه. وتخارشت الكلابُ: تهارشت، وخرشَ من الشيء: أخذ.
  الخَرْشُ: الكسب، وجمعه خُرُوشٌ. وخَرَشَ لأهله يخرشُ خرْشاً واخترش: جمع وكسب واحتال.

- **خرص:** الخاء والراء والصاد أصولٌ متباينة جداً. خرص يَخْرُصُ خرْصاً وتخرَّص أي كذب. ورجلٌ خرَّاصٌ: كذاب.
  الخَرَصُ: جوعٌ مع بَرْد. ورجلٌ خَرِصٌ: جائعٌ مقرورٌ، ولا يقال للجوع بلا برد خَرَصٌ.
  وفي القاموس: خارَصَهُ: عاوَضَه، وبادَله.

- **خزف:** الخاء والزاء والفاء ليس بشيء. الخَزَفُ: ما عمل من الطين وشوي بالنار فصار فخاراً، واحدته خَزَفَة، والذي يبيعه الخزّاف.

- **خسر:** الخاء والسين والراء أصلٌ واحدٌ يدل على النقص. خَسِرَ خَسْراً وخَسَراً وخُسْراناً وخُسَارة وخَسَاراً فهو خاسر وخَسِر، كله: ضل.
الخاسر الذي ذهب ماله وعقله أي خسرهما. وخَسِر التاجر: وُضِعَ في تجارته أو غبن، والخِسْرُ والخُسْرانُ: النَّقص. وخَسَرَ الوزنَ والكيلَ خَسْراً وأخْسَرَهُ: نقصه. ويقال: كلته ووزنْتُه فأخْسَرتُه أي نقصته. وصَفقةٌ خاسرة: غير رابحة.

- **خشب:** الخاء والشين والباء أصلٌ واحد يدل على خشونة وغِلظ. الخشبة ما غلظ من العيدان. وتَخَشَّبَتْ الإبل: أكلت الخشب.
اخْشَوْشَبَ في عيشه: شَظِفَ. ويقال: اخشوشب الرجلُ إذا صار صُلباً، خشناً في دينه ومكسبه ومطعمه، وجميع أحواله. ويقال: عيشوا عيش مَعَدٍّ، يعني عيش العرب الأول، ولا تعودوا أنفسكم الترفه، أو عيشة العجم، فإن ذلك يقعُدُ بكم عن المغازي.
وخشَبَ السيفَ: طبعه وصقله. والخشيب من السيوف: هو الخَشِنُ الذي قد بُرد ولم يُصْقَل، ولا أحكم عملُه، وقيل: هو الحديث الصنعة.
وفي القاموس: وطعامٌ مَخْشُوبٌ: إن كان لحماً فنيئ، وإلا فَقَفارٌ.

- **خصب:** الخاء والصاد والباء أصلٌ واحدٌ، وهو ضد الجدب. عيشٌ خَصِبٌ ومُخْصِبٌ، وأخصبَ القومُ: نالوا الخصب وصاروا إليه. ورجلٌ خصيبٌ: بَيِّن الخِصب: كثير الخير.

الخِصب: نقيض الجَدْب، وهو كثرة العشب، ورفاغة العيش. ومكانٌ مُخصِبٌ وخَصيبٌ، وأرضٌ خِصْبٌ. والقومُ مُخصِبُون إذا كثر طعامهم ولبنهم.

- **خصص:** الخاء والصاد أصلٌ منقاس، وهو يدل على الفُرْجة والثُّلمَة. خَصَّه بالشيء يَخُصُّه خصّاً وخُصوصاً وخُصوصية، واختصَّه: أفرده دون غيره. والخاصَّة: من تَخُصُّه لنفسك.
  الخَصَاصةُ والخَصَاصاء والخَصاصُ: الفقرُ وسوء الحال والخلَّة والحاجة. وذوو الخصاصة: ذوو الخلَّة والفقر. وخَصَّه بكذا : أعطاه شيئاً كثيرا.

- **خضر:** الخاء والضاد والراء أصلٌ واحد مستقيم، ومحمولٌ عليه. خَضِرَ الزرعُ: نَعِمَ، وأرضٌ مخضَرَّة: ذات خُضرة. وأباد اللـه خضراءَهم أي خيرهم.
  الخضرة: الخصب والسعة. وبيع المُخاضرة المنهي عنها: بيع الثمار وهي خُضْرٌ لم يَبْدُ صلاحها، سمي بذلك مخاضرة لأن المتبايعين تبايعا شيئاً أخضر بينهما، مأخوذ من الخُضْرَة.
  وفي القاموس: الأخاضِرُ: الذهبُ، واللحم، والخمرُ. وأخذه خِضْراً، أي: بغير ثمن.

- **خضم:** الخاء والضاد والميم أصلان: جنسٌ من الأكل، والآخر يدل على كثرة وامتلاء. خَضِمْتُ الشيء ، أخْضِمَه خَضْماً، هو الأكل بجميع الفم. وخَضَمَه: قطعه.
  الخَضْمُ: الأكل عامة. وقيل الخضم الأكل ملء الفم بالمأكول. وكلُّ أكلٍ في سَعَة ورغَد خَضْمٌ. وخضم له من ماله: أعطاه. والخِضَمُّ: السيد

الحَمُولُ الجوادُ المِعْطاءُ الكثير المعروف والعطية. ورجلٌ مُخْضمٌ: موسَّعٌ عليه في الدنيا.

- **خطر:** الخاء والطاء والراء أصلان: أحدهما القَدْر والمكانة، والثاني اضطرابٌ وحركة. الخاطرُ: ما يخطُر في القلب. وقد خطر بباله ذكر بعد نسيان.
الخطْر: مكيال ضخم لأهل الشام. والخطار: العطار. وأخطرَ المالَ: جعله خطراً بين المتراهقين. وتخاطروا على الأمر: تراهنوا، وخاطرهم عليه: راهنهم، والخَطر: الرهن بعينه.

- **خفض:** الخفض: ضد الرفع. وخفض جناحَه: ألان جانبه. وخفض الصوت: غَضُّه.
عيشٌ خَفْضٌ ومخْفُوضٌ وخافِضٌ وخفيضٌ: خصيب في دَعةٍ وخصبٍ ولين. يقال: عيشٌ خافضٌ، الخفض : لين العيش وسعته.

- **خفف:** الخاء والفاء اصلٌ واحد، وهو شيء يُخالف الثِّقَل والرَّزانة. خَفَّ يَخِفُّ خَفًّا وخِفَّة: صار خفيفا . والخِفُّ: الخفيف. وخَفَّ المطرُ: نقص.
المُخِفُّ: القليل المالِ الخفيف الحال. وفي حديث ابن مسعود: انه كان خفيف ذات اليد ([37]) أي فقيراً قليل المال والحظ من الدنيا. وقوله تعالى: انفروا خفافاً وثقالاً ([38])؛ أي مُوسرين ومُعسرين.

(37) صحيح مسلم 2 / 694 ، رقم الحديث : 1000 . صحيح ابن حبان 10 / 58 ، رقم الحديث : 4248 . المستدرك على الصحيحين 4 / 646 ، رقم الحديث : 8784 .
(38) سورة التوبة ، الآية 41 .

- **خفق:** الخاء والفاء والقاف أصلٌ واحد يرجع إليه فروعه، وهو الاضطراب في الشيء. خَفَقَ الفؤادُ والبرقُ والسيفُ والرايةُ والريحُ يخفقُ خَفقا وخُفُوقا وخفَقَاناً: اضطرب. وخفق الشيء: غاب.
أخفقَ الرجلُ: طلب حاجة فلم يظفر بها كالرجل إذا غزا ولم يغنم، أو كالصائد إذا رجع من يصطد. وفي الحديث: أيما سرية غزت فأخفقت كان لها أجرها مرتين ([39]). الإخفاق: أن يغزو فلا يغنم شيئاً. أصله من الخفق التحرُك أي صادفت الغنيمة خافِقةً غير ثابتة مستقرة. ويقال: أخفق القومُ فني زادُهم، وأخفق الرجلُ قلَّ ماله.

- **خلب** الخاء واللام والباء أصولٌ ثلاثة: أحدهما إمالةُ الشيء إلى نفسك، والآخر شيء يشملُ شيئا، والثالث فسادٌ في الشيء الخِلْبُ: الظُّفُرُ عامَّة، وجمعه أخلابٌ. وخَلَبَه بظفره: جرحه وخدشه.
الخِلابَة: المخادَعة. وقيل: الخديعة باللسان. وفي حديث النبي صلى الله عليه وسلم انه قال لرجل كان يُخدَع في بيعه: إذا بايعت، فقل لا خِلابة ([40]) أي لا خداع؛ وفي الحديث: أن بيع المُحَفَّلات: خِلابةٌ ، ولا تحل خلابة مسلم ([41]). والمُحفَّلات: التي جمع لبنها في ضَرْعها.

- **خلق:** الخاء واللام والقاف أصلان: أحدهما تقدير الشيء، والآخر ملاسَة الشيء. أصل الخلق التقدير. وهو ابتداع الشيء على مثال لم يُسبق إليه. ورجلٌ خَليق ومُخْتَلق: حَسَنُ الخلق. والخُلُق: السَّجيَّة.

---

(39) التمهيد لابن عبد البر ، 18 / 342 .

(40) صحيح البخاري 2 / 745 ، رقم الحديث : 2011 . صحيح ابن حبان 11 / 432 ، رقم الحديث : 5051 .

(41) سنن ابن ماجه 2 /753 ، رقم الحديث : 2241 . سنن البيهقي الكبرى 5 / 317 ، رقم الحديث : 10492 . شرح معاني الآثار 4 / 19 . مصنف ابن أبي شيبة 4 / 339 ، رقم الحديث : 20818 .

الأخلق: الفقير. وفي حديث فاطمة بنت قيس: " وأما معاوية فرجلٌ أخلقُ من المال " ([42]) أي خِلوٌ عار. وقول عمر رضي الله عنه: " ليس الفقير الذي لا مال له إنما الفقير الأخلق الكسب " ، أراد أن الفقر الأكبر إنما هو فقر الآخرة وأن فقر الدنيا أهون الفقرين. وأخلق فلان فلانا: أعطاه ثوباً خلقا.

- **خلع:** الخاء واللام والعين أصلٌ واحد مطّرد، وهو مزايلة الشيء الذي كان يُشْتَمَلُ به أو عليه.
  خَلعَ الشيء يَخْلعُه خَلعاً واختلعه: نزعه. وتخالع القومُ: نقضوا العهد بينهم. وخلع امرأته: طلقها. وامرأةٌ مُخْتلِعة: شَبقة.
  خُلعَة المال وخِلعَتهُ: خياره. وسمي خيار المال خِلعة وخُلعة لأنه يخلع قلب الناظر إليه. واختلعوا فلاناً: أخذوا ماله.

- **خلل:** الخاء واللام أصلٌ واحد يتقارب فروعُه، ومرجع ذلك إما إلى دِقَّة أو فُرْجة. خَلَّل الخمرَ: جعلها خَلاًّ. والاختلال: اتخاذ الخلّ. وخَلَّل بينهما: فرَّج.

الخَلَّة: الحاجة والفقر. وأصله من التخلل بين الشيئين. وخلَّ الرجلُ: افتقر وذهب ماله. وخلَّ الرجلُ: إذا احتاج. يقال: فلان ذو خَلَّة أي محتاج. ورجلٌ مُخَلٌّ ومختلٌّ وخليل وأخَلُّ: مُعدم فقير محتاج، والعرب تسمي من يعمل جفون السيوف خَلالاً. والخلالُ: بائع الخَلِّ.

(42) السنن الكبرى 3 / 398 ، رقم الحديث : 5738 . مسند أحمد 6 / 414 ، رقم الحديث : 27377 . المعجم الكبير 24 / 375 ، رقم الحديث : 928

- **خمس:** الخاء والميم والسين أصلٌ واحد، وهو في العدد. خَمَسَهم ويَخْمِسُهم خَمساً: كان لهم خامساً. وأخمَسَ القومُ: صاروا خمسة. والخميسُ: الجيش.
خَمَستُ مال فلان، وخَمَسهم يَخْمُسُهم، بالضم، خمساً: أخذ خمس مالهم. وفي حديث عدي بن حاتم: رَبَعْتُ في الجاهلية وخَمستُ في الإسلام، يعني قُدْتُ الجيشَ في الحالين لأن الأمير في الجاهلية كان يأخذ الرُّبُع من الغنيمة، وجاء الإسلام فجعله الخُمْسَ وجعل له مصارف فيكون حينئذٍ من قولهم رَبَعْتُ القومَ وَخَمَسْتُهم إذا أخذت رُبْع أموالهم وخُمْسَها، وكذلك إلى العشرة.

- **خمص:** الخاء والميم والصاد أصلٌ واحد يدل على الضُّمر. الخُمصانُ: الجائعُ الضامرُ البطن. وخَمَصَ الجرحُ وانْخَمَص: سكن ورمُه. وخَمِصَ البطنُ: خلا.
الخَمْصُ والخَمَصُ والمَخْمَصَةُ: الجوع، وهو خلاء البطن من الطعام جوعاً. والمَخْمَصَة: المجاعة. وقد خَمَصَهُ الجوعُ خَمْصاً ومَخمصةً. والخَمْصة: الجوْعة. وتَخَامَصْ عن حَقه: أي أعْطِه. وفلانٌ خميصُ البطن عن أموال الناس أي عفيفٌ عنها.

- **خنبق:** الخُنْبُقُ: البخيل الضَيِّق.

- **خوب:** الخاء والواو والباء أصَيْلٌ يدل على خلو وشِبهه. أصابتهم خَوْبَةٌ إذا ذهب ما عندهم. الخَوَبَة: الأرض التي لم تُمْطَر بين مَمْطورتين.
الخَوْبة: الجوعُ. وقيل: إذا قُلت أصابتنا خَوْبَة، بالخاء، فمعناه المجاعة، وإذا قلتها بالحاء، فمعناه الحاجة. وفي حديث الثِّلِب بن ثعلبة: أصاب رسول

الـلـه صلى الـلـه عليه وسلم خوبة، فاستقرض مني طعاماً ([43]). وخابَ يخوبُ خَوْباً: افتقر.

- **خوص:** الخاء والواو والصاد أصلٌ واحد يدل على قلَّة ودقَّة وضيق. رجلٌ أخْوَص بَيِّن الخَوَص أي غائر العين. وخوصَ الرجلُ وتخاوصَ: غض عن بصره شيئاً.
الخوَّاصُ: معالج الخُوص وبيَّاعُه، والخياصةُ عَمَلهُ. ويقال: خاوَصْته مُخاوصة وغايَرْتُه مغايَرَةً وقايضته مُقايَضَةً كل هذا إذا عارضه بالبيع. وخَوِّص ما أعطاك: خُذه وإن قلَّ. وخوَّصَ العطاء: قلَّله.
وفي القاموس: الخُوصُ، بالضم: ورقُ النخل، والخوَّاصُ بائعه.

- **خير:** الخاء والياء والراء أصله العطف والمَيْل، ثم يُحمل عليه. الخَيْرُ: ضد الشَّر، وجمعه خُيُور: وخاره على صاحبه خَيْراً وخَيَرَةً وخَيَّرَهُ: فضَّله.
الخِيارُ: الاسم من الاختيار، وهو طلب خير الأمرين: إما إمضاء البيع أو فسخه، وهو على ثلاثة أضرب: خيار المجلس وخيار الشرط وخيار النقيصة. وفي الحديث: البَيِّعان بالخِيار ما لم يتفرَّقا ([44]).
وفي القاموس: الخَيْرُ: المالُ، والخَيْلُ، والكثير الخير.

- **خيس:** الخاء والياء والسين أصَيْلٌ يدل على تذليل وتليين. الخَيْسُ: مصدر خاسَ الشيءُ يخيسُ خَيْساً تَغَيَّرَ وفسَد وأنتن. وخاس هو: ذلَّ. وخاس به: أي غدر به.

(43) لم أجد له أصلا.
(44) صحيح البخاري 2 / 732 ، رقم الحديث : 1973 . صحيح مسلم 3 / 1164 ، رقم الحديث : 1532 .

خاس الرجلَ خَيْساً: أعطاه بسلعته ثمناً ما ثم أعطاه أنقص منه، وكذلك إذا وعـده بـشيء ثم أعطاه أنقص مما وعده به. وخاس الطعامُ والبيعُ خيساً: كسد حتى فسد.

الدال

- **دبر :** الدال والباء والراء: أصل هذا الباب أن جلّه في قياس واحد، وهو آخر الشيء وخلفُه، خلاف قُبُلِه. دُبُر الشيء خلاف القُبُل. وقطع اللـهُ دابرَهم: أي آخر من بقي منهم. والدَّبار: الهلاك.
الدَّبْرُ والدِّبْرُ: المال الكثير الذي لا يحصى كثرة، واحده وجمعه سواء؛ يقال: مالٌ دَبْرٌ ومالان دَبْرٌ وأموال دَبْرٌ. والمدْبور: الكثير المال.

- **دثر:** الدال والثاء والراء أصلٌ واحد مطّرد، وهو تضاعُفُ شيء وتناضده بعضه على بعض. الدُّثور: الدروس والاندثار. ودثرَ دثوراً: إذا اتسخ. وتدثر بالثوب: تلفف.
الدَّثرُ: المالُ الكثير، لا يثنى ولا يجمع، يقال: مالٌ دَثرٌ، ومالان دَثرٌ، وأموالٌ دَثرٌ. وروي عن النبي صلى الـلـه عليه وسلم انه قيل له: ذهب أهل الدُّثور بالأجور ([45]). يقال: هم أهل دَثر ودثور، ومال دَثر.
وفي القاموس: وادَّثرَ: اقتنى دَثراً من المال.

- **دخر:** الدال والخاء والراء اصلٌ يدل على الذُّل. دَخَرَ الرجلُ، ذلَّ وصَغُر، فهو داخر. وهو الذي يفعل ما يؤمر به، شاء أو أبى صاغراً قميئاً.

- **دخل:** الدال والخاء واللام أصلٌ مطّرد منقاس، وهو الولوج. الدُّخول: نقيض الخروج. والدَّخَل: العيبُ والغِشُّ والفساد. وداخِلة الرجل: باطن أمره.
الدَّخْل خلاف الخَرْج. والدَّخل: ما دخل على الإنسان من ضيعته خلاف الخرج.

---

(45) صحيح البخاري 1 / 289 ، رقم الحديث : 807 . صحيح مسلم 1 / 416 ، رقم الحديث : 595 .

- **دخن:** الدال والخاء والنون أصلٌ واحد، وهو الذي يكون على الوَقود، ثم يُشبَّه به كل شيء يشبهه من عداوة ونظيرها. دخَنَ الدخانُ دخُوناً إذا سطع. ودَخَنَت النارُ: ارتفع دُخانها. وشرابٌ دَخِنٌ: متغير الرائحة.
يقال: إن الجائع كان يرى بينه وبين السماء دخاناً من شدة الجوع، ويقال: بل قيل للجوع دُخان ليُبْس الأرض في الجدْب وارتفاع الغبار، فشبه غُبرتها بالدخان، ومنه قيل لسنة المجاعة: غَبراء، وجوعٌ أغْبَر.

- **درهم:** ادْرَهَمَّ يَدْرَهِمُّ ادْرهماماً أي سقط من الكبر. والمُدْرَهِمُّ: هو الكبير السنِّ. الدِّرْهَمُ والدِّرْهِمُ: لغتان. وجمع الدِّرْهَم دراهمُ. ورجلٌ مُدَرْهَمٌ: أي كثير الدراهم.

- **دسق:** الدال والسين والقاف أصَيْلٌ يدل على الامتلاء. الدَسَقُ: امتلاءُ الحوض حتى يفيض. والدَّيْسقُ: البيـاض والحسن والنور والشيخ والفلاةُ والتراب. والدَّيْسقُ: مكيال أو إناء.

- **دعم:** الدال والعين والميم أصلٌ واحد، وهو شيء يكون قياما لشيء ومساكا. دَعَمَ الشيء يَدْعَمُه دعماً: مال فأقامه. والدَعْمَة: ما دَعَمَهُ به. ودعامة العشيرة: سيدها. الدَّعْمُ: القوة والمال. يقال: لفلان دَعْمٌ أي مال كثير. والدُّعمِيُّ: النجَّار.

- **دغرق:** الدَغْرَقة: إسبال الستر على الشيء. والدَغْرَقُ: الماء الكَدِر. ودَغرقَ عليه الماءَ: صَبَّه عليه. دَغْرَقَ مالَه: كأنه صبَّه فأنفقه. وعيشٌ دَغْرَقٌ: واسع.

- **دغفق:** الدَغْفقُ: الماءُ المصبوب. دَغفَقَ الماءَ دغفقة: صبَّه.
دغْفق مالَه دغفقة ودِغفاقاً: صبه فأنفقه وفرَّقه وبذره. وعيشٌ دغفقٌ: واسعٌ مُخصِب.
وفلانٌ في عيش دغفق أي واسع. وعامٌ دغفقٌ إذا كان مخصِباً.

- **دقع:** الدال والقاف والعين اصلٌ واحدٌ، وهو يدل على الذُّل. الدَّقعاءُ: عامَّة التراب. والدَّاقعُ الذي يرضى بالشيء الدون، والدَّوقعة: الداهية.
المُدْقع: الفقير الذي لصق بالتراب من الفقر. وفقرٌ مدقع أي ملْصِق بالدَّقعاء. وفي الحديث: رماه الـلـه بالدوقعة([46])؛ هي الفقر والذل. ودَقِع دَقعاً وأدْقَع: لصق بالدَّقعاء. وجوعٌ أدْقعٌ ودَيْقوعٌ: شديدٌ. والمدْقاع: الحريصُ.

- **دقل:** الدال والقاف واللام ليس بأصل يقاس عليه، ولا له فروع. الدَّقل من التمر: هو أردأ أنواعه. ودَقَلهُ: مَنَعَهُ وحَرَمَه، وضرب أنفه وفمه.
الدَّوقلة: الأكل وأخذ الشيء اختصاصاً، ودَوْقَلَ الشيء: أخذه وأكله.

- **دلس:** الدال واللام والسين أصلٌ يدل على سَترٍ وظلمة. اندَلسَ الشيء إذا خفي. ودلَّسَه فتَدَلَّسَ أي لا تشعر به.
الدَّلَسُ، الظُلمة. وفلانٌ لا يُدالسُ ولا يوالسُ أي لا يخادع ولا يَغْدِرُ. والمُدالسة: المُخادعة. وقد دَالَسَ مُدالسةً ودِلاساً ودلَّسَ في البيع وفي كل شيء إذا لم يبين عيبه، وهو من الظُلمة. والتدليس في البيع: كتمان عيب السلعة عن المشتري.

---

(46) لم أجد له أصلا .

- **دنر:** الدال والنون والراء كلمة واحدة، وهي الدينار. دَنَّرَ وَجْهُهُ: أشرق وتلألأ كالدينار.
الدِّينارُ: فارسي معرب، وأصله دِنَّار، بالتشديد. ورجلٌ مُدَنَّرٌ: كثير الدنانير. ودينارٌ مُدَنَّرٌ: مضروب.

- **دنق:** الدال والنـون والقاف أصل يدل على مشارفة ذهاب شيء. دنَقت الشمسُ تدنيقاً: مالت للغروب. ودنَق وجْهُهُ: هزل. ودنَقَ الرجلُ: مات.
الدَّانِق والدَّانَقُ: من الأوزان، وهو سدس الدينار والدرهم. والجمع دوانق ودوانيق.
والدَّينق: من يأكلُ وحده بالنهار فإذا كان الليلُ أكل في ضوء القمر لئلا يراه الضيف.
والدُّنُق: المُقَتِّرون على عيالهم.

- **دهبل:** دهبل إذا كَبَّر اللقَم ليسابق في الأكل.

- **دهق:** الدال والهاء والقاف يدل على امتلاء في مجيء وذَهاب واضطراب. الدَّهقُ: شدة الضغط. ودَهَقَ الماءَ وأدهقه: أفرغَه إفراغاً شديداً. وكأسٌ دهاقٌ: مُترَعة ممتلئة.
دَهق لي من المال دَهْقة: أعطاني منه صدراً. والدِّهقانُ والدُّهقان: التاجر، فارسي معرب.

- **دهقع:** الجوع الدُّهقوع: هو الشديد الذي يصرعُ صاحِبَه.

- **دهن:** الدال والهاء والنون أصلٌ واحد يدل على لين وسهولة وقلّة. دَهَنَ رأسَه: بلّه. ودهن المطرُ الأرضَ: بلَّها بلاً يسيراً. والمُداهنةُ والإدهانُ: المصانعة واللين. ودَهنَ الرجلُ: نافق. ودهنه بالعصا: ضربه بها.
الدَّهَّان: الذي يبيع الدُهْن.

- **دين:** الدال والياء والنون أصلٌ واحد إليه يرجع فروعه كلها، وهو جنس من الانقياد والذل.
الدِّين: الجزاء والمكافأة. ويوم الدين: يوم الجزاء. والدين: الذل والمعصية والطاعة والسلطان والورع والقهر.

الدَّين: واحد الدُّيون. والجمع أدْيُن مثل أعين وديون. ودِنْتُ الرجل: أقرضته فهو مَدِينٌ ومديونٌ. ويقال: دِنتُ الرجل وأدَنْته أعطيته الدين إلى أجل. ودان هو: أخذ الدين. ورجل دائن ومدين ومديون، ومُدانٌ: عليه الدَّينُ. ومِدْيانٌ إذا كان عادته أن يأخذ بالدين ويستقرض. والمَدينُ: الذي يبيع بدين. وادَّان واستدان وأدانَ: استقرض وأخذ بدين. وتداينوا: تبايعوا بالدين. ودان فلانُ: استقرض وصار عليه دَينٌ فهو دائن.

الذال

- **ذرأ:** الذال والراء والهمزة أصلان: أحدهما لون إلى البياض، والآخر كالشيء يُبذَر ويُزرَع. ذرأ اللـهُ الأرضَ يذرؤوهم ذرءاً: خلقهم. والذرء: عدد الذريَّة.
ذرأنا الأرضَ: بذرناها. والزرع أول ما تزرعه يسمى الذريء.

- **ذرا:** الذال والراء والحرف المعتل أصلان: أحدهما الشيء يُشرف على الشيء ويظله، والآخر الشيء يتساقط متفرقا. ذرى الريحُ الترابَ تَذروه ذرواً وذرياً: أطارته وسَفته وأذهبته. واستذريتُ بفلان: التجأت إليه.
الذَرْوة: الجَدة والمال. وفي الحديث: أول الثلاثة يدخلون النار منهم ذو ذرْوةٍ لا يُعطي حقَّ اللـه من ماله [47] أي ذو ثروة.

- **ذرع:** الذال والراء والعين أصلٌ واحد يدل على امتداد وتحركٌ إلى قُدُم، ثم ترجع الفروع على هذا الفصل. الذراعُ: ما بين طرف المِرفق إلى طرف الإصبع الوسطى. وأذْرَعَ في الكلام: أفرط. وتذَرَّع فلانٌ بذريعة أي توسَّل. والذرْع: الوُسْعُ والطاقة. وضاق بالأمر ذرعَه وذراعَه: أي ضعفت طاقته.
الذراع: ما يُذرع به. ذرع الثوب وغيره يَذرَعُه ذرعاً: قدَّره بالذراع. وذرعُ كل شيء: قدْره من ذلك. والتَّذرُّع أيضاً: تقدير الشيء بذراع اليد.
وفي القاموس: المُذَارَعَة: البيعُ بالذرع لا بالعدد والجُزاف.

---

(47) ورد الحديث بلفظ " ثروة " ، انظر : صحيح ابن حبان 16 / 523 ، رقم الحديث : 7481

- **ذهب:** الذال والهاء والباء أصَيْل يدل على حُسْنٍ ونضارة. الذهاب ،بكسر الذال وتشديدها، السَّيْرُ والمرور، وذهب به: أزاله. والمَذهب: المعتقد.

الذهب: بفتح الذال والهاء، مكيال معروف لأهل اليمن، والجمْعُ ذهابٌ وأذهابٌ وأذاهيب، وأذاهب جمع الجمع. وفي حديث عكرمة أنه قال: في أذاهب من بُرٍّ وأذاهب من شعير (48)، قال : يُضم بعضها إلى بعض فتُزَكَّى. والذهبُ: التِّبْرُ، القطعة منه ذهبة، والجمع الأذهاب والذهوب. والمُذهَبُ: الشيءُ المطليُّ بالذهب. وأذهَبَ الشيءَ: طلاه بالذهب.

(48) لم أجد له أصلا .

الراء

- **ربا:** الراء والباء والحرف المعتل وكذلك المهموز منه يدل على أصل واحد، وهو الزيـادة والـنماء والعُلُوّ. رَبَوْتُ في حجره رَبْواً ورُبُوّاً: نشأتُ. والرَّبْوُ: الجماعة. والرَّبْوُ والرَّبْـوَةُ والرابيـةُ: مـا ارتفع من الأرض.
ربا الشيء يَرْبُو رُبُوّاً ورباءً: زاد ونما. وأربيتـه: نمَّيتـه. وفي الحـديث: " مـن أجبـى فقـد أربى " ([49]). ورَبَا المالُ: زاد بالرِّبا. والمُرْبِي: الذي يأتي الربا.

- **ربح:** الراء والباء والحاء أصلٌ واحد، يدل على شَفٍّ في المبايعة. الرَّبَح: الفصيل. أربـحَ الرجـلُ إذا نحر لضيفانه. والرُّبَّح والرُّبَّاحُ: القِرْد الذكر.
الرِّبْح والرَّبَحُ والرَّباحُ: النَّماء في التَّجْر. وهذا بيع مُربِح إذا كـان يـربح فيـه. وتجـرةٌ رابحـة: يُرْبحُ فيها. وأرْبَحتَه على سلعته أي أعطيته ربحـاً، وأعطـاه مـالاً مرابحـة أي عـلى الـربح بينها. وبعتُ الشيء مرابحةً. ويقال: بِعْتُه السِلْعَةَ مرابَحَةً على كل عـشرة دراهـم درهـم، وكذلك اشتريته مُرابحَة، ولا بد من تسمية الرِّبْح. وفي الحديث أنـه نهـى عـن ربـح مـا لم يُضمَن ([50]). والرَّبَحُ، بفتح الراء والباء: ما اشتُرِي من الإبل للتجارة.

- **ربحل:** الرَبْحَلُ: التَّامُّ الخَلْقِ، والعظيم الشأن من الناس والإبـل. وجاريـةٌ رِبَحْلَـةٌ: ضـخمة جيـدة الخلق طويلة .
الرِّبَحْلُ: الكثير العطاء.

---

(49) سبق تخريجه ، انظر الفعل " جبأ " .
(50) المنتقى لابن الجارود 1 / 154 ، رقم الحديث 601 . المستدرك على الصحيحين 2 / 21 ، رقم الحديث : 2185 . سنن الترمذي 3 / 535 ، رقم الحديث : 1234 .

- **ربع:** الراء والباء والعين أصول ثلاثة: أحدها جزء من أربعة أشياء، والآخر الإقامة، والثالث الإشالة والرفع. أرْبَعوا: صاروا أربعة أو أربعين. ورَبَعَت الإبلُ: وَرَدَت. والرَّبْعُ: جماعةُ الناس. ورَبَعَ الربيعُ: دخل.

كانوا في الجاهلية إذا غزا بعضهم وغنموا أخذ الرئيس ربع الغنيمة خالصاً دون أصحابه وذلك الربع يسمى الرباع.

- **ربن:** الراء والباء والنون إن جُعلت النون فيه أصلية فكلمة واحدة، وهي الربان. رُبَّان كل شيء: معظمه وجماعته.

الرَّبُونُ والأُربون والأرْبان: العَرَبُونُ.

- **رتب:** رتَبَ الشيء يَرْتُبُ رتُوباً، وتَرَتَّبَ: ثبت فلم يتحرك. والتَرَتُّب: التُرابَ لثباته.

عيشٌ راتبٌ: ثابتٌ دائم. والرَّتَبُ: غِلَظُ العيش وشدَّته؛ وما في عيشه رتبٌ ولا عتبٌ أي ليس فيه غِلَظٌ ولا شدة.

وفي القاموس: وأرتَبَ إرْتاباً: سأل بعد غِنَى.

- **رتع:** الراء والتاء والعين كلمة واحدة، وهي تدل على الاتساع في المأكل. الرَّتعة: الاتساع في الخصب. ورَتَعَت الماشيةُ تَرْتَعُ رتْعاً ورُتُوعاً: أكلت ما شاءت.

الرَّتْعُ: الأكل والشرب رَغَداً في الريف. رَتَعَ يَرْتَعُ رَتْعاً ورُتوعاً ورِتاعاً، والاسم: الرَّتْعة والرَّتَعَة.

- **رجع:** الراء والجيم والعين أصلٌ كبير منقاس، يدل على رَدّ وتكرار. رجَعَ يَرْجِعُ رجْعاً ورجوعاً ورُجْعى ورجعاناً ومرْجعاً: انصرف. ورجَّع الرجلُ وترجَّعَ: رَدَّدَ صوتَه.
ليس لهذا البيع مَرْجُوع أي لا يُرْجَع فيه. ويقال: أرْجَع اللـه بَيعة فلان كما يقال أربحَ اللـه بَيْعَتَه. ارتجع فلان مالاً وهو أن يبيع إبله المسنة والصغار. والرجيعة: أن يباع الذكر ويشترى بثمنه الأنثى، فالأنثى هي الرجيع .
وفي القاموس: وباعَ إبلَهُ فارْتَجَعَ منها رِجْعةً صالحةً، بالكسر: إذا صرف أثمانها فيما يعود عليه بالعائدة الصالحة.

- **رجل:** الراء والجيم واللام مُعظم بابه يدل على العضو الذي هو رِجْلُ كلّ ذي رِجْل. الرَّجلُ خلاف المرأة. وتصغيره رُجَيْل ورُوَيجل. وترجَّلت المرأة: صارت كالرجل.
الرِّجل: البؤس والفقر.

- **رخا:** الراء والخاء والحرف المعتل أصلٌ يدل على لين وسخافة عقل. الرِّخْو والرَّخْو والرُّخْو الهشُّ من كل شيء. وريْحٌ رُخاء: لينة. وتراخى عني: تقاعس.
الرَّخاء: سَعَة العَيْشِ. ويقال: إنه في عيشٍ رخيٍّ. ومنه الحديث: ليس كل الناس مُرْخىً عليه ([51]) أي مُوسَّعاً عليه في رزقه ومعيشته. وتراخى عن حاجته: فتر. واسْتَرخى به الأمرُ: وقع في رُخاء بعد شدّة.

(51) ورد الحديث بلفظ " ليس كل الناس يجد سقاءً " ، انظر : صحيح البخاري 5 / 2124 ، رقم الحديث : 5271

- **رخص:** الراء والخاء والصاد أصلٌ يدل على لين وخلاف شِدة. الرَّخصُ: الشيء الناعم اللين. رَخُص رخَاصة ورُخوصة فهو رَخْصٌ ورَخيصٌ: تَنَعَّم.
الرُّخْصُ: ضد الغلاء، رَخُص السِّعر يَرْخُصُ رُخْصاً، فهو رخيصٌ. وأرْخَصَه: جعله رخيصاً، وارْتَخَصْتُ الشيء: اشتريته رخيصا، واسْتَرْخَصَه رآه رخيصاً.

- **ردب:** الراء والدال والباء ليس بشيء. الإرْدَب: القناةُ التي يجري فيها الماء على وجه الأرض. والإردَبة: القِرْميد، وهو الآجر الكبير.
الإرْدَبُّ: مكيالُ ضخمٌ لأهل مصر، قيل يضم أربعة وعشرين صاعاً من الطعام بصاع النبي صلى الله عليه وسلم. والقَنْقَل: نصفُ الإرْدَبّ.

- **رذل:** الراء والذال واللام قريب من الذي قبله. الرَّذل والرُّذال والأرْذل: الدُّون الخسيسُ، والرذيلةُ: ضد الفضيلة، وأرْذَلُ العُمُرِ: أسْوَأُه.
ورجل رَذْل الثياب والفعل، وقوله تعالى: " واتبعك الأرذلون " ([52])، قاله قوم نوح له. وقيل: نسبوهم إلى الحياكة والحجامة، ولكن الصناعات لا تضر في باب الديانات.

- **رزق:** الراء والزاء والقاف أصيلٌ واحد يدل على عطاءٍ لوقت، ثم يحمل على غير الموقوت. الرِّزقُ ما ينتفع به، والمطر.
الأرزاق نوعان ظاهرة للأبدان كالأقوات، وباطنة للقلوب كالمعارف والعلوم. وارتزقه واسترزقه: طلب منه الرزق. والرَّزق: العطاء. والرِّزق: أطماعُ الجند. وارتزقوا: أخذوا أرزاقهم.

([52]) سورة الشعراء، الآية 111.

وفي القاموس: ورزقه اللـه: أوصل إليه رزقاً.

- **رسغ:** الراء والسين والغين كلمة واحدة. الرُسْغُ: مفصل ما بين الكفّ والذراع. ارْتَسَخ فلان على عياله إذا وسَّعَ عليهم النفقة. وعيشٌ رسيغ: واسع.

- **رسل:** الراء والسين واللام أصلٌ واحد مطرد منقاس، يدل على الانبعاث والامتداد. الرِّسلُ، بالكسر: الرفق. والرَّسْلَةُ: الكَسَل. وتراسلوا: أرسل بعضهم إلى بعض. والتَرَسُّل: التَمَهُّل والتَثَبُّت. هم في رَسْلة من العيش أي لين. يُقال: غَبْنُ المسترسِل إليك ربا. وفي الحديث: أيما مسلم استرسل إلى مسلم مغبنة فهو لنا ([53])؛ الاسترسال: الاستئناس والطمأنينة إلى الإنسان والثقة به فيما يحدثه.

- **رشا:** الراء والشين والحرف المعتل اصلٌ يدل على سبب أو تسبُّب لشيء برفق وملاينة. راشاهُ: حاباهُ، وصانَعَه. والرِّشاءُ: الحَبْل. وأرشى القومُ في دمه: شَرِكوا. الرَّشوةُ والرُّشوةُ والرِّشوةُ: الجُعْلُ، والجمع رشىَ ورشىً. ورَشاه يَرْشُوه رَشواً: أعطاه الرَّشْوَة. وارتشى منه رشوة إذا أخذها.
وفي القاموس: استرشى: طلب الرُشوة.

- **رضخ:** الراء والضاد والخاء كلمة تدل على كَسْر، ويكون يسيراً ثم يشتق منه. رضَخَ الحصى: كَسَرها. رَضَخَ به الأرض: جَلَدَهُ بها. وتراضخنا: ترامينا.

---

(53) سنن البيهقي الكبرى 5 / 348 ، رقم الحديث : 10705 .

رَضَخَ له من ماله يَرْضَخُ رضخاً: أعطاه. والرَّضِيخةُ: العطية. وفي الحديث: أمرتُ لـه برَضْـخٍ([54]). وقيل: المراضخة: العطاء على كره.

- **رطل:** الراء والطاء واللام ليس بشيء، إلا أنهم يقولون للشيء يكال به رِطْلٌ. الرَّطْلُ: الرجل الرَّخْـو اللين. والرَّطْلُ والرِّطْلُ: الذي راهق الاحتلام. ورطَّل شعرَه: إذا أرخاه وأرسله.
الرَّطْلُ والرِّطْلُ: الذي يوزن به ويكال. وقيل: الرَّطْل ثنتا عشرة أوقية بأواقي العرب، والأوقيـة أربعون درهماً، وجمعه أرطال.
وفي القاموس: التَّرْطيلْ: الوَزْنُ بالأرطال.

- **رغب:** الراء والغين والباء أصلان: أحـدهما طلـبٌ لـشيء والآخـر سَـعةٌ لـشيء. الرَّغْـب والرُّغُـب والرَّغْبَة والرَّغبوت: الضراعة والمسألة.
الرَّغبةُ: السؤال والطمع. ورَغَّبَه: أعطاه ما رَغِـبَ. والرَّغيبـة مـن العطـاء، والجمـعُ الرَّغائـب. الرَّغيب: الواسع الجوف، ورجلٌ رغيبُ الجوف إذا كان أكولاً. ورجلٌ مُرْغِبٌ أي موسر، لـه مالٌ كثير. والرُّغُب: كثرةُ الأكل، وشدَّة النَّهَم.

- **رغد:** الراء والغين والدال أصلان: أحدهما أطيب العيش، والآخر خلافه. عيش رغْد: كثـير. وعـيشٌ رَغَد ورَغِدٌ ورغيد وراغِد وأرغدٌ: مُخصِبٌ رفيه غزير. وقومٌ رَغَد: مُخْـصبون. وأرغـدَ فـلان: أصاب عيشاً واسعاً. وأرغدَ القومُ: أخصبوا. وأرغـد القـوم: صـاروا في عـيش رغـد. وعيـشة رَغْد أي

(54) صحيح البخاري 3 / 1127 ، رقم الحديث : 2927 . صحيح مسلم 3 / 1377 . رقم الحديث : 1757

واسعة طيبة. والرَّغْدُ: الكثير الواسع الذي لا يُعييك من مال أو ماء أو عيش أو كلأ.
وفي القاموس: أرغدوا مواشيهم: تركوها وسَوْمَها، وأخصبوا.

- **رغس:** الراء والغين والسين أصلٌ واحد يدل على بركة ونماء. الرَّغْسُ: النِّعمة. ووجهٌ مرغوس: طلقٌ مبارك ميمون.

الرَّغْسُ: النَّماء والكثرة والخير والبركة. ورجل مرغوس: مبارك كثير الخير مرزوق. ورَغَسَه الله مالاً وولداً: أعطاه مالاً وولداً كثيراً. ويقال: رَغَسَهُ الله يَرغَسُه رَغْساً إذا كان ماله نامياً كثيراً. والرَّغْسُ: السَّعَةُ في النعمة.
وفي القاموس: المُرْغِسُ: الذي يُنَعِّمُ نفسه، والعيش الواسع.

- **رفأ:** الراء والفاء والهمزة أصلٌ واحد يدل على موافقة وسكون وملاءم. رفأ السفينة: أدناها من الشطّ. ورفأ بينهم: أصلح. وأرفأ إليه: لجأ.

رفأ الثوب: لأم خَرْقَه وضم بعضه إلى بعض وأصلح ما وَهَى منه. ورجل رفّاءٌ: صنعته الرَّفْء. ورفأ الرجلَ: حاباه. ورافأني الرجلُ في البيع مرافأة إذا حاباك فيه. ورافأتُهُ في البيع: حابيته. واليَرْفَئيُّ: راعي الغنم.

- **رفش:** الراء والفاء والشين ليس شيئا. الرَّفش ، بالفتح والضم: المِجْرَفَةُ. والرَّفش: الدق والهرس.

رفَشه رَفْشاً: أكلَه أكلاً شديداً. الرَّفْشُ: الأكل والشربُ في النعمة والأمْن. والرفَّاشُ: هائل الطعام بالمِجْرَفَةِ إلى الكيَّال.

- **رفص:** الراء والفاء والصاد فيه كلمة واحدة، وهي غلاء السعر. يترافصون الماءَ: يتناوبُونَه.

ارْتَفَصَ السعْرُ ارْتِفاصاً، فهو مُرْتَفِصٌ إذا غلا وارتفع. وقد ارْتَفَصَ السوقُ بالغلاء.

- **رفغ:** الراء والفاء والغين كلمة تدل على ضعَةٍ ودناءة. الرَّفغُ: الأرضُ السهلة، والمكانُ الجدْب. وترابٌ وطعامٌ رَفْغٌ: لَيِّن. الأرْفاغ: السَّفِلَةُ من الناس.
  الرَّفْغ: سَعةُ العيش والخصْبُ والسَّعةُ. وعيشٌ أرْفَغُ ورافِغٌ ورفيغٌ: خصيب واسعٌ طيِّب. ورَفُغ عيشُه: اتسَع. وإنه لفي رفاغةٍ ورفاغِيةٍ من العيش.

- **رفغن:** الرُّفهنية: سعة العيش وكثرة الرُّفغنية.

- **رفه:** الراء والفاء والهاء اصلٌ واحد يدل على نَعمة وسَعة مَطْلَب. رفَهَ الرجلُ، رَفْهاً، ويُكْسَر، ورُفُوهاً: لان عيشُه. ورفَّه عني ترفيهاً: نفَّس.
  الرَّفاهةُ والرَّفاهيةُ والرُّفهنية: رغدُ الخصب ولين العيش، وكذلك الرفاغية والرُّفغنية والرَّفاغة، وفي الحديث: أنه صلى الله عليه وسلم، نهى عن الإرْفاه ([55])، وهو التوسع في المطعم والمشرب. وأرفه الرجلُ دام علىأكل النعيم كل يوم وقد نهي عنه. وأصل الرفاهية: الخصب والسعة في المعاش.

- **رفهن:** يقال هو في رُفَهْنية من العيش أي في سعة ورَفَاغِيَة.

- **رقح:** الراء والقاف والحاء أصلٌ واحد، يدل على الاكتساب والإصلاح للمال. التَّرْقيح والتَّرَقُّح: صلاح المعيشة، وترقح لعياله: كسب وطلب واحتال.

(55) مسند الحارث 2 / 606 ، رقم الحديث : 569 . فتح الباري 10 / 368 .

والتَّرَقُّح: الاكتساب. وترقيحُ المال: إصلاحه والقيام عليه. والرَّقاحِيّ: التاجر القائم على ماله المصلح له. ويقال: إنه ليُرَقِّحُ معيشته أي يصلحها. والرَّقاحةُ: الكسب والتجارة.

- **رقق:** الراء والقاف أصلان: أحدهما صفة تكون مخالفة للجفاء، والثاني اضطراب شيء مائع. أرقَّ فلان إذا رَقَّتْ حاله وقلَّ ماله.

- **ركز:** الراء والكاف والزاء أصلان: أحدهما إثبات شيء في شيء يذهبُ سُفْلا، والآخر صَوْت. ركزَ الرمحَ يَرْكِزُهُ ويَرْكُزُهُ: غرزه في الأرض. والمركَزُ: وسط الدائرة، وموضعُ الرجل، ومَحَلُّهُ، وارتكز: ثَبَتْ.
الرِّكازُ: قِطَعُ ذهب وفضة تخرج من الأرض أو المعدن. وفي الحديث: وفي الرِّكاز الخُمْسُ ([56]). وأرْكَزَ المَعْدِنُ: وجد فيه الرِّكاز. يقال: رَكَزَه يَرْكُزُه ركزاً إذا دفنه. وفي الحديث: وفي الرَّكائز الخُمْس ([57])، كأنها جمع ركيزة أو رِكازة. والرَّكيزة والرِّكْزَةُ: القطعة من جواهر الأرض المركوزةُ فيها.
وفي القاموس: الرجل العالم السخيُّ الكريم.

- **رمث:** الراء والميم والثاء أصلٌ واحد يدل على إصلاح شيء وضم بعض إلى بعض. الرِّمثُ، بالكسر: الرجلُ الخَلَق الثياب، والضعيف المَتْنِ، وبالفتح: الإصلاحُ، والمسحُ باليد.
رَمَثْتُ الشيء بالشيء إذا خلطته، ويقال: رَمَّث عليه وأرْمَثَ إذا زاد. وفي الحديث: وسئل عن كراء الأرض البيضاء بالذهب والفضة، فقال: لا

---

(56) صحيح البخاري 2 / 544 . صحيح مسلم 3 / 1334 ، رقم الحديث : 1710 .
(57) مسند أحمد 2 / 285 ، رقم الحديث : 7815 .

بأس، إنما نهى عن الإرماث ([58]). الرَّمَث: هو بقية اللبن في الضَّرْع، ولذا فالنهي في الحديث لاختلاط نصيب بعضهم ببعض، أو لإبقاء بعضهم على البعض شيئاً من الزرع.

- **رمق:** الراء والميم والقاف أصلٌ واحد يدل على ضَعْفٍ وقلّة. الرَّمَقُ: بقية الحياة، والقطيع من الغنم. ورامَقَ الأمر: لم يُبْرِمْهُ. والرِماقُ: النفاقُ، وأن تنظر شزراً نظر العداوة.
الرَّمق والرُّمْقة والرِّماقُ: العيش الذي يمسك الرمق. والمُرْمَقُّ من العيش: الدُّون من اليسير. وعيشٌ مُرْمَق: قليل يسير. وعيشٌ رَمِقٌ أي يمسك الرَّمق. والرُّمُق: الفقراء الذين يتبلغون بالرقاق وهو القليل من العيش. والتَّرْميقُ: العمل يعمله الرجل لا يُحسِنه وقد يتبلَّغ به.

- **رمل:** الراء والميم واللام أصلٌ يدل على رِقَّة في شيء يتضامٌّ بعضه إلى بعض. رمل الثوبَ: لطَّخَه بالدم. وأرملَ الحبلَ: طوَّله، والرَّمَل: الهرولة.
أرْملَ القومُ والرجلُ إذا ذهب زادهم. الأرملة التي مات عنها زوجها، سُمِّيت أرملة لذهاب زادها وفقدها كاسبها ومن كان عيشها صالحاً به. ورملَ الطعامَ إذا جعل فيه الرمل.
وفي القاموس: امرأةٌ أرملةٌ: محتاجةٌ مسكينة. والأرْمَلَةُ: الرجالُ المحتاجون الضعفاء.

- **رمم:** الراء والميم أربعة أصول: أصلان متضادّان: أحدهما لمُّ الشيء وإصلاحه، والآخر بلاؤه، وأصلان متضادّان: أحدهما السكوت والآخر خلافه.

---

(58) سنن ابن ماجه 2 / 821 ، رقم الحديث : 2456 . سنن النسائي 7 / 44 ، رقم الحديث : 3903 . مصنف عبدالرزاق 8 / 92 ، رقم الحديث : 14451 . مسند ابن الجعد 1 / 449 ، رقم الحديث : 3062 .

الرم: إصلاح الشيء الذي فسد بعضه. ورَمَمتُ الشيء إذا أصلحتـه. وآتيك بالشيء بِرُمَّتِه: أي كله.
المَرَمَّةُ: متاع البيت. يقال: جاء بالطِّمِّ والرِّمِّ إذا جاء بالمال الكثير. الرَّمُّ والارتمام: الأكل.

- **رهن:** الراء والهاء والنون أصلٌ يدل على ثبات شيء يُمسَكُ بحقٍ أو غيره. الرَّهْنُ: ما وُضِع عندك لينوب مناب ما أُخذ منك.

أرهنَ الطعامَ لهم: أدامه. ورهن في البيع والقرض، بغير ألف، وأرْهَنَ بالسلعة وفيها: غالى بها وبذل فيها ماله حتى أدركها. وهو من الغلاء خاصة. ويقال: أرهنت في السلعة بمعنى أسلفت. والمُرتهِن: الذي يأخذ الرهن. والشيء مرهون ورهين.

- **روب:** رابَ إذا أصلح. والرُّوبةُ: بقية اللبن، وماء الفحل في رحم الناقة، والحاجة، وقوام العيش، والكسل. ورابَ دمُه: حان هلاكه.

تقول العرب: ما عندي شوبٌ ولا روبٌ، الروب: اللبن الرائب، والفعل رابَ يروبُ روباً. والشَوب: العسل المَشُوب. وفي الحديث: لا شَوْبَ ولا رَوْبَ في البيع والشراء(59). تقول ذلك في السلعة تبيعُها أي إني بريء من عيبها، وهو مَثلٌ بذلك. قال ابن الأثير في تفسير هذا الحديث: أي لا غِشَّ ولا تخليط.
وفي القاموس: الرُّبة: الفقر ورابَ روباً ورؤوباً: فترت نفسه من شبع.

(59) أورده صاحب مجمع الأمثال : انظر : مجمع الأمثال 2 / 291 .

- **روض:** الراء والواو والضاد أصلان متقاربان في القياس: أحدهما يدل على اتساع، والآخر على تليين وتسهيل. راضَ المُهْرَ: ذلَّله . واستراض المكان: اتسع. وراوضه: داراه. الرَّوضة: الأرضُ ذات الخُضْرة.

  يراوض فلان فلاناً على أمر كذا أي يداريه فيه. وفي حديث طلحة فتراوضنا حتى اصطرف مني وأخذ الذهب([60]) أي تجاذبنا في لبيع والشراء وهو ما يجري بين المتبايعين من الزيادة والنقصان كأن كل واحد منهما يروض صاحبه. وقبل هو المواصفة بالسلعة ليست عندك ، ويسمى بيع المواصفة. وقيل: هو أن يصفها ويمدحها عنده. وفي حديث ابن المسيب أنه كره المرُاوضة([61])، وبعض الفقهاء يجيزه إذا وافقت السلعة الصفة.
  وفي القاموس: أراضَ القومَ أسقاهم.

- **روق:** الراء والواو والقاف أصلان، يدل أحدهما على تقدُّم شيء، والآخر على حُسن وجمال. الرَّوْق: القَرْن. والرُواق: مُقَدَّم البيت، والشجاعُ لا يطاقُ، والسيد، والإعجابُ بالشيء.
  التَّرويقُ: أن تبيع شيئاً لك لتشتري أطول منه وأفضل، وقيل الترويق أن تبيع بالياً وتشتري جديداً، وقيل الترويق أن يبيع الرجلُ سلعته ويشتري أجود منها. يقال: باع سلعته فروّق أي اشترى أحسن منها.

---

(60) صحيح البخاري 2 / 761 ، رقم الحديث : 2065 . صحيح ابن حبان 11 / 387 ، رقم الحديث : 5013 .

(61) لم أجد له أصلا .

- **ريش:** الراء والياء والشين أصلٌ واحد يدل على حُسن الحال، وما يكتسب الإنسان من خير. رجلٌ أرْيَش وراشٌ: كثير شعر الأذن. وارتاش فلان: إذا حسنت حالُه. وارتاش: أصاب خيراً. الرائشُ: الذي يسعى بين الراشي والمُرْتشي ليقضي أمرهما. الرِّيش والرِّياشُ: ما ظهر من اللباس. ورجلٌ أرْيشٌ وراشٌ: ذو مال وكسوة. وراش يَرِيشُ رَيشاً إذا جمع الريشَ وهو المال والأثاث. والرِّيشُ والرِّياشُ واحد. وراشَ: جمع المال والأثاث، وراشَ الصديقَ: أطعمه وسقاه وكسَاه وأصلح حاله.

- **ريع:** الراء والياء والعين أصلان: أحدهما الارتفاع والعلُوّ، والآخر الرُّجوع. الرِّيع، بالكسر والفتح: المُرْتَفَعُ من الأرض أو كل طريق، والجبل المرتفع. واستراعَ القومُ: اجتمعوا. الرِّيْع: النماء والزيادة. راع الطعامُ وغيره يَريع رَيْعاً ورُيوعاً ورِياعاً ورَيعاناً كلّ ذلك: زكا وزاد. ويقال: طعامٌ كثير الرَّيْع. وأرضٌ مريعة: أي مخصبة.

الزاي

- **زبن:** الزاء والباء والنون أصلٌ واحد يدل على الدَّفع. بيتٌ زَبْنٌ: مُتَنَحَ عن البيوت. وتزابنَ القومُ: تدافعوا. والشُّرَطيُّ: زَبانيةٌ.

الزَّبْن: الدَّفْع. وفي حديث النبي صلى الله عليه وسلم أنه نهى عن المزابنة ورخَّص في العرايا[62]؛ المزابنة بيع الرطب على رؤوس النخل بالتمر كيلاً، وكذلك كل ثمر بيع على شجرة بثمر كيلا، وإنما نهى عنه لأن الثمر بالثمر لا يجوز إلا مثلاً بمثل، فهذا مجهول لا يعلم أيهما أكثر. ولأنه بيع مُجازفة من غير كيل ولا وزن. ولأن البَيِّعين إذا وقفا فيه على الغُبْن أراد المغبون أن يفسخ البيع وأراد الغابن أن يُمضيه فتزابنا فتدافعا واختصما. وإن أحدهما إذا ندم زبن صاحبه عما عقد عليه أي دفعه.

وفي القاموس: الزِّبن، بالكسر: الحاجةُ. وقد أخذ زبنة من المال: حاجته.

- **زخرف:** الزُخْرُفُ: الزِّيْنَةُ. وزخْرَفَ البيت: زيَّنَهُ. وزَخْرَفَ الكلامَ: نَظَّمَهُ.

الزُّخْرفُ: الذهب. ومنه قوله تعالى: ولبيوتهم أبواباً وسرراً عليها يتكئون وزخرفا ([63])، أي ذهبا. وفي الحديث: نهى أن تزخرف المساجد ([64]) أي تنقش بالذهب.

- **زرنق:** الزُّرنوقُ: النهر الصغير. يقال زَرْنوق وزُرْنوق لبناءَين على شفير البئر، والزَّرْنقة: الحُسن التَّام.

---

(62) صحيح البخاري 2 / 839 ، رقم الحديث : 2252 . صحيح مسلم 3 / 1170 ، رقم الحديث : 1540 .

(63) سورة الزخرف ، الآيتان 34 - 35 مسند أحمد 6 / 255 ، رقم الحديث : 26230 . المعجم الكبير8/ 243، رقم الحديث : 7950 . المعجم الأوسط 7 / 316 ، رقم الحديث: 7608 .

(64) مصنف عبد الرزاق 3 / 153 ، رقم الحديث : 5131 . المعجم الكبير 10 / 228 ، رقم الحديث : 10555 .

الزَرْنَقَة: العينَة. ومن هذا المعنى حديث عائشة: أنها كانت تأخذ الزَّرنقة أي العينة، فقيل لها: تأخذين الزَّرْنقةَ وعطاؤك من قبل معاوية كل سنة عشرة آلاف درهم؟ قالت سمعت رسول الله صلى الله عليه وسلم يقول: من كان عليه دَين في نيته أداؤه كان في عون الله ([65]). وفي حديث ابن المبارك: لا بأس بالزَّرْنقة. والعينة أن يشتري الشيء بأكثر من ثمنه إلى أجل ثم يبيعه منه أو من غيره بأقل مما اشتراه.

- **زعر:** الزاء والعين والراء أُصَيل يدل على سوء خُلُق وقلَّة خير. زَعِرَ الشَّعرُ: قلَّ وتفرَّق. ورجلٌ زُعرور: سيئ الخلق. والزَّعارَّةُ: الشراسة.
  الأزعَرُ: الموضع القليل النبات. ورجل زيْعَرٌ: قليل المال.

- **زعفق:** زعقَ ماءٌ زعاق مرٌّ غليظ لا يطاق شربه. وانْزَعَقَ: فَزِعَ بالليل.
  الزُّعفوقُ والزُّعافِقُ: البخيل السيئ الخُلق. وقومٌ زَعافِق: بخلاء.

- **زكأ:** زكأهُ: ضربه. وزكأ إليه: لجأ واستند.
  زكأه مائة درهم: نقده. وقيل: زكأه زكأً: عجل نقده. وملئ زكاء وزُكأةٌ: موسرٌ كثير الدراهم حاضر النقد عاجله. وإنه لزكاءُ النقد.
  وفي القاموس: وازدكأ منه حقَّه: أخذه.

- **زكا:** الزاء والكاف والحرف المعتل أصل يدل على نماء وزيادة. أزكى الرجلُ وزكّاه الله تعالى، وأزكاهُ: صَلُحَ، وتنَعَّم، فهو زكيٌّ من أزكياء. والزكاةُ: صفوة الشيء، وزكَّى الرجلُ نَفسَه إذا أثنى عليها.

(65) مسند أحمد 6 / 255 ، رقم الحديث : 26230 . المعجم الكبير 8 / 243 ، رقم الحديث : 7950 . المعجم الأوسط 7 / 316 ، رقم الحديث: 7608 .

الزّكاء: النَّماء والرَّيْع، زَكا يَزْكو زَكاء وزكوًا. والزكاة: زكاة المال، وهو تطهيره، والفعل منه زكّى يُزَكِّي تَزْكيةً إذا أدى عن ماله زكاته. وتزكى أي تصدق.

- **زلل:** الزاء واللام أصل مطّرد منقاسٌ في المضاعف. زَلَلْتَ تَزِلُّ: زلقت في طين أو منطق. وزلَّ عمرهُ: ذهب. والزلازلُ: البلايا.
زَلَّت الدراهمُ تَزِلُّ زَلولاً: انصبت أو نقصت في وزنها؛ يقال: درهم زالٌ، والزّلزِلُ: الأثاثُ والمتاعُ. وأزلّ إليه نعمةً: أسداها. والمُزَلِّلُ: الكثير الهدايا والمعروف.
وفي القاموس: وأزلَّ إليه من حقه شيئاً: أعطاه.

- **زمر:** الزاء والميم والراء أصلان: أحدهما يدل على قلّة الشيء، والآخر جنس من الأصوات. زَمَرَ يَزْمُرُ وَيَزْمِر زَمْراً وزَميراً وزمّر تزميراً: غنى في القصب. والزمَّارة: ما يُزْمَرُ به، ورجلٌ زَمِرٌ: قليل المروءة، وشديد. والزُّمْرَةُ: الجماعة من الناس.
الزمَّارَةُ: البغي الحسناء. وفي الحديث أنه نهى عن كسب الزَّمَّارة ([66]). وفي تفسير هذا الحديث وجهان: أحدهما: أن يكون النهي عن كسب المغنية، أو يكون النهي عن كسب البَغيّ.

- **زمل:** الزاء والميم واللام أصلان: أحدهما يدل على حمل ثِقْلٍ من الأثقال، والآخر صوت. الزَّاملُ: من يتبعُ غيره. والزَّمْلَة: الرُّفقة والجماعة، وتَزَمَّلَ: تَلَفَّفَ.

(66) سنن البيهقي الكبرى 6 / 126 ، رقم الحديث : 11468 . مصنف ابن أبي شيبة 4 / 348 ، 20913 .

رجل إزْمِيلٌ: شديد الأكل، شُبِّه بالشَّفرة.

- **زهد:** الزاء والهاء والدال أصلٌ يدل على قلَّة الشيء. زهَد وزهِد فيه، زهْداً وزهادَةَ، والزَّهد في الدين: ضد رغِبَ. وتزاهدوه: احتقروه.
المُزْهِدُ: القليل المال. وشيء زهيد: قليل. ورجلٌ مُزْهِدٌ: يُزْهَدُ في ماله لقلته. الزَّهَد: الزكاة.
وفي القاموس: والزهيد: القليل الأكل.

- **زيد:** الزاء والياء والدال أصلٌ يدل على الفَضْل. زادَ الشيءُ يزيدُ زَيداً زيادةً مزيداً مزاداً، أي ازداد. واستزدته طلبت منه الزيادة.
الزيادة: النُّموّ، والزيادة: خلاف النقصان. وتزايد أهل السوق على السلعة إذا بيعت فيمن يزيد. وتَزَيَّدَ السعرُ: غلا.

- **زيف:** الزاء والياء والفاء ليس فيه شيء. زاف يَزيفُ زيفاً وزَيَفاناً: تبختر في مشيته. وزاف البناء وغيرُه زيفاً: طال وارتفع.
زافت عليه دراهمه أي صارت مردودة لغشٍ فيها، وقد زُيِّفَت إذا رُدَّتْ. زاف الدرهم: رَدُؤ، فهو زائفٌ.

السين

- **سأر:** يقال أسأر فلان من طعامه وشرابه سُؤْراً وذلك إذا أبقى بقية.
  السُّؤْرَةُ من المال: جيده، وجمعه سُؤَر.

- **سأل:** السين والهمزة واللام كلمة واحدة. تساءلوا: سألَ بعضهم بعضاً. وأسـأَلْته سُـولته ومـسألته أي قضيت حاجته.
  الفقير يسمى سائلاً وجَمْعُ السائل الفقير سُؤَّال.

- **سبأ:** سبأ الجلدَ: أحرقه. وسبأَتْهُ السياطُ والنارُ: أحرقَتْه.
  سبأ الخمر واستبأها: اشتراها. ولا يقال إلا في الخمر خاصة.
  وفي القاموس: وبيَّاعها السبَّاءُ، ويسمى الخمَّار.

- **سبد:** السين والباء والدال نبات أو ما أشبهه. السَّبْدُ: حلقُ الـشعر. والتـسبيد هـو تـرك التـدهن وغسل الرأس.
  السَّبَدَ: الوَبَر. والعرب تقول: ماله سَبَدُ ولا لَبَدٌ أي ماله ذو وبـر ولا صـوف متلبـد. يكنـى بهـما عـن الإبل والغنم. وقيل: ماله سَبَدُ ولا لَبَدٌ أي ماله قليل ولا كثير. وقيـل: الـسبد مـن الـشعر واللبد من الصوف.

- **ستق:** درهم سَتُّوق: زَيْفٌ بهرجٌ لا خير فيه.

- **سحا:** السين والحاء والحرف المعتل أصلٌ يدل على قشر شيء عن شيء، أو أخذ شيء يسير. سحا الطينَ يسْحيه ويسْحوه سحْياً: قشره وجرفه. وسحا الشَّعرَ حلقه.
الأُسْحُوان، بالضم، الكثير الأكل.
وفي القاموس: والمِسْحاةُ، بالكسر، ما سُحِي به، وصانِعُه: سَحَّاءٌ. وحرفته: السَّحاية.

- **سحت:** السين والحاء والتاء أصلٌ صحيح منقاس. سَحَتَ الشحمَ عن اللحم: قَشَرَه. وبَرْدٌ سَحْتٌ: صادقٌ. والسَّحْت: العذاب.
السُّحْت: كل حرام قبيح الذِّكر. وقيل: هو ما خبث من المكاسب وحَرُمَ فَلَزِمَ عنه العار. وقبيح الذِّكر، كثمن الكلب والخمر والخنزير، والجمع أسْحاتٌ. قيل: قد أسحت الرجلُ. والسُّحْتُ: الحرام الذي لا يحلّ كَسْبهُ، لأنه يَسْحَتُ البركةَ أي يذهبها. وأسحتت تجارته، وأسْحَتَ: اكتسب السُّحتَ. ومالُ مَسْحوتٌ ومُسْحَتٌ أي مُذْهَبٌ. ويقال: مالُ فلانٍ سُحْتٌ أي لا شيء على من استهلكه. والسُّحْت: الهَدِيَّة أي الرَّشْوَةُ في الحكم والشهادة ونحوهما. والسَّحْتُ: شدة الأكل والشرب. ورجل سُحْتٌ: واسع الجوف لا يشبع. واسحتت تجارته خَبُثَت وحَرُمَت.
وفي القاموس: ودمه وماله سَحْت، أي لا شيء على من أعدمهما. والمَسْحُوت الجوف: من لا يشبع. والسُّحْتُوت: السَّويق القليل من الدسم.

- **سحل:** السين والحاء واللام ثلاثة أصول: أحدها كشط شيء عن شيء، والآخر من الصوت، والآخر تسهيل شيء وتعجيله. سَحَلَهُ يَسْحَلُه سَحْلاً

فانْسَحَل قَشَرَه. وسَحَلتْ العينُ: صَبَّت الدمعَ. وانسحلَ بالكلام: جرى به.
السَّحْلُ: النقدُ من الدراهم. وسَحَلَ الدراهمَ يَسْحَلُها سَحْلاً: انتقدها. وسَحَلَه مائة درهم سحلاً: نَقَدَه.

- **سدد:** السين والدال أصلٌ واحد، وهو يدل على ردم شيء وملاءمته. سَدَّ يَسِدُّ: صار سديداً. والسَّدَدُ: الاستقامةُ. والسَّدُّ: الجبل والحاجز.

السِّدادُ: ما سُدَّ به، والجمع أسدة. وقالوا سِدادٌ من عَوَزٍ وسدادٌ من عيش أي ما تُسد به الحاجة. وقولهم: فيه سدادٌ من عَوَز وأصبت به سِداداً من عَيْش أي ما تُسَدُّ به الخَلَّةُ، فيكسر ويفتح، والكسر أفصح.

- **سرج:** السين والراء والجيم أصلٌ صحيح يدل على الحسن والزينة والجمال. السِّراج: الشمس. وسَرَجَت شعرها، وسَرَّجت: ضَفَرَت. والسَرَّاج: الكذاب.

السَّرْج: رحل الدابة. والسرَّاج: بائع السروج وصانعها. وحرفته السِّراجَةُ.

- **سرف:** السين والراء والفاء أصلٌ واحد يدل على تعدي الحدّ والإغفال أيضا للشيء. السَّرَفُ: ضد القصد، والإغفالُ، والخطأُ، والجهل.

السَّرف والإسْرافُ: مجاوزة القصد. والإسراف في النفقة: التبذير. وقيل هو مجاوزة القصد في الأكل مما أحلَّه الله. والسَّرفُ: ضد القصد. والسَّرفُ هو ما أنفق في غير طاعة الله. والإسراف: أكل مالا يحل أكله.
وفي القاموس: وأكَلَه سَرَفاً أي عجله.

- **سعر:** السين والعين والراء أصلٌ واحد يدل على اشتعال الشيء واتقاده وارتفاعه. سَعَّر، وأسْعَرَ والسُّعْرُ، بالضم: الحَرُّ. السُّعَار: الجنون. وسَعَّرَ النارَ والحربَ: أوقدها.

السِّعْرُ: الذي يقوم عليه الثَّمَنُ، وجمعه أسعارٌ. وقد أسْعَروا وسَعَّروا: اتفقوا على سعْرٍ. والتَّسعير: تقدير السِّعْر. والسُّعُر: الجُوعُ أو القَرَمُ.

وفي القاموس: المَسْعُورُ: الحريص على الأكل وإن ملئ بَطنُه.

- **سفسر:** السِّفسير: الحُزمَةُ من حُزَمِ الرَّطبة التي تعلفها الإبل.

السَّفسِيرُ والسِّفسير: قيل هو السمسار، وقيل هو القيم بالأمر المصلح له. وقيل: السفسير العَبْقَرِيُّ، وهو الحاذق بصناعته من قوم سفاسِرة وعباقرة. ويقال للحاذق بأمر الحديد: سِفْسيرٌ. السفاسرة: أصحاب الأسفار، وهي الكتب. والسَّفسِيرُ: الذي يقوم على الناقة.

- **سفنج:** سَفْنَجَ: أسرع.

سفنج فلانٌ لفلانٍ النقدَ أي عَجَّلَه.

- **سقط:** السين والقاف والطاء أصلٌ واحد يدل على الوقوع، وهو مطّرد. سَقَطَ سُقُوطاً ومَسْقَطَ: وَقَعَ ، وسقط الولدُ من بطن أمه: خرج. وسَقَطَ في كلامه: أخطأ. وتَسَقَّطَ الخَبرَ: أخذه قليلاً قليلاً.

السَّقَطُ: رديء المتاع، والسقَّاطُ: الذي يبيع السقط من المتاع. وفي حديث ابن عمر رضي الله عنهما: كان لا يَمُرُّ بسَقَّاط، ولا صاحب بيعة إلا سلَّم

عليه ([67])، هو الذي يبيع سقط المتاع وهو رديئه وحقيره نحو السُكَّر والتوابل ونحوهما.

- **سكف:** السين والكاف والفاء ليس أصلا. أسكف: صار إسكافاً.

الأسْكَفُ، بالفتح، والإسكافُ، بالكسر، والأُسكُوفُ، بالضم: الحاذقُ بالأمر، وحرفته السِّكافَة . الإسكافُ واحد الأساكفة ، وهو الصانع ، أياً كان ، وخصَّ بعضهم به النجار . والإسكاف عند العرب : كل صانع غير من يعمل الخفاف .

- **سكك:** السين والكاف أصلٌ مطّرد، يدل على ضِيق وانضمام وصِغَر. السَّكَكُ: الصَّمَمُ. استكَّ النبتُ: التفَّ. والسُكاكِ: المستبد برأيه.

السِّكَّةُ: حديدة قد كتب عليها يضرب عليها الدراهم وهي المنقوشة. وعن النبي صلى الله عليه وسلم أنه نهى عن كَسْرِسكة المسلمين الجائزة بينهم إلا من بأس ([68])، أراد بالسكة الدينار والدرهم المضروبين، سمي كل واحد منهما سِكَّةً لأنه طبع بالحديدة المُعَلَّمة له.
وسِكَّةُ الحَرَّاث: حديدة الفدان. وفي الحديث: أن النبي صلى الله عليه وسلم قال: ما دخلت السكةُ دار قوم إلا ذَلُّوا([69]). والسكةُ في الحديث: الحديدة التي يحرث بها، وإنما قال النبي صلى الله عليه وسلم أنها لا تدخل دار قوم إلا ذلوا كراهة اشتغال المهاجرين والمسلمين عن مجاهدة العدوّ بالزراعة، وأنهم إذا فعلوا ذلك طولبوا بما يلزمهم من مال الفيء

(67) الحديث عن عبد الله بن عمر أنه كان يغدو إلى السوق فلا يمر ... انظر : موطأ مالك 2 / 961 ، 1726 .

(68) المستدرك على الصحيحين 2 / 36 ، رقم الحديث : 2233 . سنن ابن ماجه 2 / 761 ، رقم الحديث : 2263 :
سنن أبي داود 3 / 271 ، رقم الحديث : 3449 . مسند أحمد 3 / 419 ، رقم الحديث : 15495 .

(69) انظر : المبسوط للسرخسي 10 / 83 .

فيلقون عنتاً من عمال الخراج وذلاً من الإلزامات، وقد علم، عليه السلام، ما يلقاه أصحاب الضياع والمزارع من عَسْف السلطان.

- **سكن:** السين والكاف والنون أصلٌ واحد مطّرد، يدل على خلاف الاضطراب والحركة. سَكَنَ سُكُوناً: قَرَّ. والسكينة: الطمأنينة. واستكان: خضع وذلَّ.
  الإسكان: الأقواتُ، وقيل للقوت سُكْنٌ لأن المكان به يُسْكَنُ. المسكين الذي أسْكَنه الفقرُ أي قلل حركته، قاله أبو اسحاق وهو بعيد. واستكان إذا خضع وهو الأصل اللغوي لمعنى المسكين. والمسكنة فقر النفس. وتمسكن إذا تشبه بالمساكين. وهناك خلاف فقهي بين العلماء في الفرق بين الفقير والمسكين. وأسكنه الله: جعله مسكيناً.
  وفي القاموس: السِّكِّين والسِّكِّينةُ: المَدْيَة، وصانعها: سكَّان وسكاكيني. وقيل: سميت سكيناً لأنها تُسَكِّن الذبيحة بالموت.

- **سلأ:** سلأَهُ مائة سوطٍ: ضربه بها.
  سلأَهُ مائة درهم: نقده.

- **سلع:** السين واللام والعين أصلٌ يدل على انصداع الشيء وانفتاحه. السَّلَع: البَرَص، والأسْلَعُ: الأبرصُ. سلعَ رأسه بالعصا: ضربه بها.
  السلعةُ ما تُجر به، وأيضاً المتاعُ، وجمعها السِّلَعُ. والمُسْلِعُ: صاحب السلعة.

- **سلف:** السين واللام والفاء أصلٌ يدل على تقدُّم وسبق. سلف الشيءُ: مضى. والأمم السَّالفة: الماضية. وأرضٌ سَلِفةٌ: قليلة الشجر.

السَّلَفُ القرضُ والسَّلَم، وأسلف في الشيء: سَلَّم. والسَّلفُ نوع من البيوع يُعَجَّل فيه الثمن وتضبط السلعة بالوصف إلى أجل معلوم. يقال: أسلفتهُ مالاً أي أقرضته.
وفي القاموس: التسليف أكْلُ السُّلْفَة، وسالفَه في الأرض: سايره فيها، وساواه في الأمر، وتَسَلَّف منه: اقترض. والسَّلَفُ القرضُ الذي لا منفعة فيه للمقرض.

- **سلم:** السين واللام والميم معظم بابه من الصحة والعافية، ويكون فيه ما يشذ، والشاذّ عنه قليل.

السَّلَمُ: الدَّلْوُ بعرْوة واحدة. السَّلامُ والسَّلامةُ البراءةُ تَسَلَّمَ منه تَبَرَّأ، والسلامة: العافية. والسَّلْمُ والسِّلْمُ: الصُلْحُ.
السَّلَمُ: السَّلَفُ. وأسلمَ في الشيء وسلَّم وأسْلَف بمعنى واحد، والاسم السَّلَمُ.
يقال: أسْلَمَ وسَلَّمَ إذا أسْلَفَ، وهو أن تعطي ذهباً وفضة في سلعة معلومة إلى أمدٍ معلوم، فكأنَّك قد أسلمتَ الثمن إلى صاحب السلعة وسلَّمْته إليه وفي الحديث: " من تسلَّم في شيء فلا يصرفه إلى غيره " ([70]) ومعنى الحديث أن يُسْلِفَ مثلاً في بُرّ فيعطيه المستلف غيره من جنس آخر، فلا يجوز له أن يأخذه .

- **سمسر:** السِّمسَار: القيِّم بالأمر الحافظ له.

السِّمسَارُ: الذي يبيع البُرَّ للناس. والجمع السماسرة. وفي الحديث أن النبي صلى الله عليه وسلم، سماهم التُّجار بعدما كانوا يعرفون بالسماسرة، والمصدر السمسرةُ، وهو أن يتوكل الرجلُ من الحاضرة

(70) سنن ابن ماجه 2 / 766 ، رقم الحديث : 2283 . سنن أبي داود 3 / 276 ، رقم الحديث : 3468 .

للبادية فيبيع لهم ما يجلبونه، وقيل في تفسير قوله: ولا يبيع حاضِرٌ لِبادٍ، أراد أنه لا يكون إلا سمساراً، والاسم السَّمْسَرة. وقيل السِّمسارُ القيِّمُ بالأمر الحافظ له: وهو في البيع اسم للذي يدخل بين البائع والمشتري متوسطاً لإمضاء البيع. والسمسرةُ البيع والشراء.

- **سمل:** السين واللام والميم أصلٌ يدل على ضعف وقلَّة. السَّمَلَةُ: الماء القليل. سَمَلَ بينهم: أصلح. سملَ عيْنَه: فقأها.

السَّامل: الساعي لإصلاح المعيشة. السُّمْلةُ: جوع يأخذ الإنسان فيأخذه لذلك وجعٌ في عينيه فتُهراقُ عيناه دمعاً فيدعى ذلك السَّمْلَة كأنه يفقأ العين.

- **سندر:** السَّنْدرةُ: السرعة والجرأة.

السَّنْدرةُ: ضرب من الكيل. والسِّنْدَرُ: مكيالٌ معروف. قال: واختلفوا في السندرة وقالوا هو مكيال كبير ضخم مثل القَنْقَلِ والجُرافِ.

- **سنه:** السين واللام والهاء أصلٌ واحد يدل على زمان. السَّنةُ: العامُ، والجمع سِنوُن وسَنَهاتٌ وسنواتٌ.

السَّنةُ: الجدبُ. وأرض بني فلان سنةٌ إذا كانت مجدبة. وفي الحديث: اللهم أعِنِّي على مُضَر بالسنة ([71]). وسانَهه مسانَهةً: عامَلَه بالسَّنة أو استأجره لها.

وفي القاموس: وطعامُ سَنِهٌ: أتت عليه السُّنُونَ.

(71) ورد الحديث بلفظ " اللهم اشدد وطأتك على مضر واجعلها عليهم سنين كسني يوسف "، انظر : صحيح البخاري 1 / 341، رقم الحديث : 961

- **سوف:** السين والواو والفاء ثلاثة أصول، أحدها الشمّ، والأصل الثاني: السُّواف وهو ذهاب المال ومرضه. السَّوْفُ: الشَّمُّ، والصبر.
أساف الرجلُ فهو مُسيف إذا هلك مالُه. أسافَ الرجلُ وقع في ماله السَّوافُ أي الموتُ.
وفي القاموس: وسافَ المالُ يسوفُ ويَسافُ: هلك. وأسافَ: هلك مالُه.

- **سوق:** السين والواو والقاف أصلٌ واحد، وهو حدْوُ الشيء. ساقُ الشجرة: جِذْعُها. والسياق: المَهْرُ. والسُّوْقَةُ: الرَّعية.
السُّوق: موضع البياعات. والجمع أسواق. وتَسَوَّقَ القومُ إذا باعوا واشتروا. وفي حديث الجُمعة: إذا جاءت سُوَيْقَة ([72]) أي تجارة، وهي تصغير السُّوق، سميت بها لأنها التجارة تجلب إليها وتساق المبيعات نحوها.

- **سوم:** السين والواو والميم أصل يدل على طلب الشيء. سَوْمُ الريح مَرُّها. سامت الإبلُ والريحُ سوماً استمرت.
السَّوْمُ: عرض السلعة على البيع. سُمْتُ بالسلعة أسومُ بها سَوْماً وساوَمْتُ وأسَمْتُ بها وعليها غاليت. ويقال: سُمْتُ فلاناً سلعتي سَوْماً إذا قلتَ أتأخذها بكذا من الثمن؟ وفي الحديث: نهى أن يسومَ الرجلُ على سَوْمِ أخيه ([73])، المُساومةُ: المجاذبة بين البائع والمشتري على السلعة وفصل ثمنها، والمنهي أن يتساوم المتبايعان في السلعة ويتقارب الانعقادُ فيجيء رجل آخر يريد أن يشتري تلك السلعة ويخرجها من يد المشتري

(72) صحيح مسلم 2 / 590 ، رقم الحديث : 863 . فتح الباري 6 / 151 .
(73) صحيح البخاري 2 / 752 . صحيح مسلم 3 / 1154 ، رقم الحديث : 1515 .

الأول بزيادة على ما استقر الأمر عليه بين المُتَساوِمَيْن ورضيا بـه قبـل الانعقـاد، فـذلك ممنـوع عنـد المقاربة لما فيه من الإفساد، ومباح في أول العرض والمساومة. وفي الحديث أيضاً أنه صـلى الـلـه عليه وسلم نهى عن السوم قبل طلوع الشمس ([74]) قيل نهى عن ذلك الوقت لأنه وقت يذكر الـلـه فيه فلا يشتغل بغيره. والسَّوَام والسائمةُ بمعنـى: وهـو المـال الراعـي. والسَّامة السبيكة من الذهب والسَّامةُ السبيكة من الفضة. وسَوَّمْتُ الرجـل تـسويماً إذا كلمته في مالك. وسوَّمتُ فلاناً في مالي إذا حكَّمْته في مالك. والسَّوامُ السائمةُ بمعنـى وهـو المالُ الراعي سامَتِ الراعيةُ والماشيةُ والغنم تَسُومُ سَوْماً رعت حيث شاءت فهي سائمة.

- **سيب:** السين والياء والباء أصلٌ يدل على استمرار شيء وذهابـه. الـسِّيبُ، بالكـسر: مجـرى المـاء. والسائبةُ: المهملة. يُسَيَّبُ البعير: يتركه.

السَّيْبُ: العطاء، وفي حديث الاستسقاء: واجْعلهُ سيباً نافعاً ([75]) أي عطاءً، والـسُّيوبُ: الركـاز، لأنها من سيب الـلـه وعطائه، وقيل هي: المعدن، وقيل: السُّيوبُ جمع سَـيْبٍ، يريـد بـه المال المدفون في الجاهلية، أو المعدن لأنه من فضل الـلـه وعطائه، لمن أصابه.

---

(74) سنن ابن ماجه 2 / 744 ، رقم الحديث : 2206 . مسند أبي يعلى 1 / 411 ، رقم الحديث : 541 .

(75) صحيح ابن حبان 3 / 275 ، رقم الحديث : 994 . سنن ابن ماجه 2 / 1280 ، رقم الحديث : 3889 . السنن الكبرى 1 / 561 ، رقم الحديث : 1828 .

الشين

- **شبر:** الشين والباء والراء أصلان: أحدهما بعض الأعضاء، والآخر الفضل والعطاء. الشَّبْرَةُ: القامة. وتشابرا الفريقان إذا تقاربا في الحرب. والشَّبْرُ: الجماع.
أشْبَرَ الرجلَ: أعطاه وفضَّله، وشَبَرَه مالاً: أعطاه إياه، والمصدر: الشَّبْرُ؛ اسم العطية. الشَّبْرُ في الأصل العطاء ثم كني به عن النكاح لأن فيه عطاء. وشَبْرُ الجمل: طَرْقُه، وهو ضرابه. وفي الحديث أنه نهى عن شبر الجمل (76) أي أجرة الضِّراب. وهو مثل النهي عن عَسْب الفحل. وأصل الشَّبْر والعسْب الضرابُ. المَشْبورة المرأة السخية الكريمة. يَشْبرُه شبراً: كاله بشبره. وهو من الشَّبر كما يقال بعته من الباع. وشَبَرَه سيفاً ومالاً: أعطاه إياه. وشَبَّرَ إذا بطر.

- **شبع:** الشين والباء والعين أصلٌ صحيح يدل على امتلاء في أكل وغيره. يدل على امتلاء في أكل وغيره. وشبعتُ من هذا الأمر ورويت إذا كرهته.
الشِّبَعُ: ضد الجوع، شَبِعَ شِبَعاً، وهو شبعان، والأنثى شبعى وشبعانةٌ، وجمعها شباعٌ وشباعى. والشِّبْع من الطعام: ما يكفيك ويشبعُك من الطعام وغيره.

- **شحح:** الشين والحاء الأصل فيه المنع، ثم يكون منعاً مع حرص. أرضٌ شَحَاحٌ: تسيلُ من أدنى قَطَرَة. وشَحْشَحَ الطائرُ: صَوَّت.

(76) مصنف عبد الرزاق 8 / 106 ، رقم الحديث : 14497 .

الشُّحُّ والشَّحُّ: البُخْل. وفي الحديث: إياكم والشُّحَّ ([77]). الشُّح أشد من البخل وهو أبلغ في المنع من البخل.

- **شدد:** الشين والدال أصلٌ واحد يدل على قوة في الشيء، وفروعه ترجع إليه. الشِّدَّة: الصلابةُ، وشدَّ الله ملكه قوَّاه. والمَشادَّة في الشيء: التشدُّد فيه.
الشِّدَّة: المجاعة. وشدَّة العيش: شَظَفُه. ورجلٌ شديد: شحيح. وفي التنزيل العزيز: وإنه لحب الخير لشديد ([78]) أي أنه من أجل حب المال لبخيل. والمُتَشَدِّد: البخيل كالشديد. وشيء شديد: مشتدٌ قويٌ: وفي الحديث: لا تبيعوا الحَبَّ حتى يشتدَّ ([79]) أراد بالحب الطعام كالحنطة والشعير، واشتداده قُوَّته وصلابَته.

- **شذر:** الشين والذال والراء أصلان: أحدهما يدل على تفرُّق شيء وتميُّزه، والآخر على الوعيد والتسرُّع. شذَرَ النَّظمَ: فَصَّلَه. والتَشَذُّر: التشدُّد، والتوعُّد والتهدُّد. وتشذَّرَ القومُ: تفرقوا. الشَّذر: قِطَعٌ من الذهب يُلقَط من المعدن من غير إذابة الحجارة. والشَّذْرُ أيضاً: صغار اللؤلؤ، شبهها بالشذر لبياضها.

- **شرك:** الشين والراء والكاف أصلان: أحدهما يدل على مقارنة وخِلاف انفراد، والآخر يدل على امتداد واستقامة. وأشرك بالله: جعل له شريكا في ملكه. والشَّرَك: حبائل الصيد.

(77) صحيح مسلم 4 / 1996 ، رقم الحديث : 2578 . صحيح ابن حبان 11 / 580 ، رقم الحديث : 5177 .

(78) سورة العاديات ، الآية 8 .

(79) صحيح ابن حبان 11 / 369 ، رقم الحديث : 4993 . المستدرك على الصحيحين 2 / 23 ، رقم الحديث : 2192 . سنن الترمذي 3 / 530 ، رقم الحديث : 1228 .

الشِّرْكَةُ والشَّرِكَةُ سواء: مخالطة الشريكين. اشْتركنا وتشاركنا في كذا وشَرِكْته في البيع والميراث أشَرَكُه شَرِكَةً، والاسم الشِّرَك: وأشْرَكَ فلانُ فلاناً في البيع إذا أدخله مع نفسه فيه.

- **شرم:** الشين والراء والميم أصلٌ واحد لا يُخْلِف، وهو يدل على خرقٍ في الشيء ومَزْق. الشَّرْمُ: لُجَّة البحر، أو الخليجُ منه، والكثير من العشب، ورجلٌ أشْرَمٌ: مشروم الأنف.
  شَرَمَ له من ماله أي أعطاه قليلا.

- **شري:** الشين والراء والحرف المعتل أصولٌ ثلاثة: أحدها يدل على تعارض من الاثنين في أمرين أخذاً وإعطاءً مماثلة، والآخر نبتٌ، والثالث هيجٌ في الشيء وعلوّ. شَري الشرُّ بينهم شرى: استطار. وشرى البرقُ: لمع. واستشرى فلانٌ في الشَّرِّ إذا لجَّ فيه.
  شَرى الشيءَ يَشْريه شِرىً وشِراءً واشتراه سواءٌ، وشراهُ واشتراهُ: باعه. وشاراهُ مُشاراةً وشِراءً: بايَعَه، وقيل: شاراه من الشراء والبيع جميعاً. وللعرب في شروا واشتروا مذهبان: فالأكثر منهما أن يكون شَروا باعُوا، واشتروا ابتاعوا، وشَرى المال وشَراتُه: خيارُه. والشَّرى بمنزلة الشَّوى: وهما رُذالُ المال، فهو حرف من الأضداد.

- **شظف:** الشين والظاء والفاء أصلٌ صحيح يدل على الشدة في العيش وغيره. الشَظْفُ: المنع، والرجلُ الشَّظِّف: السيئ الخُلُق، والشديد القتال.

الشَّظَفُ: يُبْسُ العيش وشِدَّته. وفي الحديث أنه صلى الله عليه وسلم لم يشبع من طعام إلا من شظف([80]). والشظف شدة العيش وضيقه.

- **شفف:** الشين والفاء أصلٌ واحد يدل على رقَّة وقلَّة، لا يشذ منه شيء عن هذا الباب. الشَّف، ويُكْسَرُ: الثوبُ الرقيق، والجمع شُفوفٌ. وشفَّ الثوبُ: رقَّ. وشَفَّه الهمُّ: هزله. واستشفَّهُ: نظر ما وراءه. شفَّه الحزنُ والحبُّ: لذع قلبه.
الشَّفُّ والشِّفُّ: الفضل والربحُ والزيادةُ، وهو أيضاً النقصانُ، وهو من الأضداد؛ يقال: شفَّ الدرهمُ يَشِفُّ إذا زاد ونقص. وشَفَفْتُ في السلعة: ربحتُ. وفي الحديث: أنه نهي عن شَفِّ ما لم يُضمن ([81]) ومنه حديث الربا: ولا تُشِفُّوا أحدهما على الأخر ([82]) أي لا تُفَضِّلوا. وفي الحديث في الصرف: فَشَفَّ الخَلْخالان نحواً من دانقٍ فقرضه ([83])؛ أي زاد، قال: والشَّفُّ أيضاً: النقص. يقال: هذا درهم يَشِفّ قليلاً أي ينقص.
وفي القاموس: وثوبٌ شَفْشافٌ: لم يُحْكَم عَمَلُه.

- **شكر:** الشين والكاف والراء أصولٌ أربعة متباينة بعيدة القياس: فالأول الشُّكر، والثاني الامتلاء والغُزْر في الشيء، والثالث الشَّكير من النبات، والرابع النكاح. الشُّكْرُ: عرفان الإحسان، والنكاح. وشَكِرَت الناقة: امتلأ ضرعها.

(80) لم أجد له أصلا .

(81) سنن ابن ماجه 2 / 738 ، رقم الحديث : 2189 . سنن البيهقي الكبرى 5 / 343 ، رقم الحديث : 10662 .

(82) صحيح البخاري 2 / 761 ، رقم الحديث : 2068 . صحيح مسلم 3 / 1208 ، رقم الحديث : 1584 .

(83) مأثور عن أبي بكر في قصته مع رافع مولى النبي صلى الله عليه وسلم عندما ابتاع منه الخلخالين ، وورد بلفظ " ففرطه " بدلا من " فقرضه ".

الشَّكْرُ: فَرْج المرأة ، وفي الحديث نهى عن شَكْرِ البَغيِّ([84])؛ أراد عن وطئها أي عن ثمن شَكْرِها فحذف المضاف، كقوله: نهى عن عسيب الفحل ([85]) أي عن ثمن عَسْبِه.
وفي القاموس: شكر فلانٌ: سخا، أو غَزُرَ عطاؤه بعد بُخْله. والشَّاكِرِيُّ: الأجيرُ والمستخدَمُ.

- **شكم:** الشين والكاف والميم أصلان صحيحان: أحدهما يدل على عطاء، والآخر يدل على شدَّة في شيء وقوة. الشَّكيمة: الأنَفَةُ، والانتصار من الظلم، والطَبِع، والعهد، والحديدة في فم الفرس.
الشُّكْمُ والشُّكْدُ العطية.
وفي القاموس: شكم الوالي: رَشاهُ، كأنه سدَّ فمه بالشكيمة. وشَكِمَ: جاع. والشُّكْمُ والشُّكمى: الجزاءُ والعطاء.

- **شوب:** الشين والواو والباء أصلٌ واحد، وهو الخلط. شابَ الشيءَ شوباً: خَلَطَهُ، وانشابَ واشتاب: اختلط. والشائبة واحدة الشوائب وهي الأقذارُ والأدناس.

---

(84) لم أجد له أصلا .
(85) المنتقى لابن الجارود 1 / 150 ، رقم الحديث : 582 . سنن الدار قطني 3 / 47 ، رقم الحديث : 195 ، مسند أحمد 2 / 415 ، رقم الحديث : 9361 .

لا شوب ولا روب في السلعة تبيعها أي أنك بـريء مـن عيبهـا. وفي الحـديث يـشهد بـيعَكُم الحلفُ واللغو، فشوبوه بالـصدقة ([86])؛ أمـرهم بالـصدقة لمـا يجـري بيـنهم مـن الكـذب والربا والزيادة والنقصان في القول لتكون كفارة لذلك.

(86) سنن النسائي 7 / 347 ، رقم الحديث : 4463 .

الصاد

- **صبر:** الصاد والباء والراء أصول ثلاثة: الأول الحبس، والثاني أعالي الشيء، والثالث جنس من الحجارة. صَبَرَهُ عنه يَصْبِرُهُ: حَبَسَه. والصَّبْر: نقيض الجزع. والصَّبَّارة: الحجارة.

الصُّبْرَة: ما جمع من الطعام بلا كيلٍ ولا وَزْن بعضه فوق بعض. والصبرةُ واحدة صُبَر الطعام. يقال: اشتريت الشيء صُبْرَةً أي بلا كيل ولا وزن. وفي الحديث: مرَّ على صُبْرَة طعام فأدخل يده فيها ([87])؛ الصُّبْرَة: الطعام المجتمع كالكومَة. والصُّبْرَة: الكدْس، وقد صَبَّروا طعامهم.

- **صبغ:** الصاد والباء والغين، أصلٌ واحد، وهو تلوين الشيء بشيء ما. صَبَغَ اللقمةَ يَصْبُغُها صبغاً: دَهَنها وغمسها. وكل ما غُمس فقد صُبغ، والجمعُ: صباغ. والصَّبْغُ: التغيير.

الصبَّاغ: معالج الصَّبْغ، وحرفته الصِّباغة. وفي الحديث: أكذبُ الناس الصبَّاغون والصوَّاغون ([88])؛ هم صباغوا الثياب وصاغة الحُليّ لأنهم يمطلون المواعيد، وأصل الصَّبْغ: التغيير. وما أخذته بِصبْغِ الثمن أي لم آخذه بثمنه الذي هو ثمنه ولكني أخذته بغلاء.

---

(87) صحيح مسلم 1 / 99 ، رقم الحديث : 102 . صحيح ابن حبان 11 / 270 ، رقم الحديث : 4905 .

(88) سنن ابن ماجه 2 / 728 ، رقم الحديث : 2152 . سنن البيهقي الكبرى 10 / 249 ، رقم الحديث : 20967 مسند أحمد 2 / 324 ، رقم الحديث : 8285 .

- **صدق:** الصاد والدال والقاف أصل يدل على قوة في الشيء قولاً وغيره. الصِّدْق: نقيضُ الكذب. والصداقةُ: المحبة. والصَدِقُ: الأمين.
الصَّدقة: ما تصدقت به على الفقراء. والصَّدقة: ما أعطيته في ذات الله للفقراء، والمتصدق: الذي يعطي الصدقة.

- **صدل:** الصَيْدلاني: معروف، فارسي مُعَرَّب، والجمع صَيادلة.

- **صرر:** الصاد والراء أصولٌ. الصِّرَّةُ، بالكسر: شدةُ البرد. وصَرْصَرَ الطائر: صَوَّت. وأَصَرَّ على الأمر: عزم.
درهمٌ صَرِّيٌّ وصِرِّيٌّ: له صوت وصرير إذا نقر، وكذلك الدينار. ويقال: ما لفلانٌ صِرٌّ أي ما عنده درهم ولا دينار. وصَرَّ صِماخُهُ صريرا: صَوَّت من العطش. والصُّرَّة صُرَّة الدراهم، وقد صَرَّها صَراً.

- **صرف:** الصاد والراء والفاء معظم بابِه يدل على رجع الشيء. الصَّرْفُ: رد الشيء عن وجهه، وتصاريف الأمور: تخاليفها. والصَّرْفُ: التقلب والحيلة.
الصَّرْفُ: فَضْلُ الدرهم على الدرهم والدينار على الدينار. والصَّرْفُ: بيع الذهب بالفضة. والتصريف في جمع البياعات: إنفاق الدراهم. والصرّاف والصَّيرفُ والصيرفيُّ: النقاد من المُصارفة وهو من التصرف، والجمع صيارف وصيارفةٌ. يقال: صرفت الدراهم بالدنانير. وبين الدرهمين صَرْفٌ أي فضل لجَودةِ فضة أحدهما. ويقال: فلان يَصْرف ويتصرف ويصطرف لعياله أي يكتسب لهم. الصَّرْف: الوزن والعدل والكيل. وقيل: الصَّرْفُ: القيمةُ والعَدْلُ المثل. وصَرَفتُ الرجل في أمري تصريفاً

فتصرف فيه واصطرف في طلب الكسب. وصَرَفَ لأهله يَصْرِفُ واصطرف: كسب وطلب واحتال.

- **صرم:** الصاد والراء والميم أصلٌ واحدٌ صحيح مطّرد، وهو القَطْع. صَرَمه يَصْرِمهُ صَرْماً، ويُضَمُّ: قطعه بائناً. وصرمَ عندنا شهراً: مكث.
أصرم الرجلُ إصراماً فهو مُصْرِمٌ إذا ساءت حاله وفيه تماسُك، والأصل فيه: أنه بقيت له صِرْمة من المال أي قطعة.
وفي القاموس: المُصْرِمُ: الفقير الكثير العيال.

- **صعفق:** الصَّعفوقُ: اللئيم، والصعافقةُ: رذالةُ الناس.
الصّعافِقةُ: قوم يشهدون السوق وليس عندهم رؤوس أموال ولا نقد عندهم، فإذا اشترى التجار شيئاً دخلوا معهم فيه، واحدهم صعفقٌ وصعفقيٌّ وصَعفُوق، وهو الذي لا مال له، وكذلك كل من ليس له رأس مال.

- **صعلك:** تصعلكت الإبلُ: خرجت أوبارها وانجردت وطَرَحَتها.
الصُّعْلُوكُ: الفقير الذي لا مال له. والتَّصَعْلُكُ: الفقر.

- **صفد:** الصاد والفاء والدال أصلان صحيحان: أحدهما عطاء، والآخر شَدٌّ بشيء. صفَده يصْفِدُه: شدَّه وأوثقه. والصَفَد: الوَثاقُ، والشَدُّ. والأصفادُ: القيود.
الصَّفَدُ والصَّفْدُ: العطاء، وقد أصفده.

- **صفر:** الصاد والفاء والراء ستة أوجه: فالأصل الأول لون من الألوان، والثاني الشيء الخالي، والثالث جوهر من جواهر الأرض، والرابع صوت،

والخامس زمان، والسادس نَبْت. صَفَر الثوبَ: صبغه. صَفِرَ الشيء: خلا. وأصفرَ البيتَ: أخلاه.
الأصفران: الذهب والزعفران، وقيل: الوَرْس والذهب. الصَّفْرَةُ: الجَوْعَةُ. والجائعُ: مَصْفورٌ ومُصْفَرٌ. والصُّفار: الجوع. ورجلٌ مصفورٌ ومصفَرٌ إذا كان جائعاً. والصُّفر: النحاس الجيد والذهب. والصفَّارُ: صانعُ الصُّفْر. ويقال: وبيتٌ صَفِر من المتاع، ورجلٌ صِفْرُ اليدين. وهو صفْر من الخير، أي خال. والصَّفاريت: الفقراء، الواحد: صِفْريت.

- **صفق:** الصاد والفاء والقاف أصلٌ صحيح يدل على ملاقاة شيء ذي صفحة لشيء مثله بقوة. الصَّفْقُ: الضربُ يُسمع له صوت، والصَّرْفُ، والرَّدُّ. وصَفَقَ الطائرُ بجناحيه: ضربهما. واصطفق القومُ: اضطربوا . وانصفقوا: رجعوا.

تصافق القومُ: تبايعوا. وصفَقَ يده بالبيعة والبيع وعلى يده صَفْقاً: ضرب بيده على يده، وذلك عند وجوب البيع، والاسم منها الصَّفْقُ والصِّفِقيَّ. ويقال: رَبِحَت صَفْقَتُك للشراء، وصفقةٌ رابحةٌ وصفقةٌ خاسرةٌ. وصفقتُ له بالبيع والبيعة صفقاً أي ضربت يدي على يده. وفي حديث ابن مسعود: صفقتان في صَفْقةٍ ربا ([89]) أراد بيعتان في بيعة، وهو على وجهين: أحدهما أن يقول البائع للمشتري بعتك عبدي هذا بمئة درهم على أن تشتري مني هذا الثوب بعشرة دراهم، والوجه الثاني أن يقول بعتك هذا الثوب بعشرين درهما على أن تبيعني سلعة بعينها بكذا وكذا

(89) صحيح ابن حبان 3 / 331 ، رقم الحديث : 1053 . مصنف ابن أبي شيبة 5 / 12 ، رقم الحديث : 23247 . المعجم الأوسط 2 / 169 ، رقم الحديث : 1610 .

درهماً، وإنما قيل للبيعة صفقة لأنهم كانوا إذا تبايعوا تصافقوا بالأيدي. وفي حديث أبي هريرة ألهاهم الصَّفقُ بالأسواق ([90]) أي التبايع.

- **صكك:** الصاد والكاف أصلٌ يدل على تلاقي شيئين بقوة وشدة، حتى كأن أحدهما يضرب الآخر. الصَّكُ: الضربُ الشديد بالشيء العريض، صَكَّهُ يَصُكُّه صَكًّا. وصكَّ الباب: أغلقه.

الصَّك: الكتاب. وقد كانت الأرزاق تسمى صكاكاً لأنها كانت تُخرج مكتوبة، ومنه الحديث في النهي عن شراء الصِّكاكِ والقطُوط([91]) وفي حديث أبي هريرة: قال لمروان أحْللتَ بيع الصِّكاك ([92])، وهي جمع صكٍ وهو الكتاب، وذلك أن الأمراء كانوا يكتبون للناس بأرزاقهم وأعْطياتهم كتباً فيبيعون ما فيها قبل أن يقبضوها معجلاً، ويُعطُون المشتري الصَّكَّ ليمضي ويقبضه، فنهوا عن ذلك لأنه بيع ما لم يُقبض.

- **صلفع:** صَلْفَعَ رأسَه: ضربَ عنقَه، وحلقه.
  الصَّلْفَعةُ: الإعدامُ. صَلْفَعَ الرجلُ: أفلسَ.

- **صلقح:** الصَّلَنْقَحُ: الصياحُ.
  صَلْقَح الدراهم: قَلَّبَها. والصلاقحُ: الدراهمُ.

- **صلقع:** صوتٌ صَلَنْقَعٌ: شديد. وصَلْقَعَ رأسه: ضرب عنقه.

(90) صحيح البخاري 1 / 55 ، رقم الحديث : 118 . صحيح ابن حبان 13 / 123 ، رقم الحديث : 5807 .

(91) صحيح مسلم 3 / 1163 ، رقم الحديث : 1528 . مسند أحمد 2 / 329 . سنن البيهقي الكبرى 6 / 31 ، رقم الحديث : 10939 .

(92) تم تخريجه في الحديث السابق .

الصَّلْقَعة: الإعدام. صَلْقَعَ الرجل فهو مُصَلْقِعٌ: عديم مُعْدِم، ورجلٌ صَلَنْقَعٌ بَلَنْقَعٌ: إذا كان فقيراً معدِماً.

- **صلمع:** يقال للرجل الذي لا يُعرف هو ولا أبوه: صَلمعه بن قلمعة. وصلمع رأسه: حلقه. صَلْمَع الرجلُ: أفلس. والصَّلْمعةُ: الإفلاسُ مثل الصلفعةُ، وهو ذهاب المال.

- **صندل:** الصَنْدَلُ: خشب أجوده الأحمر أو الأبيض؛ محلّل للأورام، ونافع للخفقان والحميّات. الصَّيْدلاني والصَّيدناني العطّار منسوب إلى الصَّيْدَلَ والصَّيْدَن، والأصل فيهما حجارة الفضة، فشُبِّه بها حجارة العقاقير.

- **صنع:** الصاد والنون والعين أصلٌ صحيح واحدٌ، وهو عمل الشيء صنعا. صَنَعَهُ يَصْنَعُه صُنْعاً فهو مصنوعٌ وصُنْعٌ: عَمِلَه، واصطنعه: اتخذه. والتَّصَنُّع: تكلف الصلاح وليس به.
  الصِّناعةُ: حرفةُ الصانع، وعمله الصَّنْعةُ. ورجلٌ صَنَعُ اليد وصَنَاعُ اليد من قوم صَنَعَى الأيدي. وامرأةٌ صناعُ اليد أي حاذقة ماهرة بعمل اليدين. والمصانَعةُ: أن تصنع له شيئاً ليصنع لك شيئاً آخر، وهي مفاعلة من الصُّنع. وصانَع الولي: رشاه. والمصانعة: الرَّشْوَةُ. الاصطناع: افتعالٌ من الصنيعة وهي العطية والكرامة والإحسان. وقومٌ: صَناعيةٌ أي يصنعون المالَ ويُسَمِّنونه. والمصانعُ: الأبنية. والصُّنْعُ: الرزقُ.
  وفي القاموس: الصنيعُ: الطعام. واصطنعَ خاتماً: أمر أن يُصنع له.

- **صوع:** الصاد والواو والعين أصلٌ صحيح، وله بابان: أحدهما يدل على تفرُّق وتصدُّع، والآخر إناء.
صاع الراعي ماشيته يَصُوعُ: جاءهم من نواحيهم. وصاعَ الغنمَ فرَّقَها.
الصاعُ: مكيالٌ لأهل المدينة يأخذ أربعة أمداد. يؤنث أَصْوُع، ويذكر أصواع.

- **صوغ:** الصاد والواو والغين أصلٌ صحيح، وهو تهيئة شيء على مثال مستقيم. صاغَ الماءُ يصوغُ: رسب في الأرض. وصاغَ الله فلاناً صيغةً حسنة: خلقه.
الصَّوْغُ: مصدر صاغ الشيء يصوغُه صوغاً وصياغةً: سبكه. ورجل صائغ وصَوَّاغ وصَيَّاغ. وفي حديث علي: واعدْتُ صَوَّاغاً من بني قينقاع [93]؛ هو صواغ الحَلْي. وعمله الصِّياغةُ، والشيء مصوغٌ. والصَّوْغُ: ما صِيغَ.

- **صيف:** الصاد والياء والفاء أصلان: أحدهما يدل على زمان، والآخر يدل على ميلٍ وعدول.
الصيف: القَيْظُ، والجمعُ: أصيافٌ. وصيفٌ صائفٌ: توكيد.
استأجرته مصايفة ومرابعة ومشاتاة ومخارفة من الصيف والربيع والشتاء والخريف مثل المشاهرة والمياومة والمعاومة.

---

(93) صحيح البخاري 2 / 736، رقم الحديث : 1983 . صحيح مسلم 3 / 1569 ، رقم الحديث : 1979 .

الضاد

● **ضرب:** الضاد والراء والباء أصلٌ واحد، ثم يستعار ويحمل عليه. ضَرَبَهُ يَضْرِبُهُ وضَرَّبَهُ، ورجلٌ ضاربٌ وضريبٌ وضروب: شديد الضرب.

ضَرَب الدرهمَ يضرِبُه ضرباً: طَبَعه. وهذا درهمٌ ضَرْبُ الأمير، ودرهم ضرب. والضريبةُ: واحدةُ الضرائبُ التي تؤخذ في الأرصاد والجزية ونحوها، ومنه ضريبة العبد: أي غَلَّتُه.وفي حديث الحجام: كم ضريبتُك؟(⁹⁴) الضريبة: ما يؤدي العبدُ إلى سيده من الخراج المقرَّر عليه وتجمع على ضرائب. والضرائبُ: ضرائب الأرضِين، وهي وظائف الخراج عليها. والطير الضواربِ: التي تطلب الرزق. وضَرَبتُ في الأرض ابتغي الخير من الرزق، قال اللـه عز وجل: وإذا ضربتم في الأرض (⁹⁵)، أي سافرتم. وقوله تعالى: لا يستطيعون ضرباً في الأرض (⁹⁶). يقال: ضَرَبَ في الأرض إذا سار فيها مسافراً فهو ضاربٌ. والضربُ يقع على جميع الأعمال، إلا قليلا. ضرب في التجارة وفي الأرض وفي سبيل اللـه وضارَبه في المال، من المضاربة: وهي القراض. وضارب فلانٌ لفلان في ماله إذا اتجر فيه، وقارضه. والمضاربةُ: أن تعطي إنساناً من مالك ما يتَّجر فيه على أن يكون الربح بينكما، أو يكون له سهمٌ معلومٌ من الربح. وكأنه مأخوذٌ

---

(94) مسند أحمد 3 / 353 ، رقم الحديث : 14851 . شرح معاني الآثار 4 / 130 . مسند أبي يعلى 4 / 47 ، رقم الحديث : 2057 .
سورة البقرة ، الآية 273 .
(95) سورة النساء ، الآية 101 .
سورة المزمل ، الآية 30 .
(96) سورة البقرة ، الآية 273 .
صحيح مسلم 3 / 1197 ، رقم الحديث : 1565 . صحيح ابن حبان 11 / 560 ، رقم الحديث : 5154 . المستدرك على الصحيحين 2 / 51 ، رقم الحديث : 2288 .

من الضرب في الأرض لطلب الرزق. قال اللـه تعالى: وآخرون يضربون في الأرض يبتغون مـن فـضل اللـه ([97]) قال: وعلى قياس هذا المعنى، يقـال للعامـل: ضـاربٌ، لأنـه هـو الـذي يَضْرب في الأرض. قال: وجائز أن يكون كل واحد من رب المال ومن العامـل يـسمى مـضارباً، لأن كـل واحد منهما يضارب صاحبَه، وكذلك المُقارِضُ. وفي حـديث الزهـري: لا تـصلح مـضاربة مـن طُعْمَتُه حرام ([98]). والمضاربة مفاعلة من الضرب في الأرض والسير فيها للتجارة. وضربَ على يده: أمسك. وفي حديث ابن عمر: فأردت أن أضرب على يده ([99]) أي أعْقِدَ معه البيـع، لأن من عادة المتبايعين أن يضع أحدهما يَدَه في يد الآخـر، عنـد عقـد التبـايع. وضربَ الفحـلُ الناقة يضربها ضراباً: نكحها. وناقةٌ ضاربٌ: ضربها الفحلُ. وفي الحديث: أنه نهى عـن ضراب الجمل ([100]). والمراد بالنهي: ما يؤخذ عليه من الأجرة، لا عن نفس الضراب، وتقديره: نهـى عن ثمن ضراب الجمل، كنهيه عن عسيب الفحل أي عن ثمنه. يقال: أضرب فلانٌ ناقته

(97) سورة المزمل، الآية 30.

سنن أبي داود 3 / 282، رقم الحديث: 3499. سنن الدارقطني 3 / 13، رقم الحديث: 36. سنن البيهقي الكبرى 5 / 314، رقم الحديث: 10473.

(98) لم أجد له أصلا.

الكبرى 5 / 314، رقم الحديث: (99) سنن أبي داود 3 / 282، رقم الحديث: 3499. سنن الدارقطني 3 / 13، رقم الحديث: 36. سنن البيهقي 10473.

(100) صحيح مسلم 3 / 1197، رقم الحديث: 1565. صحيح ابن حبان 11 / 560، رقم الحديث: 5154. المستدرك على الصحيحين 2 / 51، رقم الحديث: 2288.

أي أنْزَى الفحل عليها. ومنه الحديث الآخر: ضراب الفحل من السُّحْت ([101]) أي أنه حرام، وهذا عام في كل فحل.

- **ضربج:** درهم ضَرْبَجِيٌّ: زائف.

- **ضرر:** الضاد والراء ثلاثة أصول: الأول خلاف النفع، والثاني اجتماع الشيء، والثالث القوة. الضَّرُّ، ويضم: ضد النَّفْع. والضرير: الذاهب البصر، واضطره إليه: أحوجه وألجأه، فاضْطُرَّ.
الاضطرارُ: الاحتياجُ إلى الشيء، ورجل ذو ضرورة أي ذو حاجة، وفي حديث عليّ، عليه السلام، عن النبي صلى الله عليه وسلم، أنه نهى عن بيع المُضْطَر ([102]). الضَرَّاءُ: النقص في الأموال والأنفس. وكذلك الضَّرَّة والضَّرارة.
وفي القاموس: الضَّرارُوراءَ: القحط والشدّة وسوء الحال.

- **ضرز:** الضاد والراء والزاء كلمة واحدة.
الضِّرِزُّ: الرجل المتشدد الشديد الشحُّ، ورجل ضِرِزٌّ: شحيح شديد.

- **ضرس:** الضاد والراء والسين أصلٌ صحيح يدل على قوة وخشونة، وقد يشذُّ عنه ما يخالفه.
الضَّرْسُ: العضّ الشديد بالأضراس، واشتداد الزمان. والضِّرْس: السِّنُّ، وضَرَسَهم الزمان: اشتدَّ عليهم.

---

(101) السنن الكبرى 3 / 114 ، رقم الحديث : 4695 . مصنف ابن أبي شيبة 4 / 512 ، رقم الحديث : 2643 . مسند الحارث 1 / 498 ، رقم الحديث : 434 .

(102) سنن أبي داود 3 / 255 ، رقم الحديث : 3382 . سنن البيهقي الكبرى 6 / 17 ، رقم الحديث : 10859 .

يقال: أصبح القومُ ضَراسى إذا أصبحوا جياعاً لا يأتيهم شيء إلا أكلوه من الجوع.

- **ضرك:** الضاد والراء والكاف كلمة واحدة لا قياس لها. الضَّريكُ: النَّسْرُ الذكر. وضُراك من أسماء الأسد، وهو الغليظ الشديد.
الضَّريكُ: الفقير اليابس الهالك سَوءَ حالٍ، والأنثى ضريكة.

- **ضرم:** الضاد والراء والميم أصل صحيح يدل على حرارة والتهاب. ضَرِمَ عليه: احْتَدَمَ غضباً، وضرمت النارُ واضطرمت: اشتعلت. وأضرمها: أوقدها.
الضَّرِمُ: الجائعُ. يقال: ضَرِمَ الرجلُ إذا اشتدَّ جوعُه.
وفي القاموس: تَضَرَّمَ في الطعام: جَدَّ في أكله، لا يدفع شيئاً منه.

- **ضفا:** الضاد والفاء والحرف المعتل أصلٌ صحيح يدل على سبوغ وتمام. ضفا الشَّعَرُ والصوفُ: كَثُرَ وطالَ، ورجلٌ ضافي الرأس: كثير شعر الرأس.
ضفا مالُه يَضْفُو ضَفْواً: كثر. والضَّفْوُ: السعة والخير. وهو في ضَفْوٍ من عَيْشه وضَفْوةٍ من عيشه أي في سعةٍ.

- **ضفف:** الضاد والفاء أصلٌ صحيح يدل على أمرين: أحدهما الاجتماع، والآخر القلَّة والضعف.
الضَّفُّ: الحَلْبُ بالكفِّ كلِّها وذلك لضخم الضرع. وضَفَّةُ الوادي: جانِبُه.
الضَّفَفُ هو الأكل دون الشبع، الضفف قلة المأكول وكثرة الأكَلَة. والضفف أن تكون العيال أكثر من الزاد. وقومٌ مُتَضَافُّون: خفيفة أموالهم.

- **ضمر:** الضاد والميم والراء أصلان صحيحان: أحدهما يدل على دِقَّة في الشيء، والآخر يدل على غَيْبَة وتستُّر. الضَّمْرُ والضُّمْرُ: الهزال والضعف. وتضميرُ الفَرَس أن تعلفه حتى يَسْمَن. والضمير: السِّرُّ وداخلُ الخاطر.
المالُ الضَّمارُ هو الغائب الذي لا يُرْجى فإذا رُجي فليس بضمارٍ من أَخْمَدْتَ الشيء إذا غيَّبْتَه، الضِّمار من المال الذي لا يُرجى رجوعه. والضِّمار من الدَّين: ما كان بلا أجلٍ معلوم. ويقال: ذهبوا بمالي ضِماراً مثل قِماراً، وهو النسيئةُ أيضاً.

- **ضمم:** الضاد والميم أصلٌ واحد يدل على ملاءمة بين شيئين. الضَّمُّ: ضَمُّك الشيء إلى الشيء. والضَّمُّ والضِّمامُ: الداهية الشديدة.
الضُّماضِمُ: الأكول النَّهِمُ المُستأثِرُ، وقيل: الكثير الأكل الذي لا يشبع. وضَمَّ على المال وضَمضَمَ: أخذه كُلَّه.

- **ضن:** الضاد والنون أصلٌ صحيح يدل على بُخلٍ بالشيء. ضننتُ أَضِنُّ ضناً: بَخِلتُ به، والضَّنُّ: الشيء النفيس المضنونُ به. والمضنونة: الغالية.
الضِّنَّةُ والضِّنُّ والمَضَنَّةُ والمضِنَّة ، كل ذلك : من الإمساك والبخل ، ورجلٌ ضنين : بخيل .

- **ضنك:** الضاد والنون والكاف أصلان صحيحان وإن قلَّ فروعهما، فالأول الضّيق، والثاني المرض. ضَنُكَ ضَنكاً وضناكة وضنوكة: ضاق. والضُّناك: الزُّكام.
الضَّنْكُ: الضِّيقُ من كل شيء. ومعيشةٌ ضَنْك ضيقة.

- **ضهل:** الضاد والهاء واللام أصلان صحيحان، أحدهما يدل على قلّة والآخر على أوبةٍ. ضَهَلَ اللبنُ ضُهولاً: اجتمع. واسم اللبن: الضَّهْل. وبئرٌ ضهول: قليلة الماء.
ضَهلَ الرجلُ إذا طال سَفَره واستفاد مالاً قليلاً. الضَّهْلُ: المالُ القليل. وأعطاه ضَهْلَة من المال، أي عطية نَزْرَة.

- **ضيع:** الضاد والياء والعين أصلٌ صحيح يدل على فَوتِ الشيء وذَهابه وهلاكه. ضاعَ يضيعُ ضَيْعاً وضيعة وضَياعاً: هلك. الضِّياع: المنازل، سميت ضياعاً لأنه إذا ترك تعهدها تضيع.
ضَيعَة الرجل: حِرْفَتُه وصناعته ومعاشه وكسبه. يقال: ما ضَيْعتُك؟ ما حرفتك. ويدخل في الضيعة الحرفة والتجارة. ويقال: ضيعةُ فلان الجزارةُ وضيعةُ الآخر الفَتْل وسَفّ الخوص وعمل النخل ورعي الإبل. وفي حديث ابن مسعود: لا تتخذوا الضيعة فترغبوا في الدنيا [103] وفي حديث حنظلة: عافسنا الأزواج والضيعات [104] أي المعايش. والضيعةُ: العقار. والضيعةُ: الأرض المُغِلّة والجمع ضِيَع وضِياع. وأضاع الرجلُ: كثرت ضيعته وفشت، فهو مُضيع. وفلان أضيعَ من فلان أي أكثر ضياعاً منه.
وفي القاموس: ورجلٌ مضياعٌ للمال: مُضَيِّعٌ له.

(103) صحيح ابن حبان 2 / 487 ، رقم الحديث : 710 . المستدرك على الصحيحين 4 / 358 ، رقم الحديث: 7910 .

(104) صحيح مسلم 4 / 4106 ، رقم الحديث : 2750 . سنن الترمذي 4 / 666 ، رقم الحديث : 2514 .

● **ضيق**: الضاد والياء والقاف كلمة واحدة تدل على خلاف السَّعَة. ضاقَ يضيقُ ضِيقاً، ويفتح، وتَضَيَّقَ وتَضَايق: ضد اتسع.

ضاق الرجلُ أي بخل. والضَّيْقة والضِّيقة: الفقر. وأضاق: ذهب ماله.

الطاء

- **طبع:** الطاء والباء والعين أصلٌ صحيح، وهو مثلٌ على نهاية ينتهي إليها الشيء حتى يختم عندها. الطبْعُ، والطبيعةُ، والطِّباعُ: السجية جُبل عليها الإنسان. وطبعَ عليه: ختم.
طَبَعْتُ من الطين جرَّة: عملت، والطَّبّاع الذي يعملها. والطباع الذي يأخذ الحديدة المستطيلة فيطبع منها سيفاً أو سِناناً أو نحو ذلك، وصنعته الطِّباعةُ.

- **طثر:** الطاء والثاء والراء أصيلٌ صحيح يدل على غضارة في الشيء وكثرة ندى. الطَّثرَةُ: خثورة اللبن. وقد طَثَرَ طَثْراً وطُثُوراً: الماء الغليظ، وسعة العيش.
الطَّثْرُ: الخير الكثير. يقال إنهم لفي طَثْرَة عيش إذا كان خيرهم كثيراً، وأيضاً: إنهم لفي طَثْرَةٍ أي في كثرة من اللبن والسَّمْن والأقِطِ.

- **طحن:** الطاء والحاء والنون أصلٌ صحيح، وهو فتُّ الشيء ورفته بما يدور عليه من فوقه. طحنَ البُرَّ، وطحَّنَهُ: جعله دقيقاً. الطَّاحونة: الرحى.
الطِّحْنُ: الدقيق. والطَّحَّان: الذي يلي الطحين وحرفته الطحانة.

- **طرف:** الطاء والراء والفاء أصلان: فالأول يدل على حدّ الشيء وحَرفه، والثاني يدل على حركة في بعض الأعضاء. الطَّرْفُ: العَيْنُ، واللطمُ باليد، والرجل الكريم، ومنتهى كل شيء.
أطرفَ الرجلَ: أعطاه ما لم يُعطِهِ أحداً من قبله. وأطْرفت فلاناً شيئاً أي أعطيته شيئاً لم يملك مثله فأعجبه، والاسم الطُّرفةُ. والطِّرْفُ والطَّريفُ والطَّارفُ المال المستفاد.

- **طرق:** الطاء والراء والقاف أربعة أصول: أحدها الإتيان مساءً، والثاني الضَّرب، والثالث جنسٌ من استرخاء الشيء، والرابع خَصْفُ شيء على شيء. أطرقَ الرجلُ إذا سكت. والإطراقُ: السكوتُ عامة. والطَّرْقُ: الضَّرْب. وتطَرَّقَ إلى الأمر: ابتغى إليه طريقا.

الطَّرْق: ماء الفحل. وطرقَ الفحلُ الناقةَ أي قعا عليها وضربها. يقال: أطرقني فحلك أي أعِرْني فحلك ليضرب في إبلي، وأعرني طَرْقَ فحلك ليضربَ في إبلي، وأعرني طَرْقَ فحلك العامَ أي ماءه وضرابَه، ومنه يقال: جاء فلان يَستطرِقُ ماء طرق. وقيل: الطرق: هو الضِّراب ثم سمي به الماء.

- **طسق:** الطَّسْقُ: ما يُوضَع من الوظيفة على الجُرْبان من الخراج المقرَّر على الأرض، فارسي معرب، وقيل: الطَّسْقُ شبه الخراج له مقدار معلوم. والطَّسْقُ: مكيال معروف.

- **طعم:** الطاء والعين والميم أصل مطّرد منقاسٌ في تذوُّق الشيء.

الطعام: البُرُّ، وما يؤكَل. وطَعْمُ الشيء: حَلاوَتَه ومرارتَه وما بينهما. والطَّعمُ ما يشتهى. واستطعمه: سأله أن يُطْعِمَه. الطَّعام اسم جامع لكل ما يؤكل، وقد طَعِمَ يَطعَم طُعْماً، فهو طاعِمٌ إذا أكل. ويقال: فلان قلَّ طُعْمُه أي أكْلُه. والجمع أطْعِمَةٌ. وفي حديث أبي سعيد: كنا نُخرج صدقة الفطر على عهد رسول الله صلى الله عليه وسلم، صاعاً من طعام أو صاعاً من شعير[105]. وأهل الحجاز إذا أطلقوا اللفظ بالطعام عَنَوْا به البُرَّ

(105) صحيح البخاري 2 / 548 ، رقم الحديث : 1435 . صحيح مسلم 2 / 678 ، رقم الحديث : 985 .

خاصة، وقيل التمر. والطَّعمُ: الأكل. والطُّعمة: المأكَلَة، والجمع طُعَمٌ. ويقال: فلانٌ نجبي له الطُّعمَ أي الخراج والأتاوات. ويقال فلانٌ طيب الطُّعْمة وخبيث الطُّعْمة إذا كان رديء الكسب. واستطعمهُ: سأله أن يُطعِمَه. ورجلٌ مُطْعَمُ: شديد الأكل. ورجلٌ مُطْعَمُ: مرزوق. ورجلٌ مِطْعامٌ: يُطْعِمُ الناسَ ويقريهم كثيراً.

- **طفف:** الطاء والفاء يدل على قلة الشيء. طفَّ الشيء يَطِفُّ طَفّاً وأطَفَّ: دنا وتهيأ.

التطفيفُ: أن يؤخذ أعلاه ولا يُتَمَّ كيلُه. التطفيف: البخس في الكيل والوزن ونقص المكيال، وهو أن لا تملأه إلى أصباره. والطفف: التقتير وقد طفّف عليه. وطفَّفَ على الرجل إذا أعطاه أقل مما أخذ منه.

- **طفل:** الطاء والفاء واللام أصلٌ صحيح مطّرد، ثم يقاس عليه. الطّفل: الصغير من كل شيء. وطَفَلَ الكلامَ تطفيلاً: تَدَبَّرَه.

رجلٌ طفْليلٌ: يدخل مع القوم فيأكل طعامهم من غير أن يُدعى. وقد تطفَّل، وهو منسوب إلى طفيل وهو رجل من أهل الكوفة كان يأتي الولائم دون أن يُدعى إليها. والعرب تسمي الطُّفيليّ الرَّاشِنَ والوارش. وأطفال الحوائج: صغارها.

وفي القاموس: الطِّفْلُ: الرَّخْصُ الناعمُ من كل شيء، والحاجة.

- **طمع:** الطاء والميم والعين أصلٌ واحد صحيح يدل على رجاء في القلب قويّ للشيء. طَمِعَ فيه طَمَعاً وطماعا وطماعية: حرص عليه.

الطَّمَعُ: رزقُ الجند، وأطماع الجند: أرزاقهم. يقال: أمرَ لهـم الأمـير بـأطماعهم أي بـأرزاقهم.
والطَّمَعُ: ضد اليأس. قال عمر بن الخطاب رضي اللـه عنـه: تعلمـن أن الطمـع فقـرٌ وأن اليأس غنى.

- **طمل:** الطاء والميم واللام أصيلٌ صحيح يدل على ضَعَةٍ وسَفَال. الطَّملُ: الخلْـق كلهـم، وبالكسر: الرجُلُ الفاحش.
الطِّمْليل والطُّمْلول: الفقير السيئ الحال القشف القبيح الهيئة الأغبر.

- **طهفل:** طهفَل إذا أكَل خبز الذُّرَة وداومَ عليه لعدم غيره.

الظاء

- **ظهر**: الظاء والهاء والراء أصلٌ صحيح واحد يدل على قوّة وبروز. الظَّهْرُ: خلافُ البَطْن، والجمع، أظهرٌ وظهورٌ وظهْرانٌ . وقرأه من ظهر قلب، أي حفظاً بلا كتاب، وقرأه ظاهراً واستظهره.
الظَهَرَة، بالتحريك: ما في البيت من المتاع والثياب. ويقال: بيتٌ حسن الأهرة والظَّهَرَةِ والعقار بمعنى واحد. وظَهَرَةُ المال: كثْرَتُه. وفلانٌ يأكل عن ظَهْرِ يد فلان إذا كان هو ينفق عليه.
وفي القاموس: الظَّهرُ: المالُ الكثير. وأعطاه من ظهر يد: ابتداء بلا مكافأة. وخفيف الظهر: قليل العيال، وثقيله: كثيره.

- **ظنن**: الظاد والنون أصيلٌ صحيح يدل على معنيين مختلفين: يقين وشكّ. الظَّنّ: التردد الراجح بين طرفي الاعتقاد الجازم، والجمعُ: ظنونٌ وأظانينُ. والظَّنين: المتهم. والظَّنون: الرجل السيئ الظَّنِّ.
دّيْنٌ ظنون لا يدري صاحبه أيأخذه أم لا. وفي حديث عمر: لا زكاة في الدين الظَّنون [106].

(106) سنن البيهقي الكبرى 4 / 150 .

العين

- **عبر:** العين والباء والراء أصلٌ صحيح واحد يدل على النفوذ والمضي في الشيء. عَبَرَ الرؤيا يَعْبُرُها عَبْراً وعِبارةً وعَبَّرها: فسَّرها. ورجلٌ عابرُ سبيل أي مارّ طريق. والعَبْرَةُ: الدمعة.

  عبر المتاع والدراهم يعبرها: نظر كم وزنها وما هي، وعبَّرها: وزنها ديناراً ديناراً، وقد عبَّر الشيء إذا لم يبالغ في وزنه أو كيله، وتعبير الدراهم وزنهُا جملة بعد التفاريق. ويقال في الكلام لقد أسرعت استعبارك للدراهم أي استخراجك إياها.

- **عتل:** العين والتاء واللام أصلٌ صحيح يدل على شدة وقوة في الشيء. العَتَلَة: حديدة كأنها رأس فأس، والهراوة الغليظة، والناقة لا تُلقح. وعَتَلَه: جَرَّه عنيفاً فحمله.

  العَتيل: الأجير. والعُتُلُّ: الأكول المنوع الجافي الغليظ.

- **عجف:** العين والجيم والفاء أصلان صحيحان: أحدهما يدل على هُزال، والآخر على حبس النفس وصبرها على الشيء أو عنه. العُجُوف: منع النفس عن المقابح عجفَ نفسَه على المريض: صبَّرها على تمريضه.

  التعجيف: الأكل دون الشِبَع، وسوء الغذاء والهزال. وعجف نفسَه عن الطعام يَعْجِفُها عَجْفاً وعُجوفاً، وعَجَّفها: حبسها عنه. التعجيف أن ينقلَ قوتَه إلى غيره قبل أن يَشْبَع. وعَجَفَ نفسَه على فلان، بالفتح، إذا لآثره بالطعام على نفسه. والتَعَجُّفُ: الجهْد وشدَّة الحال.

- **عدف:** العين والدال والفاء أصيل صحيح يدل على قلة أو يسير من كثير. العِدْفة: التجمُّع.
العَدْفُ: الأكلُ. عَدَف يَعْدِفُ عَدْفاً: أكل.
وفي القاموس: العَدْفُ: النوال القليلُ، وما تَعَدَّفْتُ اليومَ: ما ذُقْتُ قليل فضلا عن كثير.

- **عدم:** العين والدال والميم أصلٌ واحد يدل على فقدان الشيء وذَهابه. أعدمني الشيء: لم أجِدْهُ.
وأرضٌ عدماءُ: بيضاء.
العَدَمُ والعُدْمُ والعُدَمُ: فقدان الشيء وذهابه، وغلب على فقد المال وقلّته، وأعدم إذا افتقر.
والعَدَمُ: الفقرُ. والعَدِيمُ: الفقيرُ الذي لا مالَ له، وجمعه عُدَماء.

- **عرا:** العين والراء والحرف المعتل أصلان صحيحان متباينان، يدل أحدهما على ثباتٍ وملازمةٍ وغِشيان، والآخر يدل على خلوّ ومفارقة. عَراه عَرْواً واعْتَراه؛ غَشِيه طالباً معروفه. والعَراء: كل شيء أُعري من سُتْرَته.
العَرِيَّة: التي تُعْزَل عن المساومة عند بيع النخل. وفي الحديث: أنه رخَّص في العَريَّة والعرايا [107].
والعرايا واحدتها عرية، وهي النخلة يعريها صاحبها رجلاً محتاجاً، والإعراء أن يحمل له ثمرة عامها. وتقول العرب: منَّا من يُعْري، وهو أن يشتري الرجلُ النخلَ ثم يستثني نخلة أو نخلتين.

(107) صحيح البخاري 2 / 760 ، رقم الحديث : 2064 . صحيح مسلم 3 / 1169 ، رقم الحديث : 1539 .

- **عرب:** العين والراء والباء أصول ثلاثة: أحدها الإبانة والإفصاح، والآخر النشاط وطيب النفس، والثالث فسادٌ في جسم أو عضو. العُرْبُ والعَرَبُ: خلاف العجم، والعربُ العاربة هم الخُلَّصُ منهم. والأعرابيُّ: البَدَويُّ. والإعراب والتعريب: الإبانة.

العُرْبان والعُرْبُون والعَرَبُونُ: كله ما عُقد به البيعة من الثمن. يقال: أعْرَبت إعراباً، وعرَّبتُ تعريباً إذا أعطيتَ العُرْبانَ. وروي عن عطاء: أنه كان ينهى عن الإعراب في البيع. والإعراب في البيع أن يقول الرجلُ للرجلِ: إن لم آخذ هذا البيع بكذا، فلك كذا وكذا من مالي. وفي الحديث أنه نهى عن بيع العُرْبان [108]، هو أن يشتري السلعة، ويدفع إلى صاحبها شيئاً على أنه إن أمضى البيع حسب من الثمن، وإن لم يمض البيع كان لصاحبه السلعة، ولم يرتجعه المشتري. يقال: أعرب في كذا، وعَرَّبَ، وعَرْبَنَ، وهو عُرْبانٌ، وعُرْبونٌ، وعَرَبونٌ، وقيل: سُمِّي بذلك، لأن فيه إعراباً لعقد البيع أي إصلاحاً وإزالة فسادٍ لئلا يملكه غيره باشترائه، وهو بيع باطل عند الفقهاء، لما فيه من الشرط والغرر، وأجازه أحمد، وروي عن ابن عمر إجازته.

- **عربن:** العُرْبون والعَرَبون والعُربانُ: الذي تسميه العامة الأربون. تقول: عربَنْتُه إذا أعطيته ذلك.
- **عرض:** العين والراء والضاد بناءٌ تكثُرُ فروعه، وهي مع كثرتها ترجع إلى أصلٍ واحد، وهو العرض الذي يخالف الطول. عرَّضتُ الشيء: جعلته

(108) سنن أبي داود 3 / 283 ، رقم الحديث : 3502 . سنن ابن ماجه 2 / 739 ، رقم الحديث : 2193 . موطأ مالك 2 / 609 ، رقم الحديث : 1271 .

عريضاً. وعَرَضَ الشيء عليه: أراه إياه. والعَرَض والعارِضُ: الآفةُ تعْرِض في الشيء.

يقال: انطلق فلانٌ يتعرَّضُ بجمله السُّوق إذا عرضه على البيع. وعَرَض من سلعته: عارَضَ بها فأعطى سلعةً وأخذ أخرى. وفي الحديث: ثلاثٌ فيهن البركة منهن البيعُ إلى أجل والمُعارَضةُ [109] أي بيع العَرْض بالعَرْض، وهو بالسكون المتاعُ بالمتاع لا نقد فيه. يقال: أخذت هذه السلعة عرْضاً إذا أعطيتَ في مقابلتها سلعة أخرى. وعارضَه في البيع فَعَرَضه يَعْرُضُه عرضاً: غَبَنَه. وعَرَضُ الدنيا: ما كان من مال، قلَّ أو كثر. والعَرَضُ: ما نيلَ من الدنيا. يقال: الدنيا عرَضٌ حاضر يأكل منها البَرُّ والفاجر ([110]) وهو حديث مرويّ. وأما العَرْضُ بسكون الراء فما خالف الثمنين الدراهم والدنانيرمن متاع الدنيا وأثاثها، وجمعه عُروضٌ، فكل عَرْضٍ داخل في العَرَض وليس كل عَرَضٍ عَرْضاً. والعَرْضُ: خلاف النقد من المال. وقيل: العُروضُ الأمتعةُ التي لا يدخلها كيل ولا وَزْنٌ ولا يكون حيواناً ولا عقاراً، تقول: اشتريتُ المتاعَ بِعَرْضٍ أي بمتاع مثله.

- **عرك:** العين والراء والكاف أصلٌ واحد صحيح يدل على دَلْكٍ وما أشبهه من تمريس شيء بشيء أو تمرُّسه به. عَرَكَهُ الدهرُ: حنَّكَه. وعَرَكتهم الحربُ: دارت عليهم. والمعركة موضع القتال. والعَريكة: الطبيعة.

---

(109) سنن ابن ماجه 2 / 768 ، رقم الحديث : 2289 .

(110) سنن البيهقي الكبرى 3 / 216 ، رقم الحديث : 5598 . مسند الشافعي 1 / 67 . المعجم الكبير 7 / 288 ، رقم الحديث : 7158 .

العَرَكِيُّ: صيَّاد السمك. وجمعه عَرَكٌ. وفي الحديث أن العركيّ سأل النبي صلى اللـه عليه وسلم عن الطهور بماء البحر [111].

- **عسب:** العين والسين والباء كلمات ثلاث متفردة بمعناها، لا يكاد يتفرع منها شيء. فالأولى: طرقُ الفرس وغيره، والثانية عسيب الذَّنَب، والثالثة نوع من الأشياء التي تطير. عسيبُ القدم: ظاهرها طولاً. والعسيب جريد النخل. ويقال للسيد: يَعْسوبُ قومه.

العَسْبُ: طَرْقُ الفحل أي ضرابُه. يقال: عَسَب الفحلُ الناقةَ يَعْسِبُها، ويقال إنه لشديد العَسْب، وقد يستعار للناس. وقيل: العسْبُ ماء الفحل، فرساً كان، أو بعيراً، ولا يتصرَّف منه فعل. والعَسْبُ: الكراء الذي يُؤخذ على ضَرْب الفحل. وعَسَبَ الرجلَ يَعْسِبُه عَسْباً: أعطاه الكراءَ على الضِّراب. وفي الحديث: نهى النبي صلى اللـه عليه وسلم عن عَسْب الفحل [112]، تقول: عَسَبَ فحلَه يَعْسِبُه أي أكراه. والحديث لم ينه عن عسْب الفحل أي ماؤه أو ضرابه، وإنما أراد النهي عن الكراء الذي يؤخذ عليه ، فإن إعارة الفحل مندوب إليها ، وقد جاء في الحديث : ومن حَقِّها إطراق فحلها [113] . ووجه الحديث: أنه نهى عن كراء عسْب الفحل. وقيل: يقال لكراء الفحل عَسْبٌ، وإنما نهى عنه للجهالة التي منه، ولا بُدَّ

(111) صحيح ابن حبان 4 / 49 ، رقم الحديث : 1243 .صحيح ابن خزيمة 1 / 59 ، رقم الحديث : 111 . المستدرك على الصحيحين 1 /237 ، رقم الحديث : 490 .

(112) انظر تخريجه في الفعل (شكر) .

(113) مصنف ابن أبي شيبة 2 / 428 ، رقم الحديث : 10699 . شرح النووي على صحيح مسلم 7 / 66 . التمهيد لابن عبدالبر 4 / 212

في الإجارة من تعيين العمل، ومعرفة مقداره. وفي حديث أبي معاذ: كنت تيَّاساً، فقال لي البراء بن عازب: لا يَحِلُّ لك عَسْبُ الفحل.

- **عسر:** العين والسين والراء أصلٌ صحيح واحد يدل على صعوبة وشدة. يومٌ عَسِرٌ وعسيرٌ: شديد. تَعَسَّرَ الأمرُ وتعاسَر واستعسَر: اشتدَّ والتوى وصار عسيراً.
العُسْر والعُسُر: ضد اليُسر، وهو الضيق والشدة والصعوبة. وتعاسَرَ البيِّعان: لم يتفقا وكذلك الزوجان. واعتسر الرجلُ من مال ولده: إذا أخذ من ماله وهو كاره.
وفي القاموس: وحاجةٌ عَسِرٌ وعَسيرٌ: مُعَسَّرَة. واعْسَر: افتقر.

- **عسس:** العين والسين أصلان متقاربان: أحدهما الدنوّ من الشيء وطلبه، والثاني خِفَّةٌ في الشيء. عَسَّ يَعُسُّ عَسَساً وعَسَّاً أي طاف بالليل. وعَسَّ عليَّ: أبطأ.
الاعْتساس والاعْتسامُ الاكتساب والطلب. وفي المثل في الحث على الكسب: كَلْبٌ اعتسَّ خيرٌ من كلبٍ ربَضَ. وقيل: كلبٌ عاسّ خير من كلب رابِض. والعُسُس: التجار الحُرَصاء. والتَّعسْعُسُ: طلب الصيد بالليل.

- **عسف:** العين والسين والفاء كلمات تتقارب ليست تدل على خير، إنما هي كالحَيرة وقلة البصيرة.عَسَفَ عن الطريق يَعْسِفُ: مالَ، وعَدَلَ. وعَسَفَ السلطانُ: ظلم.
العَسيفُ: الأجير المستهانُ به. والعُسَفاء: الأُجراء. واعتسفه: اتخذه عسيفاً. وكم أعْسِفُ عليك أي كم أعمل لك. وفي الحديث: لا تقتلوا عسيفاً ولا

أسيفاً. وعسفَ فلاناً واعتسف وتعسَّف: استخدمه. وعَسَفَ ضَيْعَتهم: رعاها وكفاهم أمرها. وعَسِفَ له: عَمِلَ له.

- **عسل:** العين والسين واللام: الصحيح في هذا الباب أصلان، فالأول دالٌّ على الاضطراب، والثاني طعامٌ حلوٌ، ويشتق منه. العَسَل: حباب الماء إذا جرى، ولُعاب النحل. والعاسلُ: الذئبُ. والعَسَلة: النسل.

العَسَّالة والعاسِلُ: الذي يَشْتارُ العسلَ من موضعه ويأخذه من الخلية؛ وإنه لعِسْلُ من أعسالِ المالِ أي حَسَنُ الرّعية له، يقال عِسْلُ مالٍ أي مصلح مال. وعَسَلْتُ من طعامه عَسَلاً أي ذقتُ.

وفي القاموس: عَسَلَ الطعامَ يَعْسِلُه ويَعْسُلُه وعَسَّله: خلطه بالعسل وطيَّبَه وحلاّه.

- **عسم:** العين والسين والميم أصلٌ صحيح يدل على التواءٍ ويُبْس في عضوٍ أو غيره. أعسَمَ يدَه: أيبسها. وعَسَم يَعْسِمُ: طَمِعَ. وعَسَمَت عينُه: ذرفت.

عَسَمَ يَعْسِمُ عَسْماً وعُسوماً: كَسَب. والعَسْمُ والاعتسامُ: الاكتساب. والعَسْمِيُّ: الكَسوبُ على عياله. وأعسمَ غيره: أعطاه. والعُسُم: الكادُّون على العيال، واحدهم عَسُوم وعاسِم. والعُسُوم: كِسْر الخبز اليابس. وما ذاق من الطعام إلا عَسْلَةَ أي أكلة.

- **عشر:** العين والشين والراء أصلان صحيحان: أحدهما في عدد معلوم ثم يُحمل عليه غيره، والآخر يدل على مُداخَلة ومُخالطَة. عَشَر يَعْشِرُ: أخذ واحداً من عَشَرَة، وعشَر القومَ: صارَ عاشِرَهم. وتعاشروا: تخالطوا.

العشير في مساحة الأرضين: عُشْرُ القفيز، والقفيز: عُشْر الجَريب. وعَشَرَ القومَ يَعْشُرهم عُشْراً، وعَشَّرَهم: أخذ عشر أموالهم، وعَشَّر المال: كذلك،

وبه سمي العشَّار. ومنه العاشر، والعشَّار قابض العشر. وفي الحديث: ليس على المسلمين عُشورٌ إنما العشور على اليهود والنصارى ([114])، العشور جمع عُشْر والذي يلزمهم من ذلك عند الشافعي ما صولحوا عليه وقت العهد، فإن لم يُصالحوا على شيء فلا يلزمهم إلا الجزية.

- **عصب:** العين والصاد والباء أصلٌ صحيح يدل على ربط شيء بشيء، مستطيلا أو مستديرا، ثم يفرع ذلك فروعا. العَصَبُ: عَصَبُ الإنسان والدابة. والعِصابُ والعِصابةُ: ما عُصب به. وعَصَبَ رأسَه: شدَّه. والعُصبةُ والعصابةُ جماعة ما بين العَشَرة إلى العشرين.
المعصوبُ: الجائعُ الذي كادت أمعاؤه تيبس جوعاً. وقد عَصَبَ يَعْصِبُ عُصُوباً. وقيل: سمي معصوباً لأنه عصب بطنه بحجر من الجوع. وعَصَّبَ القومَ: جَوَّعهم. ويقال للرجل الجائع، يشتدُّ عليه الجوعُ، فيُعصِّبُ بطنه بحجر: معصبٌ. وفي حديث المغيرة: فإذا هو معصوب الصدر ([115])؛ قيل: كان من عادتهم إذا جاع أحدُهم، أن يَشُدَّ جوفه بعصابة، وربما جعل تحتها حجراً. والمُعَصَّبُ: الذي عصبته السِّنونَ أي أكلت ماله. وعصبتهم السنون: أجاعتهم. ورجلٌ مُعَصَّب: فقير.

- **عصف:** العين والصاد والفاء أصلٌ واحدٌ صحيح يدل على خفَّة وسرعة. العَصْفُ: بَقْلُ الزرع. وعَصَفَت الريحُ: اشتدت. وأعصفَ الزرعُ: طال.

(114) سنن أبي داود 3 / 169 ، رقم الحديث : 3046 . سنن الترمذي 3 / 27 ، رقم الحديث : 634 . سنن البيهقي الكبرى 9 / 199 ، رقم الحديث : 18483 .
(115) سنن أبي داود 3 / 361 ، رقم الحديث : 3826 .

يَعْصِفُ ويعتصِف ويصرفُ ويصطرفُ أي يكسب، وعصفَ يعصفُ عَصْفاً واعتصف: كسب وطلب واحتال، وقيل هو كسبه لأهله. والعصف: الكسب.

- **عضض:** العين والضاد أصلٌ واحدٌ صحيح يدل على وهو الإمساك على الشيء بالأسنان، ثم يقاس منه كل ما أشبهه، حتى يسمى الشيء الشديد والصلب والدَّاهي بذلك. عَضَضْتُه عَضاً وغضيضاً: أمسكتُه بأسناني. وعَضُّ الزمان والحرب: شدَّتهما.
عاضَّ القوم العيشَ منذُ العامِ فاشتد عضاضهم أي اشتد عيشهم. وفلانُ عِضاضُ عيشٍ أي صبور على الشدَّة.
وفي القاموس: والعِضُّ: القيِّمُ للمال، والبخيل. وهو عضاض عيشٍ: صبورٌ على الشدَّة.

- **عصم:** العين والصاد والميم أصلٌ واحد صحيح يدل على إمساك ومنع وملازمة. اعتصمُ بالله: امتنعُ بلطفه من المعصية. العصمةُ: المَنْع. والاعتصامُ: الامتساك بالشيء.
العَيْصُومُ: كثير الأكل، الذكر والأنثى فيه سواء. ورجلٌ عَيْصُومٌ وعَيْصامٌ إذا كان أكولاً. عَصَمَ يَعْصِمُ عَصْماً: اكتسب. وعَصَمه الطعام: منعه من الجوع.

- **عطا:** العين والطاء والحرف المعتل أصلٌ واحد صحيح يدل على أخذٍ ومناولة، لا يخرج الباب عنها. العَطْوُ: التناولُ، يقال منه: عَطَوْتُ أعْطُو. وتعاطى الشيء: تناوله.

المُعاطاة: المناولة. والمُعاطاةُ: أن يستقبل رجلٌ رجلاً بسيف فيهزُّه هذا ساعة وهذا ساعة وهما في سوق أو مسجدٍ، وقد نهي عنه. واستعطى وتعطّى: سأل العطاء. ورجلٌ معطاءٌ: كثير العطاء. ويقال: إنه لجزيل العطاء، فإذا أفرد قيل العطية وجمعها العطايا، وأما الأعطية فهو جمع العطاء.

- **عطر:** العينَ والطاء والراء أصلٌ واحد لعله أن يكون صحيحا، وهو العِطْر. عَطِرت المرأة، تَعْطُر عَطَراً: تطيَّب. وناقةٌ معْطارٌ ومُعْطِرٌ: شديدة حسنة.

العِطْرُ: اسم جامع للطِّيب، والجمع عطور. والعطَّار: بائعه، وحرفته العِطارَةُ. وناقةٌ عطِرة ومعطارة وتاجِرةٌ إذا كانت نافقةً في السوق تبيعُ نفسها لحُسنها.

- **عطل:** العين والطاء واللام أصلٌ صحيح واحد يدل على خلوّ وفراغ. عَطَلَت المرأةُ عَطَلاً وعُطُولاً وتعطَّلتْ: إذا لم يكن عليها حَلْيٌ ولم تلبس الزينة.

تعطَّلَ الرجلُ إذا بقي لا عمل له، والاسم العُطْلة. يقال: عُطِلَ الرجلُ من المال والأدب، وعُطِّلَت الغلاّتُ والمزارعُ إذا لم تُعْمَر ولم تُحْرَث. والمُعَطَّل: الموات من الأرض.

- **عفا:** العين والفاء والحرف المعتل أصلان يدل أحدهما على ترك الشيء، والآخر على طلبه، ثم يرجع إليه فروع كثيرة لا تتفاوت في المعنى. العَفْوُ: عفو الله جلَّ وعزَّ عن خلقه، والصَّفحُ، والمَحْو. وأعفاه من الأمر: برَّأه. وعافاه الله وأعفاه : وهب له العافية من العلل.

أعْفَى إذا أنفق العفو من ماله. عفا يعفو إذا أعطى. العَفْوُ أحلُّ المال وأطيبه. العافيةُ: طلاَّبُ الرزق من الإنس والدواب والطير.

- **عقب:** العين والقاف والباء أصلان صحيحان، أحدهما يدل على تأخير شيء وإتيانه بعد غيره، والأصل الآخر يدل على ارتفاع وشدة وصعوبة. العَقْبُ: الجَرْيُ بعد الجري، والولد، وولد الولد. واستعقبهُ وتعقَّبَه: طلب عورته أو عثرَتَه.

وعقبُ كل شيء: آخِرَهُ. والعقْبُ والعُقُبُ: العاقبة.

اعتَقَبَ الشي: حَبَسَه عنده. واعْتقبَ البائعُ السلعة أي حبسها عن المشتري حتى يقبض الثمن، ومنه قول إبراهيم النَّخَعيّ: المُعْتَقِبُ: ضامنٌ لما اعتقب؛ الاعتقاب: الحبس والمنعُ. يريد أن البائع إذا باع شيئاً، ثم منعه المشتري حتى يتلفَ عند البائع، فقد ضمن. وقوله عليه السلام: لَيُّ الواجِد يُحِلُّ عقوبته وعرضَه (116) عقوبَتُه: حبسه، وعرضه: شكايته.

- **عقر:** العين والقاف والراء أصلان متباعد بينهما، وكل واحد منهما مطّرد في معناه، جامع لمعاني فروعه. العَقْرَةُ، وتضم: العُقْم. ورجلُ عاقرٌ وعقيرٌ: لا يولد له ولد. والعَقْرُ: الجَرْحُ.

العَقْرُ والعَقارُ: المنزل والضَّيعة؛ يقال: ما له دارٌ ولا عقارٌ. وعند بعضهم يقال للنَّخلِ خاصة من بيت المال: عَقارٌ. وفي الحديث: خير المال العُقْرُ(117)، قال: هو بالضمِ، أصل كل شيء، وبالفتح أيضاً، وقيل: أراد أصل مالٍ له نماء.

وفي القاموس: وعَقَرَ الكلأ: أكله. والعُقْرُ: صداق المرأة. وأعْقَرَ الله فلاناً: أطعمه.

(116) صحيح البخاري 2 / 845 . السنن الكبرى 4 / 59 ، رقم الحديث : 6288 . مسند أحمد 4 / 389 ، رقم الحديث : 19481 .

(117) لم أجد له اصلا .

- **عقف:** العين والقاف والفاء اصلٌ صحيح يدل على عطْف شيء وحَنْيه. العَقْفُ: العطفُ والتلويةُ.
  والأعقف: المنحني المُعْوَجّ.
  الأعْقَف: الفقير المحتاج.

- **عكظ:** عكظ دابَّته يَعْكِظُها عَكْظاً: حَبَسَها. وتعاكظَ القومُ: تعاركوا وتفاخروا.
  عكاظ: سوقٌ للعرب سميت عكاظاً لأن العرب كانت تجتمع فيها فَيعْكِظ بعضهم بعضاً بالمفاخرة أي يَدْعَكُ. وكانوا يقيمون بها شهراً يتبايعون ويتفاخرون ويتناشدون. وأديم عكاظيّ: منسوب إليها وهو ما حمل إلى عكاظ فبيع فيها.

- **علق:** العين واللام والقاف أصلٌ كبير صحيح يرجع إلى معنى واحد، وهو أن يناط الشيء بالشيء العالي. العَلَقُ: الدَّمُ عامة. وعَلِقَ يفعلُ كذا: طَفِقَ.
  العَلاقةُ: ما يُتبلغُ به من عيش. والعُلْقة والعَلاقُ: ما فيه بلغة من الطعام إلى وقت الغداء. وعَلَق: أكل.يقال: ما ذقتُ عَلاقاً ولا عَلوقاً. وما في الأرض عَلاقٌ ولا لمَاقُ أي ما فيها ما يتبلغ به من عيش. وفي المثل: ليس المُتَعلِّق كالمتأنِّق، يريد ليس من عيشُه قليل يتعلق به كمن عيشه كثير يختار منه. والعِلْق: المال الكريم.

- **علك:** العين واللام والكاف أصلٌ صحيح يدل على شيء شبه المضغ والقبض على الشيء. عَلَكَه يَعْلِكُه ويَعْلكه: مضغه.
  عَلَّك القِرْبة: أجاد دبغها. وعَلَّك ماله: أحسن القيام به. وعلَّك يديه على ماله: شدَّهما من بخله فلم يقرِ ضيفاً ولا أعطى سائلاً. وطعامٌ عالِكٌ وعَلِكٌ، متين الممضغة. العِلكُ: البُطْم، والجمع علوكٌ، وبائعه: علاَّك. وعَلَّك القربةَ تعليكاً: أجاد دبغها.

- **عله:** العين واللام والهاء أصلٌ صحيح يدل على حَيرة وتردد وتسرع ومجيء وذهاب. عَلِه: جاعَ، وانهمك، وتحيَّر، ودهش، وذهب فزعاً.
العَلَهُ: الجُوعُ. والعَلْهانُ: الجائع.

- **عمر:** العين والميم والراء أصلان صحيحان، أحدهما يدل على بقاء وامتداد زمان، والآخر على شيء يعلو، من صوت أو غيره. العَمْرُ والعُمُر: الحياة. والعَمْر: الدِّين. والعُمْرَة: الزيارة.
العُمْرى: ما تجعله للرجل طول عُمْرك أو عُمُره. والعِمَارةُ: ما يعمرُ به المكان. والعُمارةُ: أجر العِمارة. وأعْمَرَ عليه: أغناه.
وفي القاموس: وعَمَرَ المالُ نفسَه عَمَارة: صارَ عامِراً. وأَعْمَرَ الأرضَ: وجدها عامِرَة. أبو عَمْرَةَ: كُنية الإفلاس والجوع. والتعمير: جَوْدَةُ النَّسْج وغزلِه.

- **عمل:** العين والميم واللام أصلٌ واحد صحيح وهو عام في كل فعل يفعل. العاملُ هو الذي يتولى أمور الرجل في ماله ومِلكِه وعمله، ومنه قيل للذي يستخرج الزكاة: عامل. في آية الصدقات " والعاملين عليها " ([118]): هم السعاة الذين يأخذون الصدقات من أربابها. والعَمَل: المهنة والفِعل، والجمع أعمال، وقيل: العمل لغيره والاعتمال لنفسه. واسْتَعْمَلَ فلان غيره إذا سأله أن يعمل له. واستعمله: طلب إليه العمل. واعتمل: اضطرب في العمل. الاعتمال: افتعال من العمل أي أنهم يقومون بما يُحتاج إليه من عمارة وزراعة وتلقيح وحراسة ونحو ذلك. ورجلٌ عَمُولٌ: أي مطبوع على العمل. ورجلٌ خبيث العِمْلَة إذا كان خبيث

(118) سورة التوبة ، الآية 60 .

الكسب. والعِمْلَة والعُمْلَة والعَمالة والعُمالة والعِمالة؛ كله الأجر على ما عمل. والعوامِلُ من البقر: جمع عاملة وهي التي يستقى عليها ويحرث وتستعمل في الأشغال.

- **عنن:** العين والنون أصلان: أحدهما يدل على ظهور الشيء وإعراضه، والآخر يدل على الحَبْس. عَنَّ الشيء يَعِنُّ عَناً وعنناً وعَنُوناً: إذا ظهر أمامك. والمعْنُون: المجنون.
شِركةُ عِنانٍ وشِرْكُ عِنانٍ: شَرِكَةٌ في شيء خاص دون سائر أموالهما كأنه عَنَّ لهما شيء أي عرض فاشترياه واشتركا فيه.

- **عهد:** العين والهاء والدال أصلُ هذا الباب يدل على معنى واحد، وهو الاحتفاظ بالشيء وإحداث العهد به. العَهْدُ: الوصيةُ، واليمينُ، والأمانُ، والذِّمَّة، والمعرفة. وعَهِدَ إليَّ: أوصاني. لا عُهْدَة أي لا رجعة. وفي حديث عقبة بن عامر: عُهْدَة الرقيق ثلاثة أيام[119]، هو أن يشتري الرقيق ولا يشترط البائع البراءة من العيب، فما أصاب المشتري من عيب في الأيام الثلاثة فهو من مال البائع ويردّ إن شاء بلا بينة، فإن وجد به عيباً بعد الثلاثة فلا يرد إلا ببينة. والعُهْدة: كتاب الحِلْف والشراء.
ومن أمثالهم في كراهة المعايب: الملَسَى لا عُهْدَة له، وقيل معناه: الملَسى أن يبيع الرجلُ سلعةً يكون قد سرقها فَيَملَّس ويغيب بعد قبض الثمن وإن استُحقت في يَدَي المشتري لم يتهيأ له أن يبيعَ البائعُ بضمان عُهْدتِها

(119) المستدرك على الصحيحين 2 / 25 ، رقم الحديث : 2198 . سنن ابن ماجه 2 / 754 ، رقم الحديث : 2244 . سنن أبي داود 3 / 284 ، رقم الحديث : 3506 .

لأنه امَّلس هارباً، وعُهْدَتُها أن يبيعها وبها عيب أو فيها استحقاق لمالكها. تقول أبيعك المَلَسى لا عُهْدَة أي تتلمسُ وتنفلتُ فلا ترجع إليَّ.

- **عهن:** العين والهاء والنون أصلٌ صحيح يدل على لين وسهولة وقلّة غذاء في الشيء. العِهْنُ: الصوفُ المصبوغ ألواناً. وفلانٌ عاهِنٌ: مسترخ كَسْلان.

العاهنُ الفقير لانكساره. وعَهَن الشيء: دام وثبت. ومالُ عاهن: حاضرٌ ثابت، وكذلك نقدٌ عاهنٌ. إنه لَعاهِنُ المال أي حاضر النقد. ويقال: خُذْ من عاهِنِ المال وآهنه أي من عاجله وحاضره.

- **عور:** العين والواو والراء أصلان: أحدهما يدل على تداوُل الشيء، والآخر يدل على مرض في إحدى عيني الإنسان وكل ذي عينين، ومعناه الخلوّ من النظر. العَوَرُ: ذهابُ حِسِّ إحدى العينين. وجمع الأعور: عُور وعِيران وعُوران. والعَوار: العيْبُ والحزَنْ.

عاوَرَ المكاييل وعَوَّرها: قَدَّرَها. والعاريّة والعارةُ: ما تداولوه بينهم؛ وقد أعاره الشيء وأعاره منه وعاوَرَه إيَّاه. والمعاوَرة والتعاوُر: شبه المداولَة والتداول في الشيء يكون بين اثنين. وفي الحديث: يتعاورون على منبري[120] أي يختلفون ويتناوبون كلما مضى واحد خلفه الآخر. وعنده من المال عائرَةُ عَيْن أي يحار فيه البصرُ من كثرته، كأنه يملأ العين فَيَعُورُها. والأعور: الذي قد عُوِّرَ ولم تُقْضَ حاجتُه، ولم يُصِب ما طلب، وليس من عور العيب.

- **عوز:** العين والواو والزاء كلمة واحدة تدل على سوء حال. المِعْوَزَةُ والمِعْوَزُ: الثوب الخلِق.

(120) المعجم الكبير 2 / 96 ، رقم الحديث : 1425 . فتح الباري 8 / 398 ، رقم الحديث : 4439 .

العَوَزُ أن يعوزَكَ الشيء وأنت إليه محتاج، وأعوزني هذا الأمرُ إذا اشتدَّ عليك وعَسُر، وأعوزني الشيء يعوزني أي قلَّ عندي مع حاجتي إليه. ورجلٌ مُعْوِزٌ: قليل الشيء. والعَوَزُ، العُدْمُ وسوء الحال. وأعوزَ الرجلُ، فهو مُعْوِزٌ ومعْوَزٌ إذا ساءت حالُه. وأعوزه الدهرُ: أحوجه وحلَّ عليه الفقرُ. والإعواز: الفقر. والمُعوِزُ: الفقير. وعَوِزَ الرجلُ وأعوزَ أي افتقر.

- **عوس:** العين والواو والسين كلمة واحدة وهي الحامل من الخنافس. العَوسُ: الطَّوفان بالليل، عاسَ عَوْساً وعَوَساناً: طاف بالليل. وعاسَ الذئبُ : طلب شيئاً يأكله.

عاسَ ماله عوْساً وعِياسَه وسَاسَه سِياسَة: أحسن القيام عليه. ويقال: هو يعوس عِياله ويَعُولهم أي يقوتهم. ويقال: إنه لسَائسُ مالٍ وعائس مال بمعنى واحد. وعاسَ على عياله عَوْساً إذا كدَّ وكدح عليهم.

- **عوض:** العين والواو والضاد كلمتان: إحداهما تدل على بدل الشيء، والأخرى على زمان. عُضْتُ فلاناً وأعَضتُه وعَوَّضته إذا أعطيته بدل ما ذهب منه.

العِوَضُ: البَدَلُ، والجمع أعواض. واعتاض: أخذ العِوَض، واعتاضه منه واستعاضه وتعوَّضه، كله: سأله العِوَضَ.

- **عوك:** عاكَ عليه يَعوكُ عَوكاً: عطف وكرّ عليه. وما به عوكٌ ولا بوكٌ: أي حركة.

العائك: الكسوب، عاكَ معاشه يَعُوكُه عَوْكاً ومعاكاً. ويقال ك عُس معاشك وعُك معاشك معاساً. والعَوْس: إصلاح المعيشة.

- **عول:** العَوْل: المَيل في الحكم إلى الجور، عالَ يعولُ عَوْلاً: جار ومال عن الحق.
عالَ عياله عَوْلاً وأعالهم وعَيَّلهم، كله: كفاهم وقاتهم وأنفق عليهم. والعَـوْل: قَـوْت العيـال.
ورجلٌ مُعْولِ: حريص. وعالَ الرجلُ يعولُ إذا كثر عياله.
وفي القاموس: وما له عالٌ ولا مالٌ: شيء. وما له عالَ ومالَ: أي كثر عياله.

- **عوم:** العَوْمُ: السِّباحةُ، وسير الإبل والسفينة. ورجلٌ عَوَّامٌ: ماهر بالسباحة.
عاوَمَه مُعاومةً وعِواماً: استأجره للعام. وعامله معاوَمَةً أي للعام. والمعاومـة أن يحـلَّ دَيـنُـك على رجل فتزيده في الأجل ويزيدك في الدَّين. وقيل: هو أن تبيـع زرعـك بمـا يخـرج مـن قابل في أرض المشتري. وفي الحديث: نهى عن بيع النخل معاومةً ([121]). يقال: أجَرْتُ فلاناً معاوَمَةً ومسانهةً وعاملته مُعاومةً، كما تقول مُشاهرةً ومساناةً أيضاً.

- **عير:** العين والياء والراء أصلان صحيحان، يدل أحـدهما عـلى نتـوّ الـشيء وارتفاعـه، والآخـر عـلى مجيء وذَهاب. عَيَّر الدينارَ: وازن بـه آخـر. وعـيَّر الميـزان والمكيـال وعـاوَرهما وعـايَرَهما معايرة وعياراً: قَدَّرَهما.
ويقال: فلانٌ يعايرُ فلاناً ويكايله أي يساميه ويُفاخِره. والمعيار من المكاييل: ما عُيِّر. العِيار ما عايَرْت به المكاييل، فالعيار صحيح تام وافٍ. وفرَّق بعـضهم بـين عـايَرْت وعَـيَّرْت، فجعـل عايرْت في المكيال وعَيَّرت في الميزان.

---

(121) مسند الشافعي 1 / 333 . مسندعبدالرزاق 8 / 66 ، رقم الحديث : 14330 . مصنف ابن أبي شيبة 5 / 13 ، رقم الحديث : 23255

- **عيش:** العين والياء والشين أصلٌ صحيح يدل على حياة وبقاء. العِيشةُ: ضربٌ من العيش. يقال: عاشَ عيشة صِدْق وعيشة سَوْء.
العَيشُ: الحياة. والمُتَعَيِّشُ: ذو البُلْغة من العيش. والعَيشُ: الطعام. والعيْشُ: المطعم والمشرب وما تكون به الحياة. والمعاشُ والمعيشُ والمعيشةُ: ما يعاشُ به. وعَيْشُ آل فلان الخبز والحَبَّ، وعَيشهم التمرُ، والعائشُ: ذو الحالة الحسنة. وفي مثل: أنت مَرَّةَ عَيْشٌ ومَرَّةَ جَيْشٌ أي تنفع مَرَّة وتَضُرُّ أخرى.

- **عيل:** العين والياء واللام، ليس فيه إلا ما هو منقلب عن واو. عالَ في مشيته يعيلُ عَيْلاً: تبختر وتمايل واختال. وامرأة عَيَّالة: متبخترة.
عالَ يَعيلُ عَيْلاً وعَيْلة: افتقر. والعَيِّلُ: الفقير، وكذلك العائل. والعَيْلة والعالةُ: الفاقة. وعالَ في الأرض يَعِيْلُ عَيْلاً وعُيولاً: ضرب فيها.

- **عين:** العين والياء والنون أصلٌ واحد صحيح يدل على عُضو به يُبصر ويُنظر، ثم يشتق منه. العَيْنُ: حاسَّةُ البصر والرؤية، والذي يتجسس الخبر، والتي يخرجُ منها الماء، وعيْنُ الشمس. وعيْنُ الشيء: نفسُه وذاتُه.
العَينُ: المالُ العتيدُ الحاضرُ النَّاضُ. والعَيْنُ: النَّقْدُ. والعَيْنُ: الدينار. والعَيْنُ: الذهبُ عامة. والعينةُ: خيار الشيء، جمعها عِيَنٌ. واعتان الرجلُ إذا اشترى الشيء بنسيئة. والعَيْن والعينةُ: الربا. وعَيَّنَ التاجرُ: أخذ بالعينة أو أعطى بها. والعينةُ: السَّلَفُ.

الغين

- **غبب:** الغين والباء أصلٌ صحيح يدل على زمانٍ وفترة فيه. غِبُّ الأمر ومَغَبَّته: عاقبته وآخِره.
وغَبَّ الأمرُ: صار إلى آخره، وغَبَّ الطعامُ: تغيرت رائحته.
الغُبَّةُ: البُلغة من العيش. وأغبَّ عطاؤه إذا لم يأتنا كل يوم.

- **غبن:** الغين والباء والنون كلمة تدل على ضعف. التَّغابُن: أن يَغْبِنَ القومُ بعضهم بعضا. ويوم التغابن: يوم البعث.
الغَبْنُ، بالتسكين، في البيع، والغَبَن، بالتحريك، في الرأي. والغَبْنُ في البيع والشراء: الوَكْسُ. وغَبِنْتُ في البيع غَبْناً إذا غفلتُ عنه، بيعاً كان أو شراءً.

- **غبر:** الغين والباء والراء أصلان صحيحان، أحدهما يدل على البقاء، والآخر على لون من الألوان.
غَبَرَ غُبوراً: مكث، وذهب، ضدٌّ، وهو غابر. والغَبَرُ: التراب. واغبرَّ اليومُ: اشتَدَّ غُبارُه.
الغبراء: الأرض لغبرة لونها أو لما فيها من الغبار. وفي الحديث: ما أظلت الخضراء ولا أقلت الغبراء ذا لهجة أصدق من أبي ذر ([122]). وتسمى سِنُو الجدب غُبْراً لاغبرار آفاقها من قلة الأمطار وأرضها من عدم النبات، وفي الحديث: لو تعلمون ما يكون في هذه الأمة من الجوع الأغبر

---

(122) صحيح ابن حبان 16 / 76 ، رقم الحديث : 7132 . المستدرك على الصحيحين 3 / 385 ، رقم الحديث : 5461 . سنن الترمذي 5 / 665 ، رقم الحديث : 3801 .

والموت الأحمر ([123]). وبنو غَبراء هم المحاويج، وإنما سمي الفقراء بني غبراء للصوقهم بالتراب، كما قيل لهم المُدقِعُون للصوقهم بالدَّقعاء، وهي الأرض كأنهم لا حائل بينهم وبينها.

- **غتم:** الغين والتاء والميم أصلٌ يدل على انغلاق في الشيء وانسداد. الغَتْمُ: شدَّةُ الحَرِّ يكاد يأخذ بالنَّفَس. وأغتمَ فلانُ الزيارةَ: أكثرها حتى يُمَلَّ.
يقال للذي يجدُّ الحَرَّ وهو جائع: مَغْتُومٌ.

- **غثم:** الغين والثاء والميم كلمتان متباينتان. وقد غَثَمْتُه إذا خلطت كل شيء.
غثم له من المال غَثْمَةً إذا دفع له دُفْعة، وغَثَمَ له من العطيَّة: أعطاه من المال قطعة جيدة.
الغَثِيمةُ: طعامٌ يُطبخ ويُجعل فيه جرادٌ.

- **غدفل:** الغِدَفْلُ: الطويلُ من الرجال. وغُدافلُ الثياب: خُلقانُها.
عيشٌ غَدْفَلٌ ودَغْفَلٌ: واسع.

- **غدن:** الغين والدال والنون أُصيلٌ صحيح يدل على لين واسترسال وفترة. الغَدَنُ: الاسترخاء والفتور. والغُدانيُّ: الشابُّ الناعم.
الغَدَنُ: سَعَةُ العيش والنَّعمة. والغَدَنُ: النَّعمةُ واللين. وفلان في غُدُنَّةٍ من عيشه أي في نعمة ورفاهية.

- **غذم:** الغين والذال والميم أصلٌ صحيح يدل على جنس من الأكل والشرب. تَغضذَّمَ الشيءَ: مضغه. والغُذَم: الكثير من اللبن.

---

(123) لم أجد له اصلا . وأورده صاحب مجمع الأمثال : أسرع الأرض خرابا البصرة بالموت الأحمر والجوع الأغبر . انظر : مجمع المثال 2 / 303 .

الغَذْمُ: أكل الرطب اللَّيِّن. والغَذْمُ أيضاً: الأكل السهل. والغَذْمُ: الأكلُ بجفاء وشدة نَهَم. ورجل غُذَمٌ: كثير الأكل.

- **غذمر:** المُغَذْمِرُ من الرجال: الذي يركب الأمور ن ويخلِّط في كلامه. وغَذمَرَ الكلامَ: أخفاه. والغَذْمرة: لغة في الغَذْرمة، وهو بيع الشيء جزافاً. وغَذْمرَه الرجلُ: باعه جزافاً كَغَذْرَمة.

- **غرب:** الغين والراء والباء أصلٌ صحيح وكلمة غير منقاسة، لكنها متجانسة. الغَرْبُ: المَغْرِبُ، والذَّهابُ، والتَّنَحِّي، والحِدَّة، والنشاط، والدَّمْعُ.
الإغرابُ: كثرةُ المال، وحُسْن الحال من ذلك، كأن المال يملأُ يَدَيْ مالِكه. والغَرَبُ: الذهب، وقيل: الفضة.

- **غرر:** الغين والراء أصول ثلاثة صحيحة: الأول المثال، والثاني النقصان، والثالث العتق والبياض والكرم. غَرَّه غَرّاً وغُروراً: خَدَعَه وأطمعه بالباطل. والغَرور: الدنيا، والأَغَرُّ: البيض من كل شيء. ويقال: فتى غِرُ وفتاةٌ غِرَّة. واغترَّ بالشيء: خُدِع به.
غَرَّر بنفسه وماله تَغْريراً وتَغِرَّةً: عرَّضهما للهلكة من غير أن يعرف، والاسم، الغَرَرُ، والغَرَرُ: الخطر. ونهى رسول الله صلى الله عليه وسلم عن بيع الغرر ([124]). وهو مثل بيع السمك في الماء والطير في الهواء. وقيل بيع الغرر المنهيُّ عنه ما كان له ظاهر يَغُرُّ المشتري وباطنٌ مجهول. ويدخل في بيع الغرر البيوع المجهولة التي لا يحيط بكُنهها المتبايعان حتى

(124) صحيح ابن حبان 11 / 327 ، رقم الحديث : 4951 . صحيح مسلم 3 / 1153 ، رقم الحديث : 1513 .

تكون معلومة. وبيع الغرر أن يكون على غير عهدة ولا ثِقة. ولِسُقنا غِرارٌ إذا لم يكن لمتاعها نَفاقٌ.
وغارّت السوق: كسدت، ودَرّت دَرَّةً: نفقت. والغُرَّة عند العرب أنفس شيء يُمْلك وأفضله، والفرس غُرَّة مال الرجل، والعبدُ غُرَّةَ ماله، والبعيرُ النجيبُ غُرَّةَ ماله، والأمةُ الفارهة من غُرَّة المال.

- **غرل:** الغين والراء واللام كلمة واحدة، وهي القُلْفَة. الرجلُ غَرِلٌ: المسترخي الخلْق.
عيش أغْرَلُ أي واسع. وعامٌ أغْرَلُ: خصيب.

- **غرم:** الغين والراء والميم أصلٌ صحيح يدل على ملازمة. الغَرَامُ: الولوعُ، والشَّرُّ الدائم، والهلاك، والعذاب. والمُغْرَمُ: أسير الحب والدِّين والمُوْلَعُ بالشيء .
غرمَ يَغرَمُ غُرْماً وغرامة، وأغرمه وغرَّمه. والغُرْمُ: الدَّيْنُ. ورجلٌ غارِمٌ: عليه دَيْن. وفي الحديث: اللهم إني أعوذُ بك من المأثم والمغرَم ([125]). قيل: المغرم كالغُرم، وهو الدَّيْن. والغريم الذي له الدَّين والذي عليه الدَّين جميعاً. والجمعُ غُرَماء. وفي حديث أشراط الساعة: والزكاة مَغْرَما ([126]) أي يرى ربُّ المال أن إخراج زكاته غَرامةٌ يَغْرَمُها.

- **غضر:** الغين والضاد والراء أصلٌ صحيح يدل على حُسنٍ ونَعمة ونَضرة. الغضارةُ: الطينُ الحرَ.
وغَضِرَ عنه: انصرف، وعدل.

---

(125) صحيح البخاري 1 / 286 ، رقم الحديث : 798 . صحيح مسلم 1 / 412 ، رقم الحديث : 589

(126) سنن الترمذي 4 / 494 ، رقم الحديث : 2210 . المعجم الكبير 18 / 51 ، رقم الحديث : 91 .

غَضِرَ الرجلُ بالمالِ والسَّعةِ والأهلَ غَضَراً: أخصبَ بعدَ إقتار، وغضرهُ الله يَغْضره غضْراً. ورجلٌ مَغْضُورٌ: مبارَك. وقومٌ مغضورون إذا كانوا في خيرٍ ونعمة. وعَيْشٌ غَضِرٌ مَضِرٌ، فَغَضِرٌ ناعمٌ رافهٌ. وإنهم لفي غَضارةٍ من العيش وفي غَضْراءَ من العيش وفي غَضارةِ عيش أي في خَصب وخير. والغضارةُ: طيبُ العيش.

وفي القاموس: والغَاضِرُ: جلدٌ جيد الدِّباغ.

- **غفر:** الغين والفاء والراء عُظْمُ بابه السَّتر. أصل الغَفْرِ التغطية والستر، وغفرَ الله ذنوبَه: سترها. غفر الجَلَبُ السوقَ يَغْفِرُها غَفْراً: رَخَّصها.

- **غلت:** الغين واللام والتاء فيه كلمة: يقولون الغلت في الحساب كالغلط في غيره. غَلَتِ القِدْرُ تَغْلي غلياً وغلياناً وأغلاها وغلاَّها.
  الغَلْتُ: الإقالة في البيع والشراء.

- **غلق:** الغين واللام والقاف أصلٌ واحد صحيح يدل على نشوب شيء في شيء. غلقَ البابَ وأغْلَقَه وغَلَّقَهُ. وغَلِقَ البابُ وانغلق واستُغلق إذا عسر فتحه.

أغلق عليه الأمر إذا لم ينفسح، وغَلِقَ في البيع، وغلق بيعه فاسْتَغْلَق. استغلقني فلان في بيعي إذا لم تجعل لي خياراً في ردِّه. قال: واسْتَغْلَقْتُ على بيعته.

- **غلل:** الغين واللام أصلٌ صحيح يدل على تخلل شيء، وثبات شيء، كالشيء يُغْرَز. الغُلّ والغُلّة والغَلَلُ والغَليلُ، كله شدَّة العطش وحرارته. ورجلٌ مغلولٌ وغليلٌ: عطشان شديد العطش.
  الغلَّة: الدَّخل كِراء دار وأجْر غلام وفائدة أرض. والغِلة: واحدة الغلاَّت. واستغلال المُستَغَلّات: أخذ
  غَلَّتها، وأغَلَّت الضيعةُ: أعطت الغلَّة. ويدٌ مغلولة أي ممسوكة عن الإنفاق. واستغَلَّ عَبْدَه: كَلَّفه أن يُغِلَّ عليه.

- **غلا:** الغين واللام والحرف المعتل أصلٌ صحيح في الأمر يدل على ارتفاع ومجاوزة قَدْر. غلا في الدِّين والأمر يَغْلُو غُلُواً: جاوز حده.
  الغَلاء: نقيض الرُّخْص. غلا السِّعْرُ يَغْلُو غلاءً، فهو غالٍ وغلِي. وغالى بالشيء: اشتراه بثمن غالٍ. وغَالى بالشيء وغلاَّه: سامَ. وأصل الغلاء الارتفاع ومجاوزة القدر في كل شيء. وبعتُه بالغلاء والغالي والغَليّ.

- **غمض:** الغين والميم والضاد أصلٌ صحيح يدل على تداخل في الشيء. الغَمْضُ والإغماضُ: النوم. وأغمضَ: أغلقَ عينيه. وغمض في الأرض: ذهب فيها.
  اغْمَضَ في السلعة: استَحَطَّ من ثمنها لرداءتها، ويقول الرجل لبَيِّعه: أغمض لي في البِياعة أي زدني لمكان رداءته أو حُطَّ لي من ثمنه.

- **غنا:** الغين والنون والحرف المعتل أصلان صحيحان، أحدهما يدل على الكفاية، والآخر صوت.
  الغنى: التزويج، وضد الفقر. وتَغَانَوا: استغنى بعضهم عن بعض. والغانيةُ من النساء: الشابة المتزوجة. وغنَّى بالمرأة: تغزل بها.

استغنى الـلـه: سأله أن يُغنيه. واستغنى الرجلُ: أصاب غنىً. أغنى الـلـه الرجـلَ حتـى غَنِـيَ غِنىً أي صار له مالٌ. وفي أسماء الـلـه عزَّ وجلَّ: الغَنيُّ. وهو الـذي لا يحتـاج إلى أحـد في شيء وكل أحدٍ محتاج إليه، وهو هو الغني المُطلق، ومن أسـمائه سـبحانه: المغنـي وهـو الذي يغني من يشاء من عباده. الغنى: اليسار.

- **غنم:** الغين والنون والميم أصلٌ صحيحٌ واحد يدل على إفادة شيء لم يُملك من قبل، ثم يختص بـه ما أُخذ من مال المشركين بقهرٍ وغلبة. الغَنَم: الشاء لا واحد له مـن فـضله. وتَغَـنَّمَ غَـنَماً: اتخذها.

الغُنْم والغَنيمة والمَغْنم: الفيء. وتَغَنَّمَهُ واغتنمهُ: عـدَّه غنيمـة. الغنيمـة مـا أوجـف عليـه المسلمون بخيلهم وركابِهم من أموال المشركين. يقال: غَنِمْتُ أَغْنَم غُنْماً وغنيمة، والغنائم جمعها. والمغانم: مغنم. والغانم:آخذ الغنيمة، والجمع الغانمون. وفي الحـديث الـصوم في الشتاء الغنيمة الباردة ([127])، سماه غنيمة لما فبه من الأجر والثواب.

- **غير:** الغين والياء والراء أصلان صحيحان، يدل أحدهما على صلاح وإصلاحٍ ومنفعـة، والآخـر عـلى اختلاف شيئين. غَيْرَ بمعنى سوى، والجمع أغيار. وتغيَّرَ الـشيء عـن حالـه: تحـوَّل. وغـيَّرَه: حَوَّلَه. وفلانٌ لا يتغيَّرُ على أهله: أي لا يغار.

غارَنا الـلـه بخير: أعطانا خيراً. وغارَهم الـلـه بخـير ومطـر: أصـابهم بمطـر وخِـصْب، والاسـم: الغيرة. والغيارُ: الميرة. وقد غارَهم يغيرهم وغارَ لهم

(127) سنن الترمذي 3 / 162 ، رقم الحديث : 797 . سنن البيهقي الكبرى 4 / 296 ، رقم الحديث : 8237 . مسند أحمد 4 / 335 ، رقم الحديث : 18979 .

غياراً أي مارَهُم ونفعهم. وذهب فلان يَغيرُ أهله أي يَميرهم. وغايَره مُغايرَة: عارضه بالبيع وبادله. وغَيَّره إذا أعطاه الدية، وأصلها من المغايرة وهي المبادلة.

- **غيض:** الغين والياء والضاد أُصيل يدل على نقصان في شيء وغموض وقلّة. غاضَ الماء يغيضُ غَيْضاً ومغاضاً: قَلَّ ونَقَصَ.
  غاضَ ثمنُ السلعة يغيض: نقص. وأعطاه غيضاً من فيض: قليلاً من كثير.

الفاء

- **فتق:** الفاء والتاء والقاف أصلٌ صحيح يدل على فتحٍ في شيء. فَتَقَه يَفْتُقُه ويَفْتِقُه فتقاً: شقه. والفَتْقُ: الصبح، وانشقاق العصا ووقوع الحرب بين الجماعة.
الفَيتَقُ: النجار، وقيل الحدَّاد، وقيل البوَّاب وقيل الملك. وأفْتَقْنا: لم تُمطر بلادُنا ومُطِر غيرنا. وأفتقَ الرجلُ إذا ألحت عليه الفُتُوق، وهي الآفات من جوع وفقر ودَيْن. والفَتْقُ: الخِصْب، وعامٌ فتِقٌ: عامٌ خصيب.

- **فتن:** الفاء والتاء والنون أصلٌ صحيح يدل على ليّ شيء. الفتنةُ: الابتلاء والامتحان والاختبار. وفَتَنَ الرجلُ بالمرأة وافْتُتِن.
الفتنة: المال.
وفي القاموس: الفِتْنَةُ: إذابة الذهب والفضة، والفَتَّان: الصائغ. والفَتَّانان: الدرهم والدينار. والفتينُ: النجار. ودينارٌ مفتون، وَوَرِقٌ مفتون.

- **فجر:** الفاء والجيم والراء أصلٌ واحد، وهو التفتح في الشيء. الفَجْرُ: ضوء الصباح، وأفجروا: دخلوا فيه. وانفجر الماء وتفجَّر: سال.
أفْجَرَ الرجلُ إذا جاء بالفَجَر، وهو المال الكثير، والفَجَرُ: كثرة المال. والفَجَرُ: العطاء والكرمُ والجودُ والمعروفُ والمالُ. وتفجَّر بالكرم وانفجر.

- **فحش:** الفاء والحاء والشين كلمة تدل على قبحٍ في شيءٍ وشناعة. الفاحشة: الزنى، وما يشتدُّ قبحه من الذنوب. وأفحشَ الرجلُ: قال الفحُش.

الفحشاء: البخل، والعرب تسمي البخيل فاحشاً. وفي التنزيل: الشيطان يعدكم الفقر ويأمركم بالفحشاء ([128]).

- **فدد:** الفاء والدال أصلٌ صحيح، يدل على صوتٍ وجلبة. فَدَّ يَفِدُّ فدّاً وفديداً وفَدْفَدَ: إذا اشتدَّ صوته. ورجلٌ فدّاد: شديد الصوت جافي الكلام.
الفديد: الصوت، وقيل شدته. وفدَّد الرجلُ إذا صاح في بيعه وشرائه. والفدَّادون: أصحاب الإبل الكثير الذين يملك أحدهم المائتين إلى الألف، يقال له: فدّاد. والفدَّادون: الفلاحون. وقيل الفدَّادون: هم الجمَّالون والرعيان والبقارون والحمَّارون.

- **فرخ:** الفاء والراء والخاء كلمة واحدة، ويقاس عليها. الفَرْخُ: ولدُ الطائر، وكل صغير من الحيوان والنبات. وفَرَّخَ القومُ: ضعفوا، أي صاروا كالفراخ.
الفَرْخُ: الزرع إذا تهيأ للانشقاق بعدما يطلع، وقيل: الزرع ما دام في البذر فهو الحب، فإذا انشق الحب عن الورقة فهو الفرْخ، فإذا طلع رأسه فهو الحقل. وفي الحديث أنه نهى عن بيع الفَرُّوخ بالمكيل من الطعام ([129])، قال: الفَرُّوخ من السنبل ما استبانت عاقبته وانعقد حبه وهو مثلُ نهيه عن المخاضرة والمُحاقلة.

- **فرق:** الفاء والراء والقاف أُصيلٌ صحيح يدل على تمييز وتزييل بين شيئين. فرق بينهما فَرْقاً وفُرْقاناً: فصل. وتفارقَ القومُ: فارق بعضهم بعضا. والفرقان: القرآن.

---

(128) سورة البقرة ، الآية 268 .

(129) لم أجد له أصلا .

الفَرْق والفَرَقُ: مكيال ضخم لأهل المدينة معروف، وقيل هو أربعة أرباع، وقيل هو ستة عشر رطلا. والجمع فُرْقان.

- **فره:** فَرُه فراهة وفراهية: حَذَق. والفارهةُ: الجارية المليحةُ.
رجلٌ فارهٌ: شديد الأكل. قيل: قال عبدٌ لرجل أراد أن يشتَرِيَه: لا تشترني آكلُ فارهاً وأمشي كارهاً.

- **فسل:** الفاء والسين واللام أصلٌ صحيح يدل على ضعفٍ وقلّة. الفَسْل: الرُّذل النَّذل الذي لا مروءة له. والفِسْل: الرجل الأحمق.
أفسلَ عليه دراهمَه إذا زَيَّفها، وهي دراهم فُسول. وفي حديث حذيفة: اشترى ناقة من رجلين وشرط لهما من النَّقْد رضاهما، فأخرج لهما كيساً فأفسلا عليه، ثم أخرج كيساً فأفسلا عليه (130) أي زيّفا منها، وأصلها من الفسْل وهو الرديء الرذل من كل شيء. وأفسلَ الفسيلةَ: انتزعها من أمِّها واغترسها.

- **فضض:** الفاء والضاد أصلٌ صحيح يدل على تفريق وتجزئة. الفضيضُ: الماء العَذْبُ أو السائل. فَضَضْتُ الشيء أفضه فَضاً: كسرته وفَرَّقته.
الفضَّةُ من الجواهر: معروفة، والجمع فِضَضٌ. والفَضْفَضَةُ: سَعة الثوب والدّرع والعيش. وثوبٌ فضفاض: واسع.

- **فضل:** الفاء والضاد واللام أصلٌ صحيح يدل على زيادة في شيء. الفَضْلُ: ضد النقص. والجمع فضول. والفضيلة: الدرجة الرفيعة.

(130) لم أجد له أصلا .

يقال للخيَّاط القراريُّ والفُضُوليُّ. فضول الغنائم: ما فَضُل منها حين تُقسم. والإفضالُ: الإحسان. ورجلٌ فَضَّال ومُفَضَّل ومفضال: كثير الفضل. وأفضل عليه: زاد.

وفي القاموس: وفواضِلُ المالِ: ما يأتيك من غَلَّته ومرافقه، ولهذا قالوا: إذا غربَ المالُ، قَلَّت فواضِلُه.

- **فعل:** الفاء والعين واللام أصلٌ صحيح يدل على إحداث شيء من عمل وغيره. فَعَلَ يَفْعَلُ فَعْلاً وفِعْلاً، والاسم الفِعْل، والجمع الفِعال. وافتعلَ عليه كذباً وزوراً: أي اختلق.
  الفَعَلة صفة غالبة علىعَمَلة الطين والحفر ونحوهما لأنهم يفعلون، وقيل: النجار يقال له فاعل.

- **فقر:** الفاء والقاف والراء أصلٌ صحيح يدل على انفراج في شيء، من عضو أو غير ذلك. سَدَّ الله مفاقره: أغناه. والفاقِرَةُ: الداهية. والفِقرَة والفَقْرَة والفقارة: واحدة فقار الظهر.
  الفَقْر والفُقْر: ضد الغنى. وقَدْرِ ذلك أن يكون له ما يكفي عياله ورجلٌ فقيرٌ من المال، وقد فَقُرَ، فهو فقير، والجمع فقراء، والفقر: الحاجة، وفعله الافتقار، والنعت فقيرٌ. والمفاقِرُ: وجوه الفقر. وشكا إليه فقورَه أي حاجته.

- **فقع:** الفاء والقاف والعين ليس له قياس. الفَقَعُ: شدَّةُ البياض. والفاقِعُ: الخالص الصفر، الناصِعُها. والتَّفقيع: التَّشَدُّق.
  الإفْقاع: سوء الحال. وأفقعَ: افتقر. وفقيرٌ مفقعٌ: مُدقع فقير مجهود، وهو ما يكون من الحال.

- **فكه:** الفاء والكاف والهاء أصلٌ صحيح يدل على طِيب واستطابة. رجلٌ فَكِهٌ: يأكل الفاكهة، وفاكهٌ: عنده فاكهة. والفاكِهُ: المازحُ. والفُكاهة المِزاح.
الفاكهانيُّ: الذي يبيع الفاكهة. ولا يقال لبائع الفاكهة فكَّاه، كما قالوا لبَّان ونَبَّال.

- **فلج:** الفاء واللام والجيم أصلان صحيحان، يدل أحدهما على فوز وغلبة والآخر على فُرجة بين الشيئين المتساويين. فَلَجُ الأسنان: تباعدٌ بينها. والفَلْجُ: الظَّفَرُ والفوز.
فلج الشيء بينهما: قسمه نصفين، وفي حديث عمر: انه بعث حذيفة وعثمان بن حنيف إلى السَّواد ففلجا الجزية على أهلها ([131]) يعني قسماها، وأصله من الفِلْج، وهو المكيال الذي يقال الفالجُ، وإنما سميت القِسْمةُ بالفَلْج لأن خراجهم كان طعاماً. وفَلَجْتُ الجزية على القوم إذا فرضتها عليهم. وفَلَجْتُ الأرض للزراعة، وكل شيء شققته، فقد فلجته.
والفَلُّوجةُ: الأرض المصلحة للزرع، والجمع فلاليج. والفَلُّوجةُ: الأرض الطيبة البيضاء المستخرجة للزراعة.

- **فلح:** الفاء واللام والحاء أصلان صحيحان، يدل أحدهما على شَقّ، والآخر على فوزٍ وبقاء. الفَلَحُ والفلاحُ: الفوزُ، والنجاةُ، والبقاء في الخير، والسَّحور. وفَلَحَ رأسَه فلْحاً: شَقَّه.
الفَلْحُ: مصدر فَلَحْتُ الأرض إذا شققتها للزراعة. وفلح الأرض للزراعة يَفْلَحُها فلحاً إذا شقَّها للحرث. والفلاح: الأكَّار، وإنما قيل له فلاح لأنه يفلح الأرضَ أي يشقها، وحرْفته الفِلاحة، بالكسر، الحراثة.

---

(131) مصنف ابن أبي شيبة 6 / 469 ، رقم الحديث : 32999 .

وفي حديث عمر: اتقوا اللـه في الفلاحين ([132]) يعنـي الـزرّاعين الـذين يفلحـون الأرض أي يـشقونها. والفلاح: المكاري، ويقال للمُكاري فلاَّح، وإنما قيـل الفـلاح تـشبيهاً بالأكّـار. وفلـح بـالقوم وللقوم يَفْلَحُ فلاحة: زيَّن البيع والـشراء للبـائع والمـشتري. والفَلْـجُ الـنَّجْش، وهـو زيـادة المكتري ليزيد غيره فيُغريـه.

- **فلذ:** الفاء واللام والذال أُصيل يدل على قطع شيء من شيء. فلذ له من المال يَفْلِـذُ فَلْـذاً: أعطـاه منه دَفْعَةً، وقيل: هو العطاء، وقيل: هو أن يكثـر له من العطـاء. والفِلْـذَةُ: القطعـةُ مـن المال والذهب والفضة، والجمع أفلاذ. وضرب أفـلاذَ الإبـل مـثلاً للكنـوز أي تخـرج الأرض كنوزها المدفونة تحت الأرض. والفولاذ من الحديد معروف، وهو مُصاص الحديد المنقـى من خَبثَه. وافتلذتُ له قطعة من المال افتلاذاً إذا اقتطعته.

- **فلز :** الفاء واللام والزاء ليس فيه شيء . الفِلزُّ : الحجارة ، ورجلُ فِلِزٌّ : غليظ شديد . الفِلَزُّ والفِلِزُّ والفُلُزُّ: النحاس الأبيض تجعل منه القـدور العظـام. وقيـل: هـو جميـع جـواهر الأرض من الذهب والفضة والنحاس وأشباهها.

- **فلس:** الفاء واللام والسين كلمة واحدة، وهي الفَلْس. وشيء مفَلَّس اللون إذا كان على جلده لُمَعٌ كالفلوس. وقد فَلَّسه الحاكم تَفْليساً: نادى عليه أنه أفلس.

(132) سنن البيهقي الكبرى 9 / 91 ، رقم الحديث : 17938 . مصنف ابن أبي شيبة 6 / 483 ، رقم الحديث : 33120 .

الفَلْس: معروف، والجمع في القلة أفلُس، وفلوس في الكثير، وبائعُه فَلاَّس، وأفْلَس الرجل: صار ذا فلُوُس بعد أن كان ذا دراهم ، يُفلسُ إفلاساً: صار مفلساً كأنما صارت دراهمه فُلُوساً وزيوفاً. أفلسَ الرجلُ إذا لم يبق له مال.

- **فنع:** الفاء والنون والعين أصلٌ صحيح يدل على طيبٍ وكثرةٍ وكرم. الفَنَعُ: طيب الرائحة. والفَنَعُ: نَفْحَةُ المسك، ونشر الثناء الحسن.
الفَنَعُ: المالُ الكثير. والفَنَعُ: الكرمُ والعطاء والجود الواسع والفضل الكثير. وفَنَعَ: كثُرَ مالُه ونما.

- **فوق:** الفاء والواو والقاف أصلان صحيحان يدل أحدهما على علوّ، والآخر على أوبةٍ ورجوع.
فَوْق: نقيض تحت. وفاقَ أصحابه فَوقاً وفواقاً: علاَّهم بالشرف. والفائق: الخيار من كل شيء.
الفاقةُ: الفقر والحاجة، ولا فعل لها. وافتاقَ الرجلُ أي افتقر، ولا يقال فاق. والمُفْتاق: المحتاج.

- **فوه:** الفاء والواو والهاء أصلٌ صحيح يدل على تفتُّح في الشيء. الفاهُ والفُوه والفِيه، والفوهةُ والفمُ: سواء، والجمع: أفواه، وأفمام.
ورجل فَيِّهٌ ومُسْتَفيهٌ في الطعام إذا كان أكولاً.

- **فيأ:** فاء: رجع. وفاء إلى الأمر يفيء: رجع إليه. والفئة: الطائفة.
الفيء الغنيمة والخراج. والفيء ما حصل للمسلمين من أموال الكفار من غير حربٍ ولا جهاد. وأصل الفيء: الرجوع، كأنه كان في الأصل لهم فرجع إليهم. وقد فِئتُ فيئاً واستفأتُ هذا المالَ: أخذته فيئاً.

القاف

- **قبع:** القاف والباء والعين أصلٌ صحيح يدل على شبه أن يختبئ الإنسان أو غيره. قَبَعَ: نَخَرَ، وتخلَّف. والقَّبْعُ: الصياح. والقُباعُ: الأحمق .
القُباعُ، بالضم: مكيال ضخم.

- **قبن:** القاف والباء والنون بمعنى ذهب. قَبَنَ يَقْبِن قُبوناً: ذهب في الأرض.
القَبَّان: الذي يوزن به.

- **قتر:** القاف والتاء والراء أصلٌ صحيح يدل على تجميع وتضييق. قَتَّرَت النارُ: دَخَّنَتْ. وأقترت المرأةُ : إذا تبخترت بالعود. وتَقَتَّرَ للأمر: تهيأ له وغضب.
أقتر الرجلُ: افتقر. وقتر على عياله يقتر قَتْراً وقُتُوراً أي ضيق عليهم في النفقة. القَتْرُ الرُّمْقة في النفقة. يقال: فلان لا ينفق على عياله إلا رمقةً أي ما يمسك إلا الرَّمَقَ. ويقال: أقتر الله رزقه أي ضيَّقه وقلله. والقَتْر: ضيقُ العيش، وكذلك الإقتيار. والقَتُور: الفقير.

- **قثم:** القاف والثاء والميم أصلٌ يدل على جمعٍ وإعطاء. قثم الشيء يَقْثِمه قَثْماً واقتثمه: جمعه واجترفه.
قثَمَ له من العطاء قَثْماً: أكثر. ورجلٌ قُثَم إذا كان معطاءً. وقَثَمَ مالاً إذا كسبه. وقَثام: اسم للغنيمة إذا كانت كثيرة. وفي الحديث: أتاني ملَكٌ فقال

أنت قُثَم وخَلْقُك قَيِّم [133]؛ القُثَم: الكثير العطاء. والقُثَم والقَثُوم: الجموع للخير.
وفي القاموس: قَثَمَ مالاً كثيراً: أخذه، واجترفه، وجمعه.

- **قحط:** القاف والحاء والطاء أصلٌ صحيح يدل على احتباس الخير، ثم يستعار. قحطَ العام قَحْطاً وقَحَطاً وقُحُوطاً، وعامٌ. ضربٌ قحيطٌ: شديد. وزمنٌ قاحِطٌ: والجمعُ قواحط.
القَحْط: احتباس المطر. والقَحْطُ: الجَدْبُ لأنه من أثره. يقال قحط المكان، ويقال: قُحِط القَطْر. ويقال: زمانٌ قاحط وعامٌ قاحِط وسنةٌ قحيط. وعامٌ قَحِط وقحيط: ذو قَحْط. والقَحْطِيّ من الرجال: الأكول الذي لا يبقي من الطعام شيئاً. وأقحطَ الناسُ إذا لم يُمطروا.
وفي القاموس: أقحط القومُ: إذا أصابهم القحطُ.

- **قرش:** القاف والراء والشين أصلٌ صحيح يدل على الجَمْع والتجمُّع. أقْرَشَ بالرجل: أخبر بعيوبه. وأقرَشَ به وقَرَّشَ: وشى وحَرَّش.
القَرْشُ: الجمعُ والكسبُ والضم من ههنا وههنا يضم بعضه إلى بعض. وقَرَشَ يَقْرِشُ ويَقْرُشُ قرْشاً، وبه سميت قريش. وقَرَشَ يَقْرِشُ ويقْرُشُ قرْشاً واقترش وتقرَّش: جمع واكتسب. وقيل سميت قريش بذلك لتَجْرِها وتكَسُّبها وضَربها في البلاد تبتغي الرزق. وقيل: سميت بذلك لأنهم كانوا أهل تجارة ولم يكونوا أصحاب ضرع وزرع. من قولهم: فلانٌ يتقَرَّش المالَ أي يجمعه.

(133) ورد في الحديث بلفظ " خلقك قيم ولسانك صادق ونفسك مطمئنة ". انظر : سنن الدارمي 1 / 42 ، رقم الحديث : 53 .

- **قرض:** القاف والراء والضاد أصلٌ صحيح يدل على القطع. القرض: القطْع. قَرَضه يَقْرِضُه: قَطَعَه، وجازاه. وقَرَضَ الشِّعْرَ: قالَه. والتقريض: المدح والذَّم.
القِراضُ في كلام أهل الحجاز المُضاربَة، ومنه حديث الزهري: لا تصلح مقارضةُ من طُعْمَتُه الحرام، يعني القِراضَ. قيل: أصلها من القَرْض في الأرض وهو قطعها بالسير فيها، وكذلك هي المضاربة أيضاً من الضرب في الأرض. وأقرضه المال وغيره: أعطاه إياه قَرْضاً.

- **قرضف:** القُرْضوف: القاطع.
القُرْضوف: الأكل.

- **قرط:** القاف والراء والطاء ثلاثُ كلمات عن غير قياس. القَرْطُ: نوع من حُلِيّ الأذن. وقَرَّط فرسه إذا طرح اللجام في رأسه.
القِرَّاط والقِيراط من الوزن: وهو نصف دانق، وجمعه قراريط. وقَرَّط عليه: أعطاه قليلاً.

- **قرف:** القاف والراء والفاء أصلٌ صحيح يدل على مخالطة الشيء والالتباس به. القِرْفُ: القِشْرُ ولحاء الشجر. واقترف إثماً: أتاه.
الاقتراف: الاكتساب. اقترف أي اكتسب. واقترفَ المالَ: اقتناه. والقِرْفة: الكَسْب. وفلانٌ يَقْرَف لعياله أي يكسب. وبعيرٌ مقترف: اشتري حديثاً.

- **قرقف:** القَرْقَفَة: الرِّعْدَة. والقَرْقَف: الخمر.
القَرْقوف: الدِّرهم. وحكي عن بعض العرب أنه قال: أبيض قَرْقُوف، بلا شعر ولا صوف، في البلاد يطوف، يعني الدرهم الأبيض.

- **قرن:** القاف والراء والنون أصلان صحيحان: أحدهما يدل على جمع شيء إلى شيء، والآخر شيء ينْتَأ بقوة وشدة. القَرْن للثور وغيره، معروف. والقرن: الأمة تأتي بعد الأمة. والقرين الأسير.

القِران: أن يَقْرُن بين تمرتين يأكلهما. وفي الحديث: أنه نهى عن القِران إلا أن يستأذن أخوكم صاحبه ([134])، وإنما نهى عنه لأن فيه شرهاً، وقيل: إنما نهى عنه لما كانوا فيه من شدَّة العيش وقلة الطعام، وكانوا مع هذا يُواسُون من القليل، فإذا اجتمعوا على الأكل آثر بعضهم بعضاً على نفسه، وقد يكون في القوم من قد اشتد جوعه، فربما قرن بين التمرتين أو عظَّم اللقمة فأرشدهم إلى الإذن فيه لتطيب به أنفس الباقين.

وفي القاموس: أقْرَن الرجلُ: باعَ الحَبْلَ، وباع الجَعْبَةَ، والجَعْبَةُ من جلود تكون مشقوقة ثم تخرز.

- **قزم:** القاف والزاء والميم كلمة تدل على دناءة ولؤم. القَزَمُ: الدناءةُ، ورذال الناس. ورجلٌ وامرأةٌ قَزَمَةٌ: قصيرة. وقَزَمَه قَزْماً: عابه.

القَزَمُ: اللؤم والشحُّ. وفي الحديث أنه كان يتعوذ من القَزَم ([135]). وقَزَمُ المالِ: صغاره ورديئه.

- **قسا:** القاف والسين والحرف المعتل يدل على شدة وصلابة، من ذلك الحجر القاسي. قسا قلبُه قَسْواً وقَسْوةً وقَساوةً وقساءً: صَلُبَ، وغَلُظَ. وقاساهُ: كابده.

(134) صحيح البخاري 2 / 881 ، رقم الحديث : 2357 . السنن الكبرى 4 / 167 ، رقم الحديث : 6727

(135) لم أجد له أصلا .

درهمٌ قَسِيٌّ: رديء. وقيل درهمٌ قسيٌّ ضربٌ من الزُّيوف أي فضته صُلبة رديئة ليست بلينـة. وفي حديث ابن مسعود أنه باع نُفاية بيت المال وكانت زُيوفاً وقِسياناً بدون وزنهـا ([136])، فذكر ذلك اعمر فنهاه وأمره أن يردهـا. ودراهـم قـسيَّة وقـسِيَّاتٌ وقـد قـست الـدراهم تقسُوا إذا زافت.

- **قسط**: القاف والسين والطاء أصلٌ صحيح يـدل عـلى معنيـين متـضادين، والبنـاء واحـد. أقـسط يُقْسِطُ فهو مُقْسِطٌ إذا عدل. وقَسَطَ يَقْسِطُ فهو قاسط إذا جار.

القِسْطُ: الميزانُ. والقِسْطُ: مكيال، وهو نصف صاع. ويقال: قُسْطاسٌ وقِسطاسٌ. قَسَّطَ عـلى عياله النفقة تقسيطاً إذا قتَّرَها.

- **قسم**: القاف والسين والميم أصلان صحيحان يدل أحدهما على جمال وحسن، والآخر على تجزئـة شيء. قَسَمَه يَقْسِمُه وقسَّمَهُ: جَزَّأه، وهي القِسْمَةُ. وقَسَمَ الدهرُ القومَ: فرَّقهم.

القُسامة: مـا يَعْزِلـه القاسـم لنفـسه مـن رأس المـال ليكـون أجـراً لـه. وفي الحـديث: إيـاكم والقُسامة ([137])، بالضم، هي ما يأخذه القَسَّام من رأس المال عن أجرته لنفسه كما يأخـذ السماسرة رسماً مرسوماً لا أجراً معلوماً، كتواضعهم أن يأخذوا من كل ألـف شـيئاً معينـاً، وذلك حرام، والقُسامةُ: الصدقة لأنها تقسم على الـضعفاء. القَـسَّام: الـذي يَقْـسِمُ الـدور والأرض بين الشركاء فيها.

(136) سنن البيهقي الكبرى 5 / 282 ، رقم الحديث : 10281 . مصنف ابن أبي شيبة 4 / 535 ، رقم الحديث : 22905 .

(137) سنن البيهقي الكبرى 6 / 356 ، رقم الحديث : 12803 . سنن أبي داود 3 / 91 ، رقم الحديث : 2783 .

وفي القاموس: والقَسْمُ: العطاء. وتَقَاسما المالَ: اقتسماه بينهما.

- **قشم:** القُشامة: ما يبقى من الطعام على الخِوان. وقَشَمَ الرجلُ قَشْماً: مات.
القَشْم: الأكل، وقيل شدة الأكل وخَلْطُه.

- **قصب:** القاف والصاد والباء أصلان صحيحان، يدل أحدهما على قطع الشيء، ويدل الآخر على امتداد في أشياء مجوَّفة. القَصَب: كل نبات ذي أنابيب، واحدتها قَصَبَةٌ. والقَصَبُ: كل عظيمٍ مستدير أجوف فيه مُخٌّ. وقصبةُ البلد: مدينته.
القاصِبُ والقَصَّابُ: الجَزَّار وحرفته القِصابةُ. وسمي القصاب قصاباً لتنقيته أقصاب البطن.
قَصَبَ الجَزَّارُ الشاةَ يَقْصِبُها قصباً: فَصَلَ قَصَبَها، وقطعها عضواً عضواً.

- **قصد:** القاف والصاد والدال أصولٌ ثلاثة، يدل أحدها على إتيان الشيء وأمّه، والآخر على كسر وانكسار، والآخر على اكتناز في الشيء. القصد: استقامة الطريق. قَصَدَ يَقْصِدُ قصداً، فهو قاصد. والقصدُ: العدل.
القصد في الشيء: خلافُ الإفراط وهو ما بين الإسراف والتقتير. والقصد في المعيشة: أن لا يُسرف ولا يُقَتِّر.

- **قطط:** القاف والطاء أصلٌ صحيح يدل على قطع الشيء بسرعة عَرْضاً. القَطُّ: القطعُ عامّة. وشَعْرٌ قَطٌّ وقَطَطٌ جَعْدٌ قصير. والقِطُّ: النصيب. وتَقَطْقَطَ الرجلُ: ركب رأسَه.
قَطَّ السعرُ: إذا غلا. سِعْرٌ مقطوطٌ وقد قَطَّ إذا غلا. والقاطِطُ السعر الغالي.

وفي القاموس: القَطَّاطُ: الخراطُ، صانع الحُقَقِ. والقِطُّ: الصَكّ، وكتابُ المحاسبة.

- **قطع:** القاف والطاء والعين أصلٌ صحيح واحد يدل على صرْمٍ وإبانة شيء من شيء. قَطَعَه قَطْعاً: أبانه. القَطْعُ: مصدر قَطَعْتُ الحَبْلَ، قطعاً فانقطع. والأَقْطَعُ: المقطوع اليد. وتقاطعَ القومُ: تصارموا.
أقطعه أرض كذا، يُقطعه إقطاعاً. واستقطعه إذا طلب منه أن يُقطعه. والقطيعة الطائفة من أرض الخراج. والإقطاع أن يُقطع السلطان رجلاً أرضاً، فتصير له رقبتها، وتسمى تلك الأرضون: قطائع، واحدتها قطيعة. وقطع لسانَه: أسكته بإحسانه إليه.

- **قعس:** القاف والعين والسين أصلٌ صحيح يدل على ثباتٍ وقوة. القَعْس: نقيض الحَدَب. والقعُوس: الشيخ الكبير. وقَعَسَ وتقاعس: تأخر ورجع إلى خلف.
الإقعاسُ: الغنى والإكثار.

- **قفر:** القاف والفاء والراء أصلٌ يدل على خلوّ من خير. القَفْرُ والقَفْرَةُ: الخلاءُ من الأرض. وأقفرَ المكانُ: خلا.
أقفر الرجلُ: ذهب طعامه وجاع. وقفِرَ مالُه قَفَراً: قَلّ. أقفرت الأرضُ من الكلأ: خَلَت. وأقفرَ الرجلُ أكل طعامه بلا أُدْم.
وفي القاموس: وخبزٌ قَفْرٌ وقَفَارٌ: غير مأدوم. وقفر الطعامُ: صار قفاراً.

- **قفز:** القاف والفاء والزاء أصلان يدل أحدهما على شبه الوثْب، والآخر على شيء يُلبس. قَفَزَ يَقْفِزُ قَفْزاً وقفزاناً وقُفازاً وقفوزاً: وثب. والقُفَّازُ: لباس الكفّ للمرأة.
القفيزُ من المكاييل: هو ثمانية مكاكيك عند أهل العراق، وهو من الأرض قدر مائة وأربع وأربعين ذراعاً، وقيل هو مكيال تتواضعُ الناسُ عليه، والجمعُ أقْفِزَةٌ وقُفْزانٌ. والقُفَّازُ: ضرب من الحلي تتخذه المرأة في يديها ورجليها.

- **قلل:** القاف واللام أصلان صحيحان، يدل أحدهما على نزارة الشيء، والآخر على خلاف الاستقرار، وهو الانزعاج. القِلَّة: خلاف الكثرة. واستقلَّهُ: رآه قليلاً. والقُلال: القليل. ورجلٌ قَلْقَالٌ: صاحبُ أسفار.
قلل: افتقر. والإقلالُ: قلة الجدَّة. وقل ماله ورجلٌ مقِلٌ وأقلَّ: فقير. وقيل: القَلَّة النَّهضة من عِلة أو فقر.

- **قمر:** القاف والميم والراء أصلٌ صحيح يدل على بياض في الشيء ثم يفرّع منه. أقمرت ليلتنا: أضاءت. وأقْمَرْنا أي طلع علينا القمرُ. وأقمر الرجلُ: ارتقب طلوع القمر.
قامَرَ الرجلُ مُقامَرَةً وقماراً: راهنه، وهو التقامُر. والقِمارُ: المُقامرة. وتقامروا: لعبوا القمار. وقَمِرَ الكلأُ والماءُ وغيره: كثر. وأقمرت الإبلُ: وقعت في كلأ كثير.

- **قنا:** القاف والنون والحرف المعتل أصلان يدل أحدهما على ملازمة ومخالطة، والآخر على ارتفاعٍ في شيء. قنَيتُ الحياء أي لزمْتُه.

القِنْوةُ والقُنْوةُ: الكسبةُ. قَنوتُ الشيء: كسبته. والقِنْيةُ: ما اكتسب، والجمع قِنىً. ومالٌ قِنيانٌ: اتخذته لنفسك. ومالُ قُنيانٌ وقِنيان: يتخذ قِنْية. ويقال هذه قِنْيَةٌ لنسلٍ لا لتجارة. وأغناه الله وأقناه أي أعطاه ما يسكنُ إليه. وفي التنزيل: وأنه هو أغنى وأقنى ([138]). وقيل: أقنى أعطاه ما يدَّخره بعد الكفاية. يقال: قناه يَقْنوه واقتناه إذا اتخذه لنفسه دون البيع. القنا: ادخار المال.

- **قنطر:** القَنْطَرَةُ: الجِسْرُ، وما ارتفع من البنيان. وقنطرَ الرجلُ: تركَ البَدْوَ وأقام بالأمصار.
القِنطارُ: معيارٌ، وقيل: وزن أربعين أوقية من الذهب، وقيل: ألف ومائة دينار، وقيل: مائة وعشرون رطلاً. وقيل: ألف ومائتا أوقية. وقيل: سبعون ألف دينار. وقال ابن عباس: ثمانون ألف درهم. وقيل: هي جملة كثيرة من المال. وقَنْطَر الرجلُ ملك مالاً كثيراً كأنه يوزن بالقِنْطار.
- **قها:** القاف والهاء والحرف المعتل أصلٌ يدل على خِصْبٍ وكثرة. أقْهى عن الطعام واقتهى: ارتدَّت شهوتَه عنه من غير مرض. والقهةُ: من أسماء الذهب. والقهوة: الخمر، سميت بذلك لأنه تقهي شاربها عن الطعام.
أقهى الرجلُ إذا قلَّ طُعْمُه. ورجلُ قاهٍ: مُخصِب في رحله. وعيشٌ قاهٍ: رَفيهٌ وخصيب.
- **قوا:** القُوَّة نقيض الضعف، والجمع قُوى وقِوى. وفرسٌ مقوٍ: قَوِيٌّ. واقتوى الشيءَ: اختصه لنفسه. وقَوَيتُه: غلبته.

(138) سورة النجم ، الآية 48 .

الإقواء: الفقر. وسنةٌ قاويةٌ: قليلة الأمطار. أقوى إذا استغنى، وأقوى إذا افتقر. وأقوى الرجلُ إذا نفذ زاده.
وفي القاموس: وقَوِي: جاعَ شديداً، وباتَ القواءَ، أي جائعاً. وقاواه: أعطاه.

- **قوت:** القاف والواو والتاء أصلٌ صحيح يدل على إمساكٍ وحفظٍ وقدرةٍ على الشيء. المُقيت: المقتدر، كالذي يعطي كل شيء قوته. وقيل: الحافظُ والحفيظ.
القُوتُ: ما يُمْسِكُ الرَّمَق من الرزق. وقيل: هو ما يقوم به بَدَنُ الإنسان من الطعام. والقوتُ مصدر قات يقوتُ قَوْتاً. تقوَّت بالشيء واقتات به واقتاته: جعله قوته. واستقاته: سأله القوتَ . وفي الحديث: اللهم اجعل رزق آل محمد قوتا ([139]): أي بقدر ما يمسك الرَّمق من المطعم.

- **قوم:** القاف والواو والميم أصلان صحيحان، يدل أحدهما على جماعة ناس، والآخر على انتصاب وعزم. القيامُ: نقيضُ الجلوس، قامَ يقومُ قوْماً وقوْمةً وقامةً. والمُقامُ والمُقامةُ: الموضع الذي تقيم فيه. وقِوامُ الأمر: نظامه وعماده.
قامت السوقُ إذا نفقت، ونامت إذا كسدت. وسوقٌ قائمةٌ: نافقةٌ. وسوقٌ نائمةٌ: كاسدة. ودينارٌ قائم إذا كان مثقالاً سواء لا يَرْجح، وهو عند الصيارفة ناقص حتى يرجَحَ بشيء فيسمى قَيَّالاً. وقَوَّمَ السلعة واستقامها: قَدَّرها. وفي حديث ابن عباس: إذا استقمت بنقدٍ فبعت بنقدٍ فلا بأس به، وإذا استقمت بنقد فبعته بنسيئة فلا خير فيه فهو

(139) صحيح البخاري 5 / 2372 ، رقم الحديث : 6095 . صحيح مسلم 2 / 730 . رقم الحديث : 1055

مكروه[140]، ومعنى قوله إذا استقمت يعني قوَّمت، وهذا كلام أهل مكة، يقولون: استَقمْتُ المُباع أي قوَّمته. والقيمةُ: واحدة القِيَم. والقِوام من العيش: ما يقيمك. وقوام العيش: عماده الذي يقوم به.

- **قيل:** القاف والياء واللام أصل كَلِمِه الواو، وإنما كتب ههنا لِلّفظ. القائلة: الظَّهيرة. وقال القومُ قيلا وقائلة وقيلولة ومَقالا ومقيلا. والمقيلُ: الموضع.

قالَه البيعَ قَيْلاً وأقالَهُ إقالةً. واستقالني: طلب إليَّ أن أُقيله. وتقايل البيِّعان: تفاسخا صَفْقَتهما. وتركتهما يتقايلان البيعَ أي يستقيل كل واحد منها صاحبه وقد تقايَلاَ بعدما تبايعا أي تتاركا. وأقَلْتُه البيعَ إقالةً: وهو فسخُه. وتقايلا إذا فسخا البيع وعاد المبيع إلى مالكه والثمن إلى المشتري إذا كان قد نَدِمَ أحدهما أو كلاهما. والمُقايلة والمُقايضة المبادلة، يقال: قايَضه وقايله إذا بادله . وفي الحديث: من أقال نادماً أقاله الله من نار جهنم[141]. وفي رواية: أقاله الله من عثرته.

- **قين:** القاف والياء والنون أصل صحيح يدل على إصلاحٍ وتزيين. القَيْنَةُ: الأمةُ المُغنية. والقَيْنُ: العبد، والجمع قِيانٌ، والقَيْنَةُ: الماشِطَةُ.

القينُ: الحدَّادُ، وقيل: كل صانع قَيْنٌ، والجمع أقيانٌ وقُيُونٌ. القُيُون: جمع قَيْنٍ وهو الحدّاد والصانع. وقيل: كلُّ عامل بالحديد عند العرب قَيْنٌ. وقانَ الإناءَ: أصلحه.

وفي القاموس : قانَ القَيْنُ الحديدَ يَقينُه: سَوَّاه .

(140) مصنف عبدالرزاق 8 / 236 ، رقم الحديث : 15028 .

(141) صحيح ابن حبان 11 / 402 ، رقم الحديث : 5029 . سنن البيهقي الكبرى 6 / 27 ، رقم الحديث 10912 . مسند الشهاب 1 / 179 ، رقم الحديث : 454 .

الكاف

- **كبع:** الكاف والباء والعين هو نقد الدرهم والدينار. كبعَ: قَطَعَ ومنعَ. والكُبُوعُ: الذُّل والخضوع. الكبْعُ: النقْدُ. وكَبَعَ الدراهمَ كَبْعاً: وزنها ونقدها.

- **كتل:** الكاف والتاء واللام أُصيل يدل على تجمُّع. الكُتْلَةُ: من الطين والتمر وغيرهما ما جُمِع. والمكَتَّل: الشديد القصير.
الكتال: سوء العيش وضيق المؤونة والثِّقْل. الكَتال: كل ما أُصلح من طعام أو كُسْوة. والأكتل: الشديدة من شدائد الدهر.

- **كثج:** كثج الرجلُ إذا أكلَ من الطعام ما يكفيه. وقيل: كثج من الطعام إذا أكثر منه حتى يمتلىء.

- **كثر:** الكاف والثاء والراء أصلٌ صحيح يدل على خلاف القلّة. الكَثْرَةُ، ويكسر: نقيض القلَّةِ، والكُثَار: الجماعات. واستكثر من الشيء: رغب في الكثير منه. والتكاثر: المكاثرة.
رجلٌ كَوْثَرٌ: كثير العطاء والخير. والكوثر: السيد الكثير الخير. وأكْثَرَ الرجلُ: كَثُرَ مالُه.
وفي القاموس: ورجلٌ مكْثِر: ذو مال. وأكثَرَ النخلُ: أطلع وكثر ماله.

- **كدا:** الكاف والدال والحرف المعتل أصلٌ صحيح يدل على صلابة في شيء، ثم يقاس عليه. كَدَت الأرضُ تكْدد كدْواً وكُدُوّاً، فهي كادية إذا أبطأ نباتها. والكدا: المنع.

الكُدْية والكاديةُ: الشدة من الدهر. يقال: أكدى أي ألحَ في المسألة. وأكدى الرجلُ: قلَّ خيره. وقيل: المكدي من الرجال الذي لا يثُوبُ له مال ملا يَنْمي. وكدى الرجل يكدي وأكدى: قلل عطاءه، وقيل: بخل. وأكدى: افتقر بعد غنى.

كدح: الكاف والدال والحاء أصلٌ صحيح يدل على تأثير في شيء. كَدَحَ فلانٌ وجه فلان: إذا عمل به ما يشينُه. وبه كَدْحٌ وكُدُحٌ: أي خُدوشٌ. والتكديحُ: التخديش.
الكَدْح: العملُ والسعيُ والكسبُ. والكَدْح: عمل الإنسان لنفسه من خير أو شر. كدح يكْدَحُ كَدْحاً وكدح لأهله: وهو اكتسابه بمشقة. يكدحُ لعياله ويكتدح أي يكتسب لهم.

- **كدد:** الكاف والدال أصلٌ صحيح يدل على شدة وصلابة. الكَدِيدُ: ما غلظ من الأرض. والكَدُّ: ما يُدَقُّ فيه الأشياء كالهاون. والكديد: الجريش من الملح.
الكَدُّ: الشدَّة في العمل وطلبُ الرزق والإلحاحُ في طلب الشيء. وفي المثل: بجَدِّك لا بكدِّك أي إنما تدرك الأمور بما ترزقه من الجَدِّ لا بما تعمله من الكَدِّ. كَدَّ يَكُدُّ في عمله إذا استعجل وتعب.

- **كدس:** الكاف والدال والسين ثلاث كلمات لا يشبه بعضها بعضا: فالأولى: كُدُسُ الطعام، والثانية التكدُّس، وهو مشي الفرس كأنه مُثقَل، والثالثة الكوادس: ما تطير منه. الكَدْس: الجمع، ومنه كُدْس الطعام.

الكُدْس والكَدْس: العَرَمَة من الطعام والتمر والدراهم ونحو ذلك. والجمع أكداس، يقال: كَدَس يكْدِس.

- **كدش:** الكاف والدال والشين ليس بناء يشبه كلام العرب. كَدَشه تكْدِشُه: خَدَشَه، وضربه بسيف أو رمح، ودفعه دفعاً عنيفاً، وقطعه، وسلقه، وطرده .
كَدَشَ لعياله يَكْدِشُ كَدْشاً: كسب وجمع واحتال، وهو يكدش لعياله أي يكدح. ورجلٌ كدّاشٌ: كسّابٌ.
وفي القاموس: وأكْدَشْتُ منه عطاءً، وكَدَشْتُ: أصَبْتُ.

- **كده:** الكاف والدال والهاء ليس بشيء، ولكنهم يقولون كَدَه الشيء وكدَّهَهُ: كَسَّره. وكَدَه رأسه بالمُشط: فَرَقَه به.
كَدَهَ لأهله كَدْهاً: كسب لهم في مشقة. يقال: هو يكدح لعياله ويكدَهُ لعياله أي يكسبُ لهم.

- **كرا:** الكاف والراء والحرف المعتل أصلٌ صحيح يدل على لين في الشيء وسهولة، وربما دل على تأخير. كرا الأرضَ يكروها: حفرها. وكرا الأمرَ: أعاده مراراً. وتَكَرَّى: نام.
الكِرْوَةُ والكِرَاء: أجر المستأجَر، كاراه مُكاراة وكِراء واكتراه.

- **كربس:** الكِرْباس والكِرْباسة: ثوب، وبيَّاعه كرابيسي. والكِرْباس: القُطْن.

- **كرر:** الكاف والراء أصلٌ صحيح يدل على جمع وترديد. الكرُّ: الرجوع. وكرَّ عنه: رجع. وتكَرْكَرَ هو: تَرَدَّى في الهواء.

الكُرُّ: مكيال لأهل العراق. والكُرّ: ستة أوقار حمار، وهو عند أهل العراق ستون قفيزاً. والكُرُّ: واحد أكرار الطعام. والكُرُّ اثنا عشر وَسْقاً، كل وَسْقٍ ستون صاعاً. والكرُّ أيضاً: الكساء.

- **كسا:** الكاف والسين والحرف المعتل يدل على الكِسْوةُ والكُسْوةُ وهو اللباس، واحدة الكُسا، واكتسى فلانٌ إذا لبس الكُسْوة.
فلانُ أكسى من فلان أي أكثر إعطاءً للكُسوة. يقال: كساءٌ وكساءان، وكساوان، والنسبة إليها كسائيّ وكِساويّ.

- **كسب:** الكاف والسين والباء أصلٌ صحيح يدل على ابتغاء وطلب وإصابة. كَسَبَ: أصاب. واكتسب: تَصَرَّفَ واجتهد. وكَسَبَه: جَمَعَه.
الكَسْب: طلب الرزق، كَسَبَ يَكْسِبُ كَسْباً، وتكسَّب واكتسب.

- **كسد:** الكاف والسين والدال أصلٌ صحيح يدل على الشيء الدون لا يُرغب فيه. الكَسيدُ: الدُّونُ، وانكسدت الغنمُ إلى الغنم: رجعت إليها.
الكساد خلاف النَّفَاقِ ونقيضُه. والفعل يَكْسُدُ. وسُوق كاسدة: بائرة. وكسدَ الشيءُ كساداً، فهو كاسِد وكسيدٌ، وسلعة كاسدة. وكَسَدَتِ السوقُ تكْسُد كساداً: لم تَنْفَقْ، وسوق كاسد، بلا هاء. وأكسد القوم: كسدت سوقهم.

- **كسم:** الكاف والسين والميم أصيلٌ يدل على تلبُّد في شيء وتجمُّع. الكَسْمُ: فَتُّكَ الشيء بيدك ولا يكون إلا من شيء يابس، كَسَمَهُ يَكْسِمُه كَسْماً.
الكَسْمُ الكدُّ على العيال من حرام أو حلال، وقال: كَسَمَ وكَسَبَ واحد.

- **كظظ:** الكاف والظاء أصلٌ صحيح يدل على تمرسٌ وشدة وامتلاء. كَظَّهُ الأمرُ كِظاظاً : كَرَبَه وجَهَدَه. واكتظَّ المسيلُ بالماء: ضاق به لِكَثْرَته. والكظيظ: الزِّحام .
الكِظَّة: البِطْنة. كظَّه الطعامُ والشرابُ إذا ملأه حتى لا يَطيق على النفس.

- **كفف:** الكاف والفاء أصلٌ صحيح يدل على قبضٍ وانقباض. كفَّ الشيءَ يَكُفُّهُ كَفّاً: جمعه. وكُفَّ بصرُه: ذهب.
استكفَّ وتكفَّف بمعنى وهو أن يمد كفَّه يسأل الناس، يقال: فلان يتكفف الناس. يكف ماء وجهه أي يصونه عن بَذْل السؤال. يقال: نفقته الكفافُ أي ليس فيها فضل إنما عنده ما يكفه عن الناس. والكفاف من الرزق: القوت وهو ما كفّ عن الناس أي أغنى.

- **كفن:** الكاف والفاء والنون أصلٌ فيه الكفَن. طعامٌ كَفْنٌ: لا ملحَ فيه. والكَفْن: التغطية.
الكَفْنُ:غزل الصوف. وكفن الرجلُ الصوفَ: غَزَله.

- **كفي:** الكاف والفاء والحرف المعتل أصلٌ صحيح يدل على الحَسْب الذي لا مُستزاد فيه. كفى يكفي كِفاية إذا قام بالأمر. ويقال كفاكَ هذا الأمرُ أي حسبُك.
الكُفية، بالضم: ما يكفيك من العيش، وقيل: الكُفيةُ القوت، وقيل: هو أقلَّ من القوت، والجمع الكُفى. الكُفاةُ: الخَدَمُ الذين يقومون بالخدمة. جمع كاف.

- **كلأ:** الكاف واللام والحرف المعتل أصلٌ صحيح يدل على مراقبة ونظر، وأصل آخر يدل على نبات، والثالث عضو من الأعضاء. كَلأَهُ، كَلئاً وكلاءةَ وكلاءً: حَرَسَه. وكلأته مئة سوط: ضربته. وكلأتُ في فلان: نظرتُ إليه متأملاً فأعجبني.

كلأ الدَّيْنُ: أي تأخر. والكالىء والكَلأَة: النسيئة والسُّلفة. وما أعطيت في الطعام من الدراهم نسيئة، فهو الكُلأة، بالضم. وأكلأ في الطعام وغيره إكْلاءً، وكَلأ تكليئاً: أسلف وسَلَّم. وفي الحديث نهى صلى الله عليه وسلم عن الكالىء بالكالىء ([142]). يعني النسيئة بالنسيئة. وتفسيره أن يُسْلِمَ الرجلُ إلى الرجل مائة درهم إلى سنة في كُرٍّ طعام، فإذا انقضت السنةُ وحلَّ الطعامُ عليه، قال الذي عليه الطعامُ للدافع: ليس عندي طعامٌ، ولكن بعني هذا الكُرّ بمائتي درهم إلى شهر، فيبيعه منه، ولا يجري بينهما تقابض، فهذه نسيئة، ولو قبض الطعام منه ثم باعه منه أو من غيره بنسيئة لم يكن كالئاً بكالىء.

وفي القاموس: والكالىء والكُلأةُ، بالضم: النسيئة والعَرَبُون.

- **كنز:** الكاف والنون والزاء أُصيل صحيح يدل على تجمُّع في شيء. أكنز الشيءُ: اجتمع وامتلأ. وناقةٌ وجاريةٌ كِنازٌ: أي كثيرة اللحم.

الكَنْزُ: اسم للمال إذا أحرز في وعاء ولما يحرز فيه. وقيل: الكَنْزُ المال المدفون، وجمعه كُنُوزٌ، يقال: كنزت البُرَّ في الجِرابِ فاكتنز.

(142) المستدرك على الصحيحين 2 / 65 ، رقم الحديث : 2342 . سنن البيهقي الكبرى 5 / 290 ، رقم الحديث : 10317 . مصنف عبدالرزاق 8 / 90 ، رقم الحديث .

- **كيل:** الكاف والياء واللام ثلاث كلمات لا يشبه بعضها بعضا. فالأولى كيل الطعام، والثانية كالَ الزَّنْدُ إذا لم يُخرج نارا، والثالثة الكيُّول وهو مؤخر الصف في الحرب. كايلَ الرجلُ صاحبَه: قال له مثل ما يقول. والكَيُّول: آخر الصفوف في الحرب.

الكَيْلُ: المكيال. وقيل: الكيل كَيْل البُرِّ ونحوه، وهو مصدر كال الطعامَ ونحوه يكيلُ كَيْلاً ومَكالاً ومكيلاً أيضاً. يقال: كال المعطي واكتال الآخذ. والكَيْلُ والمكْيَلُ والمكيالُ والمِكْيَلةُ: ما كِيلَ به. ورجلٌ كيَّال: من الكيل. كال الدراهمَ والدنانير: وزنها . وهذا طعامٌ لا يكيلُني: لا يكفيني كَيْلُ.

اللام

- **لبز:** اللام والباء والزاء كلمتان متقاربتا القياس. لبزَ في الطعام إذا جعل يضرب فيه. وكلُّ ضربٍ شديد: لَبْزٌ.
اللَّبزُ: الأكل الجيِّد، لَبزَ يَلْبِزُ لَبْزاً: أكل، وقيل: أجاد الأكل.

- **لجأ:** اللام والجيم والهمزة كلمة واحدة، وهي المكان. لجأ إليه: لاذَ. وألجأتُ أمري إلى الله: أسنَدتُ. والمَلْجأ واللَّجأُ: المَعْقِلُ والملاد.
ألجأه إلى الشيء: اضطره إليه. والتلجئة: الإكراه. والتلجئة أن يجعل ماله لبعض ورثته دون بعض. كأنه يتصدَّق به عليه، وهو وارثه.

- **لحف:** اللام والحاء والفاء أصلٌ يدل على اشتمال وملازَمة. لَحَفَهُ: غَطَّاه باللحاف ونحوه. والتحف به: تَغَطَّى.
ألحفه: اشترى له لحافاً. ولَحفَ في ماله لحْفة إذا ذهب منه شيء.

- **لعس:** اللام والعين والسين كلمتان متباينتان، الأولى اللّعس، سواد في باطن الشَّفة، والأخرى اللَّعُوس وهو الأكول الحريص.
اللَّعسُ: العَضُّ، لعسني لعساً أي عضني. وما ذقتُ لُعُوساً: شيئاً.
المُتَلَعِّس: الشديد الأكل. واللَّعُوس: الأكول الحريص.

- **لفج:** اللام والفاء والجيم كلمة واحدة: المُلْفَج: الفقير. اللَّفْجُ: الذُّلُّ.
ألفجَ الرجلُ: أفلس. والفج الرجلُ: لزق في الأرض من كربٍ أو حاجة. وقيل المُلفُج الذي أفلس وعليه دين، وجاء في الحديث: أطعموا

ملفَجيكُم[143]، المُلْفَج، بفتح الفاء: الفقير. وألفجَ الرجلُ، فهو مُلْفجٌ، إذا ذهب ماله.

- **لقح:** اللام والقاف والحاء أصلٌ صحيح يدل على إحبال ذكر بأنثى، ثم يقاس عليه ما يشبّه. لَقِحَت الناقةُ لقْحاً ولَقَحاً ولَقاحاً: قبلت اللقاح، فهي لاقح من لواقح، ولُقوحٌ من لُقَح. اللَّقح: الحَبَلُ. ويقال للأمهات: الملاقيحُ؛ ونهى عن أولاد الملاقيح وأولاد المضامين ([144]) في المبايعة لأنهم كانوا يتبايعون أولاد الشاء في بطون الأمهات وأصلاب الآباء. والملاقيحُ في بطون الأمهات، والمضامين في أصلاب الآباء. وكانوا يبيعون الجنين في بطن الناقة ويبيعون ما يضرب الفحل في عامه أو في أعوام. وروي عن عمر: أنه أوصى عماله إذ بعثهم فقال: وأدرُّوا لِقْحَةَ المسلمين دِرَّة الفيء والخراج الذي منه عطاؤهم وما فُرض عليهم، وإدرارُه: جبايته.

- **لكع:** اللام والكاف والعين أصلٌ يدل على لؤم ودناءة. اللُّكَعُ: اللئيم، والعبدُ، والأحمقُ، ومن لا يتجه لمنطق ولا غيره، والمُهْرُ، والصغير، والوسخ. يقال للرجل إذا كان خبيث الفعال شحيحاً قليل الخير: إنه للكُوعٌ.

(143) لم أجد له اصلا .

(144) سنن البيهقي الكبرى 6 / 22 ، رقم الحديث : 10889 . مسند عبدالرزاق 8 / 20 ، رقم الحديث : 14137 . المعجم الكبير 11 / 230 ، رقم الحديث : 11581 .

- **لمس:** اللام والميم والسين أصلٌ واحد يدل على تطلُّب شيء ومَسيسه أيضا. لَمَسَه يَلْمِسُهُ ويَلْمُسُهُ: مَسَّه بيده. وامرأةٌ لا تمنع يد لامس: تزني وتفجر. والتمس: طلب. والملامسة: المجامعة.
بيع المُلامَسَة: أن تشتريَ المتاع بأن تَلمِسَه ولا تنظر إليه. وهو غرر قد نهي عنه. وقيل: معناه أن يجعل اللمْس باليد قاطعاً للخيار ويرجع ذلك إلى تعليقه اللزوم وهو غير نافذٍ.

- **لمق:** اللام والميم والقاف ثلاث كلمات لا تنقاس ولا تتقارب. اللَّمْقُ: الكتابَةُ، والمَحْو، ضِدٌ. ولَمَقَ عينَه يَلْمُقها لمْقاً: رماها فأصابها. واللَّمْقُ: اللَّطْمُ.
اللَّماقُ: اليسير من الطعام والشراب. يقولون: ما عنده لَمَاقٌ وما ذقتُ لَمَاقاً ولا لَمَاجاً أي شيئاً.

- **لها:** اللام والهاء والحرف المعتل أصلان صحيحان: أحدهما يدل على شُغْل عن شيء بشيء، والآخر عن نبذ شيء من اليد. اللَّهو: ما لَهَتَ به ولعبت. ولهيتُ عن الشيء لُهِيَّاً ولِهْياناً إذا سلوتَ عنه. واللهو: الطَّبْل.والملاهي: آلات اللهو.
اللُّهْيَةُ: العطيةُ، وقيل: أفضل العطايا وأجزلُها. ويقال: إنه لمعْطاء للُّها إذا كان جواداً يعطي الشيء الكثير. واللَّهوة: العطية، دراهم كانت أو غيرها. واللُّهوةُ: الألف من الدنانير والدراهم، ولا يقال لغيرها.

- **لوس:** اللام والواو والسين كلمة تدل على شيء من التطعُّم. لاس يَلُوسُ لَوْساً وهو ألْوَسُ: تَتَبَّع الحلاوات فأكلها .
اللَّوسُ: الذَّوْق. واللَّوس: الأكل القليل.

- **ليط:** لاط حُبُّه بقلبي يَلوط، ويليط لَيطاً وليطاً: لزِق. والتاط فلانٌ ولداً: ادَّعاه واستلحقه. ورجلٌ ليِّن اللِّيط أي السجية. ولاط ولاوط وتلوَّط: عَمِلَ عَمَل قوم لوط.

اللِّياطُ: الرِّبا، سمي لِياطاً لأنه شيء لا يحل ألصق بالشيء، وكل شيء ألصق بشيء وأضيف إليه فقد أليط به، والربا ملتصق برأس المال. ومنه حديث النبي صلى الله عليه وسلم أنه كتب لثقيف حين أسلموا كتاباً فيه: وما كان لهم من دَيْنٍ إلى أجله فبلغ أجله فإنه لياطٌ مُبرأٌ من الله[145].

(145) لم أجد له اصلا .

الميم

● **مأن:** الميم والهمزة والنون كلمتان متباينتان جدا. المأنَةُ من الفرس السُّرَّة وما حولها. ومأنه يَمْأنُه مَأناً: أصاب مأنتَه.

المؤونة: القُوتُ. مأن القومَ ومانهم: قام عليهم.

● **متع:** الميم والتاء والعين أصلٌ صحيح يدل على منفعة وامتداد مدة في خير. المُتعة والمِتعة: العمْرة إلى الحج. وقد تمتع واستمتع.

المتاع السِّلْعة. والمتاع أيضاً: المنفعةُ وما تمتَّعت به. والمتاع: كل ما ينتفع به من عروض الدنيا قليلها وكثيرها. والمتاعُ: المالُ والأثاثُ، والجمع أمْتعةٌ، وأماتِعُ جمع الجمع.

وفي القاموس: مَتَعَ عنه استغنى، ومتع بماله: تَمَتَّعَ واستمتع. والتمتيع: التعمير.

● **مجج:** الميم والجيم كلمتان: إحداهما تخليطٌ في شيء، والثانية رميٌ للشيء بسرعة. مَجَّ الشرابَ من فِيه يَمُجُّه مَجّاً ومجَّ به: رماه.

المَجَجُ بلوغ العنب. وفي الحديث: لا تبعْ العنب حتى يظهر مَجَجُه ([146]) أي بلوغه. وفي حديث الخدري: لايصلح السلف في العنب والزيتون وأشباه ذلك حتى يُمَجِّج.

(146) مسند أحمد 3 / 15 ، رقم الحديث : 11126 .

● **مجر:** الميم والجيم والراء أصلٌ صحيح يدل على ثلاث كلمات لا تنقاس: فالأولى المجْر الدَّهْم الكثير، والثانية المجرْ أن يباع شيء ما في بطن الناقة، والثالثة المجَر داء في بطون الإبل والشاء. مَجِرَتِ الشاة مَجَراً وأمْجَرَت وهي مُمْجِر إذا عَظُم ولدها في بطنها فهزلت وثقُلت.

المَجْرُ: ما في بطون الحوامل من الإبل والغنم؛ والَمجْرُ: أن يُشْتَرَى ما في بطونها. وقيل: هو أن يشتري البعير بما في بطن الناقة، وقد أمْجَرَ في البيع ومَاجَرَ مُماجَرَةً ومِجَاراً. وفي الحديث أنه نهى عن المَجْر ([147]) أي عن بيع المَجْر، وهو ما في البطون كنهيه عن الملاقيح، وكان من بياعات الجاهلية. ولا يقال لما في البطن مَجْرٌ إلا إذا أثْقَلَتِ الحامِلُ، فالمَجْرُ اسم للحَمْل الذي في بطن الناقة، وحَمْل الذي في بطنها حَبَل الحَبَلَة. والمَجْر: القمار.

وفي القاموس: المَجْرُ: الربا، وأمْجَرَ في البيع وماجَرَهُ مماجَرَةً ومجاراً: راباه.

● **مجن:** الميم والجيم والنون كلمة واحدة، هي مَجَن. مَجَنَ مُجوناً: غلُظ، ومنه الماجن، وهو الذي يرتكب المقَبح والفضائح المخزية.

المجَّانُ عطية الشيء بلا منَّة ولا ثمن. وقولهم: أخذه مَجَّاناً أي بلا بدل.

● **محل:** الميم والحاء واللام أصلٌ صحيح له معنيان: أحدهما قلّة الخير، والآخر الوِشاية والسّعاية.

المَحْلُ: المكرُ والكيدُ، والغبارُ، والشِّدَّة، والجدب. وأمحلَ القومُ أجدبوا. وتمحَّلَ له: احتال. ورجلُ مَحْلٌ: لا ينتفع به.

---

(147) سنن البيهقي الكبرى 5 / 341 ، رقم الحديث : 10646 . مصنف عبد الرزاق 8 / 90 ، رقم الحديث : 1444 .

المَحْـلُ: الجوع الشديد وإن لم يكن جَدْب. والمَحْل: نقيض الخِصْب. وجمعه محول وأمْحال. والمحلُ في الأصل انقطاع المطر. والمماحلـة: المحـاكرَة والمكايـدة، ومنـه قولـه تعـالى: " و اللـه شديد المِحال " ([148]).

● **محن:** الميم والحاء والنون كلمات ثلاث على غير قياس. المَحْنُ: الاختبـار، ومَحَنَـه وامتحنـه. مَحَنَـه سوطاً: ضربه.
امتحنتُ الـذهب والفـضة إذا أذبـتهما لتختـبرهما حتـى خَلَّصْتَ الـذهب والفـضة،والاسم المِحْنة.والمَحْنُ: العطية.

● **مدد:** الميم والدال أصلٌ واحد يدل على جرّ شيء في طـول، واتـصال شيء بـشيء في اسـتطالة. المَـدُّ: السَّيل. وارتفاع النهار، وككـثرة المـاء، والبـسط، والإمهـال. ورجـلٌ مديـد القامـة: طويـل القامة. وتمدَّد الرجلُ: تمطى.
المُدُّ: ضَرْبٌ من المكاييل وهو رُبُع صاع، وهو قَدْرُ مُدِّ النبي صلى اللـه عليه وسلم. والـصاع خمسة أرطال. والجمع أمداد ومِدَدٌ ومدادٌ كثيرة ومَددة. وقيل: المُـدُّ مكيـال وهـو رطـل وثلث عند أهل الحجاز والشافعي، ورطلان عند أهل العراق وأبي حنيفة، والصاع أربعة أمداد.

● **مدي:** الميم والدال والحرف المعتل أصلٌ صحيح يدل على امتداد في شيء وإمداد. أمدى الرجـلُ إذا أسنَّ. والمُدْيَة والمِدْية: الشَّفرة.
المُدْيُ: مكيال معروف. وهو مكيال ضخم لأهل الشام وأهل مصر، والجمـع أمْـدادٌ. والمُـدْيُ مكيال يأخذ جريباً. وفي الحديث: البُرُّ بالبُرِّ مُدْيٌ بمُدي ([149]) أي مكيال بمكيال.

(148) سورة الرعد الآية 1

(149) التمهيد لابن عبد البر 20 / 57 .

● **مسك:** الميم والسين والكاف أصلٌ واحد صحيح يدل على حبس الشيء وتحَبُّسه. المَسْك: الجلد.
والمِسْك: ضربٌ من الطيب، وثوبٌ مُمَسَّكٌ: مصبوغٌ به.
المُسْكُ والمُسْكةُ: ما يُمسِكُ الأبدانَ من الطعام والشراب. وقيل: ما يتبلغ به منهما. ورجل مَسيكٌ ومُسَكَةٌ أي بخيل. والمِسِّيك: البخيل. والمُسْكَان: العُرْبان. ويجمع مساكين. ويقال: أعطه المُسْكان. وفي الحديث: أنه نهى عن بيع المُسْكان (150)؛ هو بالضم بيع العُرْبَانِ والعَرَبونِ، وهو أن يشتري السلعة ويدفع إلى صاحبها شيئاً على أنه إن أمضى البيع حُسب من الثمن وإن لم يمض كان لصاحب السلعة ولم يرتجعه المشتري.

● **مسكن:** المَساكين العَرَابين، واحدها مُسْكان. وجاء في الخبر: أنه نهى عن بيع المُسْكانِ (151).

● **مشق:** الميم والشين والقاف أصلٌ صحيح يدل على سرعة وخفة. المَشْقُ سرعةٌ في الطعن والضرب.
وجاريةٌ ممشوقةٌ: حسنةُ القَوام. وامتشق الشيء: اقتطعه. والمُماشقة: المجاذبة.
المشق: شدة الأكل يأخذ الشيء فيمحقه بغيه مشقاً جذباً. تماشق القوم اللحم إذا تجاذبوه فأكلوه.

● **مصل:** الميم والصاد واللام أصلٌ صحيح يدل على تحلُّب شيء وقَطْره. مَصَلَ الشيء يَمْصُلُ مَصْلاً ومُصولاً: قطر. ولبنٌ ماصلٌ: قليل.

---

(150) ورد بلفظ " بيع أتعربان " ، انظر : سنن ابن ماجه 2 / 738 ، رقم الحديث : 2192. سنن أبي داود 3 / 283 ، رقم الحديث : 3502

(151) الحديث السابق .

أمصل ماله أي أفسده وصرفه فيما لا خير فيه. والمِمْصَل الذي يُبَذِّرُ ماله في الفساد. ويقال قد أمصلتَ بضاعة أهلك إذا أفسدتها وصرفتها فيما لاخير فيه. أعطى عطاءً ماصلاً أي قليلاً. والماصِلَةُ: المُضَيِّعة لمتاعها وشيئها.

● **مطل:** الميم والطاء واللام أصلٌ صحيح يدل على مدِّ الشيء وإطالته. المَطْلُ: التسويف والمدافعة بالدَّيْن. مَطَله حقه وماطلَه به مماطلة ورجل مطول ومَطَّال. وفي الحديث: مطلُ الغنيِّ ظلم ([152]) مَطلتُ الحديدة أمطلها مَطْلا إذا ضربتها ومددتها لتطُول، والمطَّال: صانع ذلك، وصرفته المِطالة، يقال: مَطَلها المطَّال ثم طبعها بعد المَطْل.

● **مكس:** الميم والكاف والسين كلمة تدل على جبي مالٍ وانتقاصٍ من شيء. مَكَسَ الشيءُ: نقص. وماكَسَ الرجلَ مُماكسة ومِكاساً: شاكسه.

المَكْسُ: الجباية، مكَسَهُ يمْكِسه مكْسا ومكَسْتُه أمْكِسه مَكْساً. والمَكْسُ: دراهم كانت تؤخذ من بائع السِّلَع في الأسواق في الجاهلية. والماكِسُ: العشَّار. ويقال: للعشَّار: صاحب مَكْسٍ. والمَكْسُ: ما يأخذه العشَّار. يقال: مَكَسَ، فهو ماكِسٌ، إذا أخذ. وفي الحديث: لايدخل صاحبَ مَكْسٍ الجنة ([153]). والمَكْسُ: الضريبة التي يأخذها الماكِسُ وأصله الجباية. وفي حديث جابر قال له : أترى أنما ماكَسْتُك لآخذ جَملك ([154]) المماكسة في البيع: انتقاص الثمن واسْتحطاطُه، والمنابذة بين المتبايعين.

---

(152) صحيح البخاري 2 / 799 ، رقم الحديث : 2167 . صحيح مسلم 3 / 1197 ، رقم الحديث : 1564

(153) المستدرك على الصحيحين 1 / 562 ، رقم الحديث : 1469 . صحيح مسلم 4 / 51 ، رقم الحديث : 2333

(154) السنن الكبرى 4 / 44 ، رقم الحديث : 6233 . سنن البيهقي الكبرى 5 / 337 ، رقم الحديث : 10617

وفي حديث ابن عمر: لا بأس بالمُماكسَة في البيع. والمَكْس: النقص. والمكْس: انتقاص الثمن في البياعة. وتماكس البيّعان: تشاحّا. وماكَسَ الرجلَ مُماكسة ومِكاساً: شاكَسه.

● **مكك:** الميم والكاف أصلٌ صحيح يدل على انتقاء العظْم، ثم يقاس على ذلك. مَك الفصيلُ ما في ضرع أمه: امتصّ جميع ما فيه وشربه. ومكَكْتُ الشيءَ: مصصته.
المكُّوك: مكيال معروف لأهل العراق، والجمع مكاكِيكُ وهو صاع ونصف.

● **ملأ:** الميم واللام والهمزة كلمة واحدة تدل على المساواة والكمال في الشيء. ملأ الشيء يملأهُ فهو مملوءٌ. والمُلاءُ.
استملأ في الدَّيْن: جعله دَيْنَه في مُلآءَ. ورجل مَليءٌ: كثير المال وقد مَلُؤَ الرجل فهو مليءٌ صار مليئاً: أي ثقةً فهو غنيٌ مليء.

● **ملس:** الميم واللام والسين أصلٌ صحيح يدل على تجرُّد في شيء، وألا يعْلَقَ به شيء، فهو أملس.
المَلْسُ: السَّوْقُ الشديد، واختلاط الظلام. والمَلَس والمَلاَسَة والمُلُسة: ضد الخشونة.
ملس في البيع: مَلَسى لا عُهْدَة أي قد انملس من الأمر لا له ولا عليه. وقيل: المَلَسى أن يبيع الرجل الشيء ولا يضمن عُهْدَته. ويقال: أبيعُك المَلَسى لا عُهْدة أي تتلَمَّس وتَتَفلَّتُ فلا تَرْجع إليَّ.
وفي القاموس: والملأَسةُ: التي تُسَوَّى بها الأرض.

● **ملق:** الميم واللام والقاف أصلٌ صحيح يدل على تجرُّد في الشيء ولين. المَلَقُ: الوُدُّ واللطف الشديد. ورجلٌ مَلِقٌ: يعطي لسانه ما ليس في قلبه.

الإملاق: الافتقار. يقال: أملق الرجل فهو مُمْلق، وأصل الإملاق الإنفاق. يقال: أملق ما معه إملاقاً إذا أخرجه من يده ولم يحبسه، والفقر تابع لذلك. والإملاق كثرة إنفاق المال وتبذيره حتى يورث حاجة.

وفي القاموس: والمَالِقُ: ما يُمَلِّسُ به الحارثُ الأرضَ المُثارة، ومالَجُ الطَّيَّان.

● **ملهم:** المِلْهَمُ: الكثير الأكل.

● **منح:** الميم والنون والحاء أصلٌ صحيح يدل على عطية. مَنَح الشاةَ والناقةَ يَمْنَحُهُ ويمنِحُهُ: أعاره إياها.

المَنْحُ: العطاء. والأصل في المَنيحة أن يجعل الرجلُ لبن شاته أو ناقته لآخر سنة ثم جعلت كل عطية منيحة.

● **منن:** الميم والنون أصلان: أحدهما يدل على قطع وانقطاع، والآخر على اصطناع خير. مَنَّهُ يَمُنُّهُ مَنّاً: قطعه. وحبلٌ منينٌ: مقطوع. والمُنَّة: القوَّة. ورجلٌ منينٌ: ضعيف. والمَنُون: النية لأنها تقطع المدد.

المَنُّ العطاء، والمَنُّ القطع، والمِنَّةُ العطية. والمَنُّ كيلٌ أو ميزان.

● **مني:** الميم والنون والحرف المعتل أصلٌ واحد صحيح، يدل على تقدير شيء ونفاذ القضاء به.

المَنَى: القَدَر. مَناهُ الله يَمْنيه: قَدَّرَه. والمنى والمَنِيَّة: الموت لأنه قُدِّر علينا.

مانَيْته مُماناه: كافأته. ومانَيْتُك: كافأتك. والمُماناةُ: المكافأَةُ. والمَنَا: الكَيْل أو الميزان الذي يُوزَنُ به.

● **مهن:** الميم والهاء والنون أصلٌ صحيح يدل على احتقار وحقارة في الشيء. الماهِنُ: العبد. والمُهْنة: الخدمة، ومَهَنَهم: خدمهم. وامتهن نفسَه: ابتذلها.
المَهْنَة والمِهْنَة والمَهَنَة: كله الحذق بالخدمة والعمل وقد مَهَنَ إذا عمل في صنعته.

● **مور:** الميم والواو والراء أصلٌ صحيح يدل على تردّد. مارَ الشيءُ يَمورُ مَوْراً: جاء وذهب وتردد. والمَور: الطريق.
الميرَةُ: الطعام يَمتارُه الإنسان. وقيل المِيرَة جَلَب الطعام. وقيل جلب الطعام للبيع، وهم يَمتارُون لأنفسهم، ويَميرون غيرهم مَيْراً، وقد مارَ عيالَه وأهلَه يَمِيرُهم مَيْراً وامْتار لهم. والميّار: جالبُ المِيرَة.

● **موق:** الميم والواو والقاف كلمتان لا يرجعان إلى أصل واحد. المائِقُ: الهالكُ حُمْقاً وغباوة. والمُوق: الخف، والغبار، والنملُ ذو الأجنحة.
المَوْق، بالفتح: مصدر قولك ماق البيعُ يَمُوق أي رخص، وماق البيع كسد.

● **مول:** الميم والواو واللام كلمة واحدة، هي تَموّل الرجلُ: اتخذ مالا. المالُ معروف ما ملكته من جميع الأشياء. والجمع أموال. والمال في الأصل ما يملك من الذهب والفضة ثم أُطلق على كل ما يُقْتنى ويملك من الأعيان، وأكثر ما يُطلق المال عند العرب على الإبل لأنها كانت أكثر أموالهم. ومِلْت وتموّلت: كثر مالك. ورجل مالٌ: ذو مال، وقيل كثير المال. ومُلْتُه: أعطيته المال، ومال أهل الباديَة: النَّعَمُ. ومالَ الرجلُ يَمُولُ ويَمَالُ مَوْلاً ومؤولاً إذا صار ذا مال.

النون

● **نبذ:** النون والباء والذال أصلٌ صحيح يدل على طرحٍ وإلقاء. النَّبْذُ: طرحُك الشيء من يدك أمامك أو وراءك. ونبذ النبيذ إذا تخذه، ونبذتُ التمر والعنب إذا تركت عليه الماء ليصير نبيذا. والمُنابذة: انتباذ الفريقين للحق.

المنابذة في التَّجْر: أن يقول الرجل لصاحبه: انبذ إليَّ الثوب أو غيره من المتاع أو أنبذه إليك فقد وجب البيع بكذا وكذا. وقيل: المنابذة أن ترمي إليه بالثوب ويرمي إليك بمثله؛ والمنابذة أيضاً: أن يرمي إليك بحصاة، وفي الحديث أن النبي صلى الله عليه وسلم نهى عن المنابذة في البيع والملامسة ([155]).

● **نجز:** النون والجيم والزاء أصلٌ صحيح يدل على كمال شيء في عجلة من غير بطء. نَجِزَ ونَجَزَ الكلامُ: انقطع. ونجزَ الحاجةَ أنجزَها: قضاها.

نَجَزَ الوعدُ يَنْجُزُ نجزاً: حَضَرَ. وقد أنْجَزَ الوعدَ ووَعْدٌ ناجِزٌ. وقالوا: أبيعُكَهُ الساعةَ ناجزاً بناجزٍ أي مُعَجَّلاً. ومن أمثالهم: ناجزاً بناجز كقولك يَداً بيدٍ وعاجلا بعاجلٍ. وفي الحديث: لاتبيعُوا حاضراً بناجزٍ([156]) وفي حديث الصَّرْف: إلا ناجزاً بناجزٍ ([157]) أي حاضراً بحاضر.

● **نجش:** النون والجيم والشين أصلٌ صحيح يدل على إثارة شيء. نجشَ الحديثَ يَنْجُشُه نجْشاً: أذاعه. والنَّجاشَةُ: سرعة المشي.

---

(155) صحيح البخاري 1 / 212 ، رقم الحديث : 559 . صحيح ابن حبان 11 / 350 ، رقم الحديث : 4976

(156) ورد بلفظ " لا تبيعوا غائباً بناجز " ، انظر : مسند أحمد بن حنبل 3 / 51 ، رقم الحديث : 11498 .

(157) ورد بلفظ " ولا تبيعوا الورق بالذهب أحدهما غائب والآخر ناجز " ، انظر : موطأ مالك 2 / 634 ، رقم الحديث : 1303 . سنن البيهقي الكبرى 5 / 284 ، رقم الحديث : 10291 .

النَّجشُ: استثارةُ الشيء. والنَّجْشُ والتَّناجُشُ: الزيادة في السلعة أو المهر ليُسْمَع بذلك فيُزاد فيه. وفي الحديث: نهى رسول الله صلى الله عليه وسلم عن النَّجْش في البيع وقال: لاتناجَشُوا ([158])، وهو تفاعل من النَّجش. وقيل: هو أن يزيد الرجلُ ثمن السلعة وهو لا يريد شراءها، ولكن ليسمعه غيرُه فيزيد بزيادَته.

● **نحل:** النَّحْلُ: ذبابُ العسل، واحدته نحلة. والنِّحْلَةُ: الدَّعْوى. وانتحل فلانٌ شِعر فلان، وتَنَحَّله: ادّعاه وهو لغيره.

النُّحْل، بالضم: إعطاؤك الإنسان شيئاً بلا استعِاضة، وعَمَّ به بعضهم جميع أنواع العطاء. وقد نحله مالاً ونحَلَه إياه. والنِّحْلَة والنُّحْلى: العطية: وفي حديث أبي هريرة: إذا بلغ بنو أبي العاص ثلاثين كان مالُ الله نُحْلا([159]) أراد يصير الفيء عطاء من غير استحقاق على الإيثار والتخصيص.

● **نخخ:** النون والخاء أصلٌ صحيح غير أنه مختلف في تأويله. النَّخةُ: الرقيق، والنُّخَّة: الجمالون، وتَنَخْنَخَ البعيرُ: برك.

النَّخَّة، بالفتح: أن يأخذ المصدّق ديناراً لنفسه بعد فراغه من الصدقة، وقيل: النَّخَّة، الدينار الذي يأخذه وبكل ذلك فسر قوله، صلى الله عليه وسلم: ليس في النَّخَّة صدقه ([160]). وقيل النخة البقر.العوامل، وقال قوم: النخة: الربا.

(158) صحيح البخاري 2 / 971 ، رقم الحديث : 2577 . صحيح مسلم 3 / 1155 ، رقم الحديث : 1515

(159) ورد بلفظ " إذا بلغت بنو أمية أربعين اتخذوا عباد الله خولا ومال الله نحلا " . انظر : المستدرك على الصحيحين 4 / 525 ، رقم الحديث : 8475

(160) سنن البيهقي الكبرى 4 / 118 ، رقم الحديث : 7202 . فتح الباري 6 / 215 .

● **نخس:** النون والخاء والسين كلمة تدل على بذل شيء بشيء حالّ. النَّخوس من الوعول الذي يطول قرناه حتى يبلغا ذَنبه. نَخَسَ بالرجل: هَيَّجَه وأزعجه.
نَخَسَ الدَّابَّة نَخْساً: غرز جنبها بعود، وهو النَّخْسُ. والنَخَّاسُ: بائع الدواب، سمي بذلك لنخسه إياها حتى تَنْشط وحِرْفته النَّخَاسة. وقد يسمى بائع الرقيق نَخَّاساً.

● **ندف:** النون والدال والفاء كلمة صحيحة، وهي شِبه النَّفش للشيء بآلة. نَدَفَت السماء بالثلج أي رمت به. والنَّدْفُ شرب السباع الماء بألسنتها.
النَدَّاف: نادف القطن. والنديف: القطن الذي يباع في السوق مندوفاً. والندف الأكل. ويقال: رجل ندَّاف كثير الأكل.

● **نزر:** النون والزاء والراء أصيلٌ يدل على قلّة في الشيء. نزرَ الرجلَ: احتقره واستقله. وامرأةٌ نزور: قليلة الولد.
النَّزْر: القليل التافه. ونَزَّر عطاؤه: قَلَّلهُ. وطعام مَنْزُورٌ وعطاءٌ مَنْزُور أي قليل. والنَّزْر: الإلحاح في السؤال. وقولهم: فلان لايعطي حتى يُنْزَر أي يُلحَّ عليه ويُصغَّرَ من قدره. ونَزَرَه نَزْراً: ألحَّ عليه في المسألة.

● **نسأ:** النون والسين والهمزة كلمة تدل على تأخير الشيء. انتسأ القومُ: إذا تباعدوا. والمنْسَأةُ: العصا.
نسَأَ الشيء نسْأً: باعه بتأخير، والاسم النسيئة. تقول: نسأته البيع وأنسأته وبعته بنُسأةٍ وبعته بكُلأة وبعته بنسيئة أي بأخرةٍ. وأنسأه الدين والبيع: أخَّره به أي جعله مؤخراً، واسم ذلك البيع النسيئة. وفي الحديث إنما

الربا في النسيئة ([161]) هي البيع إلى أجل معلوم، يريد أن بيع الربويات بالتأخير من غير تقابض هو الربا. وهذا مذهب ابن عباس، واستنسأه: سأله أن ينسئه دينه. وتقول: استنسأته الدين، فأنسأني ونسأت عنه دينه: أخرته نساءً.

● **نسس:** النون والسين أصلٌ صحيح له معنيان: أحدهما نوع من السَّوق، والآخر قلّة في الشيء ويُختص به الماء. النَّسُّ: السَوْق الشديد، واليُبْسُ. ونسَّ الإبلَ: ساقها.
النَّسيسُ: الجوع الشديد، والنِّسناسُ، بكسر النون: الجوع الشديد. ويقال: جوع مُلَعْلِعٌ ومُضَوِّرٌ ونِسناسٌ ومُقَحِّزٌ ومُمَشْمِش بمعنى واحد.

● **نسك:** النون والسين والكاف أصلٌ صحيح يدل على عبادة وتقرّب إلى الله تعالى. النَّسْكُ والنُّسُك: العبادةُ والطاعة، ورجل ناسكٌ: عابدٌ. والنُّسُك والنَّسيكة: الذبيحة.
النَّسيك: الذهب، والنَّسيك: الفضة.

● **نشش:** النون والشين ليس بشيء، وإنما يُحكى به صوت. نَشَّ الماءُ يَنِشُّ نَشَّاً ونشيشاً: صَوَّت عند الغليان.
النَّشُّ: وزن نواة من ذهب، وقيل هو وزن عشرين درهماً، وقيل وزن خمسة دراهم، وقيل: هو ربع أوقية والأوقية: أربعون درهماً.

(161) صحيح مسلم 3 / 1218 ، رقم الحديث : 1596 .

● **نصب**: النون والصاد والباء أصلٌ صحيح يدل على إقامة شيء. النَّصَبُ: الإعياءُ من العناء، نَصِبَ الرجلُ نَصَباً: أعيا وتعب.
النصاب من المال: القدْر الذي تجب فيه الزكاة إذا بلغه نحو مائتي درهم، وخمس من الإبل.

● **نصف**: النون والصاد والفاء أصلان صحيحان: أحدهما يدل على شَطْر الشيء، والأخرى على جنسٍ من الخدمة والاستعمال. النِّصفُ: أحد شِقَّي الشيء. ونَصَّفه: أخذ نصفه. والإنصاف: إعطاء الحق، وقد انتصف منه.
النَّصيف: مكيال. وقد نصفهم: أخذ منهم النِّصف، كما عَشَرهم يَعْشُرُهم عشرا. والعرب تسمي النصف النصيف كما يقولون في العشر العَشير وفي الثُمنَ الثَّمين.

● **نضر**: النون والضاد والراء أصلٌ صحيح يدل على حُسنٍ وجمال. نَضَّرَ الله وجهَه: نَعَّمَه. والنَّاضِرُ: الأخضر الشديد الخضرة.
النَّضْرة: النَّعمة والعَيْش والغنى. والنَّضيرُ والنُّضار والأنضَر: اسم الذهب والفضة، وقد غلب على الذهب وجمع النَّضر أنْضُر.

● **نضض**: النون والضاد أصلان صحيحان: أحدهما يدل على تيسير الشيء وظهوره، والثاني على جنس من الحركة. نَضَّ الماءُ يَنِضُّ نَضَّاً ونضيضاً، سال قليلاً قليلاً. ورجلٌ نضيض اللحم: قليله.
النَّضُّ: الدِّرهم الصامِتُ. والنَّاضُّ من المتاع: ما تحوَّل ورِقاً أو عيناً. وفي حديث عمر، رضي الله عنه: كان يأخذ الزكاة من ناضِّ المال ([162]) هو ما كان ذهباً أو فضةً عيناً أو وَرِقاً.

(162) موطأ مالك 2 / 692 ، رقم الحديث : 1376 .

● **نطا:** النون والطاء والحرف المعتل كلمة تدل على تباعد في الشيء وتطاول. نَطَوْتُ الحبْلَ: مَددتـه. والنَّطْوُ: البُعْدُ. ونطا الرجلُ: سكت.
أنطيتُ: لغة في أعطيت. وقد قرئ: إنا أنطيناك الكوثر. والأنْطاء: العطيّاتُ. وفي الحديث: وإن مالَ اللـهِ مسؤولٌ ومُنْطى [163] أي مُعطىً.

● **نطل:** النون والطاء واللام كلمة واحدة. النَّطْلُ: ما على طُعْم العنب من القشر، واللبن القليل. والنَّيْطَلُ: الداهية، والموتُ، والهلاك.
الناطِلُ والناطَلُ والنَّيْطَل والنَّأطَل: مكيال الشراب واللبن.

● **نعس:** النون والعين والسين أُصيل يدل على وَسَن. النُّعاسُ: النومُ، يَنْعَسُ نُعاساً، وهو ناعِسٌ ونَعْسانٌ.
نَعَسَت السوق إذا كَسَدتْ.

● **نعم:** النون والعين والميم فروعه كثيرة، تعود إلى أصل واحد يدل على ترفّه وطيب عيش وصلاح. نَعَّمَ أولاده: رفَّهَهُم. والنَعْمَةُ: اليد البيضاء الصالحة والمنّة. أنعَمَ: أفضلَ وزاد.
النَّعيمُ والنُّعْمى والنَّعماء والنِّعْمة؛ الدَّعةُ والمال، وهو ضد البأساء والبُؤْسى. والنُّعْم، بالضم: خلاف البُؤسِ. ويقال نُعمة اللـه وناعَمة فتَنَعَّم. والناعِمةُ والمناعِمةُ والمُنَعَّمةُ: الحَسنة العيشِ والغذاء المترفةُ. ورجل مِنْعامٌ أي مفضالٌ.

---

(163) مسند الشاميين 1 / 347 ، رقم الحديث : 603 . المعجم الكبير 17 / 165 ، رقم الحديث : 439 .

● **نفس:** النون والفاء والسين أصلٌ واحد يدل على خروج النسيم كيف كان، من ريح أو غيرها، وإليه يرجعُ فروعه. النَّفْسُ: الروح. والنَّفَسُ: الفَرَج من الكرب، وخروج الريح من الأنف والفم، والجمع: أنفاس.
لفلان مُنْفِسٌ ونَفِيسٌ أي مال كثير. ونَفِسْتُ بالشيء: بخلت.

● **نفق:** النون والفاء والقاف أصلان صحيحان، يدل أحدهما على انقطاع شيء وذَهابه، والآخر على إخفاء شيء وإغماضه. نفق الفرس والدَّابةُ وسائر البهائم يَنْفُقُ نُفُوقاً: مات. ونفقت الأيمُ تَنْفُقُ نَفَاقاً إذا كثر خطابها.
نَفَقَ البيع نفاقاً: راج. ونفقت السِّلْعةُ تَنْفُق نفاقاً، بالفتح: غلت ورغب فيها. وفي الحديث: المُنِفِّق سلعته بالحلف الكاذب [164] المُنَفِّقُ، بالتشديد: من النَّفاق وهو ضد الكساد. ومنه الحديث: اليَمين الكاذبة مَنْفقَة للسِّلعة مَمْحَقة للبركة [165]. ونفق الدرهم يَنْفُق نَفَاقاً: كأن الدرهم قلَّ فرغب فيه. وأنفق القوم: نفقت سوقهم. ونفق مالُه ودرهمه وطعامه نفقاً ونفاقاً ونَفِقَ، كلاهما: نقص وقلَّ. وقيل: فني وذهب. وأنفقوا: نفقت أموالهم. وأنفق الرجل إذا افتقر، ومنه قوله تعالى: إذا لأمسكتم خشية الإنفاق [166] أي خشية الفناء والنفاد. وأنفق المال: صرفه. ورجل منفاقٌ: أي كثير النفقة. نفق السعرُ يَنْفُق نُفُوقاً إذا كثر مشتروه.

● **نفل:** النون والفاء واللام أصلٌ واحد يدل على عطاء وإعطاء. نَفَّلَ غيره يُنَفِّل أي فَضَّله على غيره. وانتفلَ: صلى النوافل.

(164) صحيح مسلم 1 / 102 ، رقم الحديث : 105 . سنن الترمذي 3 / 516 ، رقم الحديث : 1211 . سنن ابن ماجه 2 / 744 ، رقم الحديث : 2208 .
(165) صحيح البخاري 2 / 735 ، رقم الحديث : 1981 . سنن أبي داود 3 / 245 ، رقم الحديث : 3335 .
(166) سورة الإسراء ، الآية 100 .

النَّفَل: الغنيمة والهبة، والجمع أنفال ونفال، ونَفَّلْتُ فلاناً تنفيلاً: أعطيته نَفَلاً وغُنْماً. والنفل والنافلة: ما يفعله الإنسان مما لا يجب عليه أي التطوع. والنَّوْفل: العطية. والنَّوْفَل. السيِّد المِعْطاء.

● **نقد:** النون والقاف والدال أصلٌ صحيح يدل على إبراز شيء وبروزه. نقد الطائر الفَخَّ يَنْقُدُه بمنقاره أي ينقره. ونقد الرجلُ الشيء: اختلس النظر نحوه.
النقدُ: خلاف النسيئة. والنقدُ والتَّنْقَادُ: تمييز الدراهم وإخراج الزيف منها. ونَقَدَه إياها نقداً: أعطاه فانتقدها أي قبضها، ونَقَدْته الدراهم ونقدتُ له الدراهم أي أعطيته فانتقدها أي قبضها.

● **نقز:** النون والقاف والزاء أُصيلٌ يدل على دِقّة وخِفّة وصِغَر. النَّقِزُ: الماء الصافي العَذْب، وأنَقَزَ: داوم على شربه.
أنْقَزَ إذا اقْتنى النقز من ردىء المال، ومثله أقْمَزَ وأغْمَزَ. وانتقز له شَرَّ الإبل أي اختار له شرها. وعطاء ناقزٌ إذا كان خسيسا.

● **نكد:** النون والكاف والدال أُصيلٌ يدل على خروج الشيء إلى طالبه بشدة. النَكَدُ: الشُّؤمُ واللؤمُ، ورجلٌ نكدٌ: أي عَسِر.
نَكِدَ الرجل نَكَداً: قلل العطاء أو لم يعط البتة. والنَّكْد: قلة العطاء وأن لا يَهْنَأَه من يُعْطاه. ونَكَدَه حاجته: منعه إياها.
وفي القاموس: نَكِدَ عيشُه: اشتد وعَسُر.

● **نمم:** النون والميم أصلٌ صحيح له معنيان: أحدهما إظهار شيء وإبرازه، والآخر لون من الألوان. النَمُّ: الإغراء ورفع الحديث على وجه الإشاعة

والإفساد. ورجلٌ نَمُومٌ ونَمامٌ أي قتات. النُمّي الفَلْسُ بالرومية، وقال بعضهم: ما كان من الدراهم فيه رَصاصٌ أو نحاس فهو نُمِّيٌّ، قال: وكانت بالحيرة على عهد النعمان بن المنذر.

● **نمي:** النون والميم والحرف المعتل أصلٌ واحد يدل على ارتفاع وزيادة. انتمى هو إليه: انتسب. وتنمّى الشيءُ تنمياً: ارتفع.

النَّماء: الزيادة. نمي ينمي نَمْياً ونُمِيَّاً ونَماءً: زاد وكثر، وربما قالوا يَنْمُو نُمُوّا. ونَمَيتُ الشيَ على الشيَ: رفعته عليه. وكل شيء رفعته فقد نميته. وقيل: التنمية من قولك نميت الحديث أنمَيه تنمية بأن تبلغ هذا عن هذا على وجه الإفساد والنميمة، وهذه مذمومة والأولى محمودة. والنماء: الريْعُ. النُميِّة: الفَلسْ. وقيل الدرهم الذي فيه رصاص أو نحاس.

● **نهد:** النون والهاء والدال أصلٌ صحيح يدل على إشراف شيء وارتفاعه. نهد الثدي: كَعَب. ونهدَ الرجلُ: نهض. والنَّهْدُ: الشيء المرتفع.

التناهُدُ: إخراج كل واحد من الرفقة على قدر نفقة صاحبه. والمُخْرَجُ يقال له: النِّهْدُ، بالكسر.

● **نهك:** النون والهاء والكاف أصلٌ صحيح يدل على إبلاغٍ في عقوبة وأذى. نَهَكَه نهاكَةَ: غلبه. والنَّهْكُ: المبالغة في كل شيء. ورجلٌ نهيكٌ أي شجاع.

نهك من الطعام: أكل منه أكلاً شديداً فبالغ فيه، يقال: ما ينفعك فلان ينهك الطعام إذا ما أكل يشتد أكله. ونَهَكْتُ من الطعام أيضا: بالغت في أكله.

● **نهم:** النون والهاء والميم أصلان صحيحان: أحدهما صوتٌ من الأصوات، والآخر وَلُوعٌ بشيء.
النَّهْمَةُ: بلوغ الهمَّة في الشيء. وهو منهومٌ بكذا أي مُولَعٌ به.
النَّهامةُ إفراط الشهوة في الطعام، وقد نَهِم في الطعام يَنْهَمُ نَهماً إذا كان لا يشبع. وفي الحديث: منهومان لايشبعان: منهومٌ بالمال ومنهومٌ بالعلم([167]).
وفي القاموس: والنَّهام، والنَّهامِيُّ: الحدادُ والنجار.

● **نول:** النون والواو واللام أصلٌ صحيح يدل على إعطاء. ناوَلْتُه فتناولَه: أخذه. والنَّوْلَة: القُبْلَةُ.
والنَّوْلُ: الوادي السائل.
نلْتُ له بشيء أي جُدْت. وما نُلْتُه شيئا أي ما أعطيته. النَّوال : العطاء. ورجلٌ نالٌ: جوادٌ .
وهو كثير النَّوَال. ناولت فلاناً شيئا مناولة إذا عاطيته. والنَّوْل: خشبة الحائك التي يلف عليها الثوب، والجمع أنوال. والمِنْوَل والمِنْوال كالنَّدْل. المِنْوَال الحائك الذي ينسج الوسائد ونحوها.

● **نوي:** النون والواو والحرف المعتل أصلٌ صحيح يدل على معنيين: أحدهما مَقْصَدٌ لشيء، والآخر عَجَمُ شيء. نَوى الشيء نِيَّةَ ونِيةَ: قصده واعتقده. والنِّيَّة والنَّدى: البُعْد.
النَّواةُ هي الأوقية من الذهب. وقيل: أربعة دنانير. والنَّواةُ: اسم لخمسة دراهم.

(167) المستدرك على الصحيحين 1 / 169 ، رقم الحديث : 312 . سنن الدارمي 1 / 108 ، رقم الحديث : 331 . الجامع لمعمر بن راشد 11 / 256 ، رقم الحديث : 20478 .

الهاء

● **هبش:** الهاء والباء والشين كلمة واحدة: يتَهَبَّش يتكسّب. تهبَّشوا وتحبَّشوا إذا اجتمعوا. والهَبْشُ: نوع من الضرب.
الهَبْشُ: الجمع والكسب. يقال هو يَهْبِشُ لعيالِه ويُهَبِّش هَبْشاً. واهْتَبَش وتَهَبَّش كَسَبَ وجمع واحْتالَ. ورجلٌ هبَّاشٌ: مُكتَسِب جامعٌ.

● **هبرق:** الهِبْرَقيُّ والهَبْرَقيُّ: الصائغ، ويقال للحداد. وقيل هو كل من عالج صنعة بالنار.

● **هبل:** الهاء والباء واللام فيه ثلاث كلمات، تدل إحداها على ثُكْل، والأخرى على ثِقَل، والثالثة على اغترار وتغفُّل. اهتبل إذا ثَكِلَ. والهُبْلَة: القُبْلة.
اهتبل الرجل إذا غَنِمَ. والاهتبال الاغتنام والاحتيال والاقتصاص وفي الحديث: من اهتبل جَوْعة مؤمنٍ كان له كَيْت وكَيْت ([168]) أي اغتنمها من الهبالة الغنيمة. ورجل مُهْتبل وهَبَّال، وهبَّل لأهله وتَهَبَّل واهتبل: تكسَّب. والهبَّال: الكاسب المحتال، والمُهتبِل: الكذاب.

● **هبلع:** الهِبْلَعُ: اللئيمُ. وعبدٌ هِبْلَعٌ: لا يُعْرف أبواه أو لا يُعْرف أحدهما.
الهِبْلاعُ: الواسع الحُنْجُور العظيم اللَّقم الأكولُ. الهِبْلَعُ: الأكول.

● **هزبل:** الهِزْبليلُ: الشيء التافهُ اليسير.
هزبل إذا افتقر فقرا مُدقعاً .

---

(168) لم أجد له اصلا .

● **هزر:** الهاء والزاء والراء يدل على غمزٍ وكسرٍ وضرب. هَزَرَه بالعصا يَهْزِرُهُ: ضربه شديداً. وهَزَرَ به الأرضَ: صرعه.
الهَزْرُ في البيع: التقحم فيه والإغلاء. وقد هَزَرْتُ له في بيعه هَزْراً أي أغليت له. والهَازِرُ: المشتري المُقَحِّمُ في البيع.
وفي القاموس: ورجلٌ مِهْزَرٌ: يَغْبُنُ في كل شيء. وهَزَرَ له: أكثر من العطاء.

● **هزل:** الهاء والزاء واللام كلمتان في قياس واحد، يدلان على ضَعف. الهَزْلُ نقيضُ الجِدِّ. والهُزالة: الفكاهةُ. والهُزال: نقيض السِّمَنَ.
الهَزل: الفقر. هَزَلَ الرجلُ يَهْزِل هَزْلاً فهو هازل أي افتقر.
وفي القاموس: واهْزلوا: هُزِلَتْ أموالُهم، وحبسوا أموالهم عن شدة وضيق.

● **هذم:** الهاء والذال والميم كلمة صحيحة، تدل على قَطعٍ لشيء. هَذَمَ يَهْذِمُ: قَطَعَ، وأكَلَ بسرعة.
والهيذَامُ: الشجاعُ. والهُذَامُ: السيف القاطع.
الهَذْمُ: الأكلُ. كلُّ ذلك في سرعة. والهَيذامُ: الأكول.

● **هفا:** الهاء والفاء والحرف المعتل: أصلٌ يدل على ذَهاب شيء في خفة وسرعة. هفا هَفْواً وهَفْوَةً وهَفَواناً: أسرع. وهفا الطائرُ: خفق بجناحيه.
الهَفْو: الجوع ورجل هافٍ: جائع.

● **هقم:** الهاء والقاف والميم يدل على اتساعٍ وعِظَم. تَهَقَّمَه: قَهَرَه. والهِقَمُّ: البحر. الهَيْقَمُ: صوت البحر.
الهِقَمُ: الشديد الجوع والأكل. وتَهقَّمَ الطعامَ: لَقِمه لُقَماً عِظاماً متتَابعة.

● **هلك:** الهاء واللام والكاف يدل على كَسْرٍ وسُقوط. هَلَكَ يهْلِكُ هُلْكاً وهَلْكاً: مات.
اسْتهْلَك المال: أنفقه وأنفده.
وفي القاموس: الهالكيُّ: الحدَّاد، والصَيْقَلُ، لأن أول من عمل الحديد الهالكُ بن أسد، فنسب إليه. والهَيْلَكُون: المنجل لا أسنان له.

● **هنبغ:** الهُنْبُغُ: الترابُ الذي يطير بأدنى شيء، والأسد، والمرأةُ الضعيفة البطش، والحمقاء.
الهُنْبُغُ: شدَّة الجُوعِ. ويوصف به فيقال: جُوعٌ هُنْبُوغٌ.

● **هوس:** الهاء والواو والسين كلمة تدل على طَوفان ومجيء وذَهاب في مثل الحَيرة. الهَوْسُ: الدَّقُّ، والكسر، والطَّوفُ بالليل، والإفسادُ، والدوران. والهوَّاس: الأسد الهصور.
الهَوْس: الأكل الشديد. والهَوْس: شدة الأكل.

● **هيس:** الهاء والياء والسين كلمة تدل على السَّير. الهَيْسُ: أخذُكَ الشيء بكُرْه، والفَدَّان، وهاسهم: داسهم.
الهَيْس من الكيل: الجِزاف.

الواو

● **وبد:** الواو والباء والدال كلمة تدل على سوء حال. الوَبد: الغضب، والحَرُّ، والعيبُ. وَبِدَ عليه وبَداً: غضب.

الوَبْدُ: الحاجة الى الناس. والوَبَد: شدة العيش. والوبَدُ: سوء الحال من كثرة العيال وقلة المال. ورجلٌ وبَدٌ أي فقير.

● **وجب:** الواو والجيم والباء أصلٌ واحد يدل على سقوط الشيء ووقوعه، ثم يتفرع. وَجَبَ يَجِبُ وجُوباً: لَزِمَ. واستوجبه: استحقه.

وجَبَ البيعُ تجِبُ جِبَةً، وأوجَبْتُ البيعَ فوَجَبَ. وجبَ البيع جَبةً ووجوبا. أوجبَ البيعَ وأوجَبَهُ إيجاباً، الوَجيبَةُ أن يُوجِبَ البيع، ثم يأخذه أولاً فأولاً. وقيل على أن يأخذ منه بعضاً في كل يوم، فإذا فرغ قيل: استوفى وَجيبَتَه. يقال: وجب البيعُ يجب وجوباً، وأوجبه إيجابا أي لزمه وألْزَمَه. الوجيبةُ: الوظيفةُ.

وفي القاموس: الوجبةُ: الأكلة في اليوم والليلة.

● وجد: الواو والجيم والدال: يدل على أصلٍ واحد، وهو الشيء يُلفيه. وَجَدَ عليه في الغضب يَجُدُ ويَجِدُ وَجْداً: غضب. وتَوَجَّدتُ لفلان أي حزنتُ له.

الوُجْدُ والوَجْدُ والوِجْدُ: اليسار والسَّعةُ. وفي أسماء الله تعالى: الواجدُ، هو الغني الذي لا يفتقر. وقد وَجَدَ يَجِدُ جِدة أي استغنى غِنىً لا فقر بعده.

● **وخط:** الواو والخاء والطاء كلمة واحدة، وهي سَعة الخطو. وخَطَه الشَّيْبُ: خالَطه. وخَطَ يَخِطُ إذا أسرع.

الوَخْطُ في البيع: أن تربح مرة وتخسر أخرى.

● **ودع:** الواو والدال والعين أصلٌ واحد يدل على الترك والتخلية. الوَدْعةُ، والجمع ودَعاتٌ: خَرَزٌ بيضٌ تُعَلَّق لدفع العين. والوَدِيعُ: الرجل الهادىء الساكن.

الوديعةُ: واحدة الوَدائع، وهي ما اسْتُودع. يقال أودعت الرجلَ مالاً واسْتودَعْتُه مالاً. وتَودَّعَ واتَّدَعَ تُدْعَةَ وودَّعَه: رفَّهَه.

وفي القاموس: والدَّعَةُ: الخَفْضُ، والسَّعَةُ في العيش.

● **ورق:** الواو والراء والقاف أصلان: يدل أحدهما على خيرٍ ومال، والآخر على لونٍ من الألوان.

الورقُ: وَرَقُ الشجرة والشوك. وقد ورَّقت الشجرةُ توريقاً وأورقت إيراقاً: أخرجت ورقها. وعامٌ أوْرَقَ: لا مطر فيه.

الوَرَّاق: معروف، وحرفته الوِراقةُ. ورجلٌ ورَّاق: وهو الذي يُوَرِّق ويكتب. والوَرَقُ: المال من دراهم ودنانير وغير ذلك. الوَرِقُ والوِرْقُ والوَرْقُ والرِّقةُ: الدراهم. وفي الحديث: في الرِّقة ربع العشر[169] والمُسْتَورِق: الذي يطلب الورق. والورَّاق الرجل الكثير الوَرِق. والوَرَق الفضة، كانت مضروبة. أورق الرجلُ كثر مالُه، وحرفته الوِراقة.

● **وزن:** الواو والزاء والنون بناء يدل على تعديلٍ واستقامة. وزنَ الشِّعْرَ فاتَّزَن. والميزان: العدل. ووَزَنَ الشيء: رجح.

(169) صحيح البخاري 2 / 527 ، رقم الحديث : 1386 . صحيح ابن حبان 8 / 59 ، رقم الحديث : 3266 .

الأوزان هو الموازين التي توزن بها الأشياء وهي المثاقيل واحدها مثقال. يقال: وزن الشيء إذا قدَّره، ووزن ثمر النخل إذا خرصه. والوَزْنُ: المثقال، والجمع أوْزانٌ.

● **وسع:** الواو والسين والعين كلمة تدل على خلاف الضِّيق والعسر. السعةُ: نقيض الضِّيق. ووسِعَ الشيء: لم يضق عنه.
أوَسَعَ الرجلُ صار ذا سَعةٍ وغِنىً، وفي التنزيل: " على الموسع قدره وعلى المقتر قدره "([170]). وقوله تعالى: " ليُنْفق ذو سعةٍ من سَعَته " ([171]) أي قدر سعته. وقوله تعالى " وإنا لموسعون " ([172]) أي أغنياء قادرون. ويقال أوسع الله عليك أي أغناك. ورجلٌ مَوْسِعٌ: وهو المليء: والسَّعةُ: الغنى والرفاهية.

● **وسق:** الواو والسين والقاف كلمة تدل على حمل الشيء. وسَقَه يَسِقهُ: جَمَعَه وحَمَلَه. والوسيق: السَّوقُ، والمطر. واتسق: انتظم.
الوَسْق والوِسْقُ: مكْيَلة معلومة: وقيل هو حمل بعير وهو ستون صاعاً بصاع النبي صلى الله عليه وسلم. وهو خمسة أرطال وثلث.

● **وصف:** الواو والصاد والفاء أصلٌ واحد، وهو تخلية الشيء. وصَفَه يَصِفُه وصفاً وصِفَةً: نَعَتَه، فاتصف. والوصَّاف: العارف بالوصف.

---

(170) سورة البقرة ، الآية 236 .
(171) سورة الطلاق الآية ، الآية 7 .
(172) سورة الذاريات ، الآية 47.

بيع المُواصفةِ: أن يبيع الشيء من غير رؤية. وفي حديث الحسن أنه كره المواصفة في البيع[173] وقيل: هو أن يبيع ما ليس عنده ثم يبتاعه فيدفعه إلى المشتري، قيل له ذلك لأنه باع بالصفة من غير نظر ولا حيازة مِلك.

● **وصل:** الواو والصاد واللام أصلٌ واحد يدل على ضمّ شيء إلى شيء حتى يَعْلَقَه. وصل الشيء بالشيء وَصْلاً وصُلَةً، ووصَّلَهُ: لأَمَه. والوصيلة: الشاة. والوصْلُ: ضد الهجران. والتَّواصُل: ضد التصارُم.

وصله إذا أعطاه مالاً، والصلة الجائزة والعطية. وفي حديث جابر: أنه اشترى مني بعيراً وأعطاني وصْلاً من ذهب ([174]) أي صلةً وهبةً، كأنه ما يتّصل به أو يَتَوَصَّل في معاشه.

● **وضع:** الواو والضاد والعين أصلٌ واحد يدل على الخفض وحَطّه. الوَضْعُ: ضد الرفع. ويقال: وضع يده في الطعام إذا أكله. وضع الشيء وضعاً: اختلقه. وتواضع القومُ على الشيء: اتفقوا عليه.

وُضع في تجارته ضَعةً وضِعة ووضيعة فهو موضوعٌ فيها، وأوضَعَ ووضِعَ وَضَعاً: غُبِنَ وخسر فيها. ويقال: وُضِعتُ في مالي وأوضعت ووَكسْتُ وأوكِسْتُ. الوضيعةُ: الخسارة. وقد وضع في البيع يُوْضَع وضِيعة يعني أن الخسارة من رأس المال. وضع عنه الدَّين يَضَعُه وَضْعاً: أسقطه عنه. ودينٌ وضيعٌ: موضوع. والوضائعُ: جمع وضيعة وهي الوظيفة التي تكون على المِلك وهي ما يلزم الناسَ في أموالهم من الصدقة والزكاة.

(173) مصنف عبدالرزاق 8 / 42 ، رقم الحديث : 14223 . مصنف ابن أبي شيبة 4 / 311 ، رقم الحديث : 20504 . فتح الباري 4 / 378

(174) فتح الباري 5 / 316 .

وفي القاموس: الوضيعةُ: الحطيطةُ، وما يأخُذه السلطانُ من الخراج والعشور. والتَّوضيعُ: خياطة الجُبَّة بعد وضع القطن فيها.

● **وغر:** الواو والغين والراء كلمة تدل على حرارة، ثم يستعار. إيغار الخراج هو أن يؤدي الرجل خراجه إلى السلطان الأكبر فراراً من العمال. يقال أدغر الرجل خراجه إذا فعل ذلك. الدَّغْرَةُ: أخذ الشيء اختلاساً. والدَّغْرُ: سوء غذاء الولد.

● **وغل:** الواو والغين واللام كلمة تدل على تقحُّم في سَيرٍ وما أشبه ذلك. الوغْلُ من الرجال النَّذلُ الساقط، والجمع أوغال.
والوغْلُ والوَغِلُ: السيئ الغداء. والوَغْل والواغِلُ: الذي يدخل على القوم في طعامهم وشرابهم من غير أن يدعوه إليه أو ينفق معهم مثل ما أنفقوا. الواغل في الشراب كالوارش في الطعام.

● **وفر:** الواو والفاء والراء كلمة تدل على كثرةٍ وتمام. وفَرَ الثوبَ: قطعه وافراً. وفَرَ الشيء: أكملَه.
الوَفْرَ من المال والمتاع: الكثير الواسعُ، والجمع وَفورٌ، وقد وَفَرَ المالُ والنباتُ والشيء بنفسه وفْراً ووفوراً وفِرَةً.
وفي القاموس: الوَفْرُ: الغنى. ووفَّرَه توفيراً: كثَّرَه.

● **وفي:** الواو والفاء والحرف المعتل كلمة تدل على إكمالٍ وإتمام. وفى بالعهد وفاءَ: ضد غَدَر. وأوفى فلاناً حَقَّه: أعطاه وافياً. وأوفى على الخمسين: زاد.

دِرْهمٌ وافٍ يعني به أن يزن مثقالاً، وكَيْلٌ وافٍ. ووَفَى الدرهمُ المثقال: عادَلَه. والوافي: درهمٌ وأربعة دوانيق. وقيل: درهمٌ وافٍ وفى بزنته لا زيادة فيه ولا نقص.

● **وقي:** الواو والقاف والياء: كلمة واحدة تدل على دَفعِ شيء عن شيء بغيره. وقاهُ وَقْياً وِقايَةَ: صانَه. وتَوَقَّى واتَّقى بمعنى.
الأوقيَّة: زنةُ سبعة مثاقيل وزنة أربعين درهماً، وجمعها أواقي وأواقٍ. وفي الحديث: " ليس فيما دون خمس أواق من الورِق صدقة " ([175]).

● **وكر:** الواو والكاف والراء أصلٌ صحيح ليست كلِمُهُ على قياسٍ واحد. الوَكْرُ: عُشُّ الطائر. ووكرَ الطائرُ: أتى الوكر، أو دخله.
وكر المكيالَ وكراً ووَكَّرَه توكيراً، كلاهما كلأه. ووكر فلانٌ بطنه وأوكَرَه: ملأه. وتوكَّر الصبيُّ: امتلأ بطنُه. والوكْرَةُ والوَكَرَةُ والوكِيرَةُ: الطعام يتخذه الرجل عند فراغه من بنيانه فيدعو إليه. الوكيرة هي طعام البناء. والتَّوكير: الإطعام. المُواكَرَة : المخابرة، وأصله الهمز من الأكْرَةِ، وهي الحفرة.

● **وكس:** الواو والكاف والسين: كلمة تدل على نقصٍ وخسران. التَّوكيسُ: التَّوبيخُ. ورجلٌ أوكس: خسيسٌ.
الوَكْسُ: النقص. ووكَسْتُ فلاناً: نقصته. والوكْسُ: اتِّضاع الثمن في البيع. وفي حديث أبي هريرة: من باع بيعتين في بيعة فله أوكسها أو الربا،[176] وأُوكِس الرجل إذا ذهب مالُه.

---

(175) صحيح البخاري 2 / 509 ، رقم الحديث : 1340 . صحيح مسلم 2 / 674 ، رقم الحديث : 978

(176) المستدرك على الصحيحين 2 / 52 ، رقم الحديث : 2292 . سنن أبي داود 3 / 274 ، رقم الحديث : 3461 .

الياء

● **يسر:** الياء والسين والراء: أصلان يدل أحدهما على انفتاح شيء، وخفته، والآخر على عضوٍ من الأعضاء. اليَسْرُ: اللِّين، والانقياد، يَسَر يَيْسِرُ وياسَرَهُ: لاينه. واليَسَرُ: السهل. والتَّياسُر: التساهل. واليسير: القليل. والميسور: ضد المعسور.

اليُسْر واليَسارُ والمَيْسَرةُ، والمَيْسُرَةُ، كله: السهولة والسِّعة والغنى. وأيسر الرجلُ إيساراً ويُسْراً صار ذا يسارٍ ورجلٌ مُوسِرٌ، والجمع مَياسيرٌ.

● **يدي:** الياء والدال: أصل بناء اليد للإنسان وغيره، ويستعار في المنة، فيقال: له عليه يدٌ. اليَدُ: الكَفُّ، والجمع أَيْدِ ويُدِيٌّ وجمع الجمع أيادٍ. واليَدُ: الجاهُ، والوقارُ، والطريق، والجماعة، والندم والذل. وأيَّدَه اللـه أي قوَّاه.

اليَدُ: الغنى والقدرة. واليَدُ: الأكْلُ. يقال ضع يَدَكَ أي كُلْ.

الجداول

والفهارس

جدول رقم (1)

مقارنة بين "معجم الألفاظ الاقتصادية في لسان العرب" و"معجم المصطلحات الاقتصادية في لغة الفقهاء

الحرف	ألفاظ " اللغة والاقتصاد " غير الواردة في " معجم المصطلحات الاقتصادية في لغة الفقهاء "	العدد	عينة من ألفاظ " معجم الألفاظ " التي لها أصل فقهي ولم ترد في " معجم المصطلحات الاقتصادية في لغة الفقهاء "
الهمزة	أبث، أبر، أبش، أتي، أثث، أخر، أرج، أرس، أرم، أزق، أزم، أسـف، أطط، أفق ، أكر ، أكل، ألس، أوس	18	الإبارة، الأثاث، المؤاكرة، الأكل
الباء	بأس، بخع، بخل، بدر، برز، برض، بزر ، بسس، بشر، بطر، بغا، بقق، بلط، بلل ، بنح ، بند، بهر، بور، بوش ، بوط، بوك ، بول	22	الإبريز ، البَطَر ، البخل ، البَذْرة ، البوار
التاء	تبر ، ترب ، ترف ، تقن ، توا	5	التِّبْر
الثاء	ثرر ، ثرمل ، ثمل ، ثوب	4	الثروة
الجيم	جبأ ، جرز ، جرش ، جرف، جشم ، جفف ، جمـع ، جنعظ ، جوس ، جوظ ، جوع	11	الجزار والجزارة ، الجوع
الحاء	حتر، حترف، حذا، حرب، حرث، حزر، حصرم، حظظ، حفف، حمـق، حنز، حنط، حنن، حلز، حمر ، حوب، حوس ، حوك ، حيك	19	الحتر ، الحذوة ، الحرث ، الحنطة ، الأحمر ، الحوبة ، الحياكة
الخاء	خبأ ، خبث ، خبط ، خدع ، خذم ،	24	الخرز،الخزف،الخصاصة

جدول رقم (1)

مقارنة بين "معجم الألفاظ الاقتصادية في لسان العرب" و"معجم المصطلحات الاقتصادية في لغة الفقهاء

	خرز ، خرش ، خزف ، خشب ، خصب ، خصص ، خضم ، خفف ، خفض ، خفق ، خلب ، خلق ، خلع ، خلل ، خمص ، خنبق ، خـوب ، خوص ، خيس		
الدال	دثر ، دخن ، درهم ، دسق ، دعم ، دغرق ، دغفق ، دقع ، دقل ، دهبل ، دهقع ، دنر ، دنق ، دهن	14	الدخل ، التدليس ، الدينار
الذال	ذرأ ، ذرا ، ذرع ، ذهب	4	الذريء ، الذراع
الراء	ربحل ، ربع ، ربن ، رتع ، رجع ، رجـل ، رخا ، رخص ، ردب ، رسـغ ، رضح ، رغب ، رغـد ، رغس ، رفأ ، رفش ، رفص ، رفغ ، رفغن ، رفه ، رفهن ، رقح ، رقق ، رمث ، رمق ، رمل ، رمم ، روب ، روق ، ريش ، ريع	31	الرباع ، الرتع ، الرخاء ، الرفاهية ، الرياش
الزاي	زخرف ، زعر ، زعفق ، زلل ، زهد ، زمر ، زمل ، زيف	9	الزخرف
السين	سأر ، سـأل ، سبأ ، سبد ، ستق ، سحا ، سحل ، سـدد ، سرج ، سفسر ، سفتج ، سكف ، سكك ، سكن ، سلأ ، سمل ، سندر ، سوف	18	السائل ، السبد ، الستوق ، السداد
الشين	شبر ، شبع ، شحح ، شدد ، شذر ،	12	الشبع ، الشذر ، الشَّف

جدول رقم (1)

مقارنة بين "معجم الألفاظ الاقتصادية في لسان العرب" و"معجم المصطلحات الاقتصادية في لغة الفقهاء

	شرم ، شـري ، شظف ، شفف ، شكر ، شكم ، شوب		
الصاد	صبر ، صبغ ، صدل ، صرر ، صرم ، صعفك ، صعلك ، صفد ، صفر ، صلفع ، صلقح ، صلقع ، صلمع ، صوع ، صوغ ، صيف	16	الصباغة ، التصعلك
الضاد	ضربج ، ضرز ، ضرك ، ضرم ، ضفا، ضفف ، ضمم ، ضن ، ضهل، ضيق، ضنك	12	الضنين ، الضنك
الطاء	طبع ، طثر ، طحن ، طرق ، طفف، طفل ، طمل ، طهفل	8	الطحن
الظاء	ظهر ، ظنن	2	-
العين	عبر ، عتل ، عجف , عدف ، عرك, عسس , عسف ، عسم , عصف , عضض ، عصم , عطر ، عطـل ، عقب ، عقف ، عكظ ، علق، علك ، عله ، عهـن ، عور ، عوس ، عوك، عير ، عيش ، عيل	27	العرك ، العسيف، العطارة ، العطلة ، عكاظ
الغين	غبب ، غبر ، غتم ، غشم ، غدفل ، غدن ، غذم ، غذمر ، غرب ، غرل، غضر ، غفر ، غلت ، غلق ، غلا ، غمض ، غير ، غيض	18	-
الفاء	فتـق ، فتن ، فجر ، فحش ، فدد ،	20	الفتنة ، الفضة ، الفاقه

جدول رقم (1)

مقارنة بين "معجم الألفاظ الاقتصادية في لسان العرب" و"معجم المصطلحات الاقتصادية في لغة الفقهاء

	فرخ ، فرق ، فره ، فسل ، فضض ، فعل ، فقع ، فكه ، فلج ، فلح ، فلز ، فوه ، فلذ ، فنع ، فوق		
القاف	قبع ، قبن ، قثم ، قحط ، قرش ، قرضف ، قرط ، قرف ، قرقف ، قرن ، قزم ، قسا ، قسط ، قشم ، قصب ، قطط ، قعس ، قفر ، قفز ، قنطر ، قها ، قوا ، قيل ، قين	24	القبا ، القحط ، القرش والتقرش ، القيراط ، القران ، القسط ، القسامة ، القصابة ، القفيز ، القين
الكاف	كبع ، كثل ، كثج ، كثر ، كدا ، كدح، كدد ، كدش ، كده ، كربس ، كرر ، كسا ، كظظ ، كفن ، كفي ، كسم ، كيل	17	الكدية ، الكد ، الكرباس ، الكر
اللام	لبز ، لحف ، لعس ، لقح ، لكع ، لمق، لها ، لوس ، ليط	9	الملاقيح
الميم	متع ، مجج ، مجر ، مجن ، محل ، مدي ، مسك ، مسكن ، مشق ، مصل ، مكك ، ملأ ، ملس , ملق , ملهم , منن , مني , مهن , مور ، موق	20	المتاع ، المجّان ، المدي ، المكوك ، المليء ، المنُّ
النون	نخخ ، نخس , ندف , نزر , نسس ، نسك , نشش ، نصف ، نضر ، نطا ، نطل ، نعس ، نعم ، نفس ، نقز ، نكد ، نمم ، نهك ، نول ، نوي	20	النَّخَّة ، النَّخاسة ، النداف ، النضرة , النعمة ، النفيس، النَّوال ، النَّواة

جدول رقم (1)

مقارنة بين "معجم الألفاظ الاقتصادية في لسان العرب" و"معجم المصطلحات الاقتصادية في لغة الفقهاء

الهاء	هبش ، هبرق ، هبل ، هبلع ، هزبل، هزر ، هزل ، هذم ، هفا ، هقم ، هنبع ، هوس ، هيس	13	-
الواو	وبد ، وجب ، وخط ، وزن ، وجد ، وسع ، وسق ، وصل ، وغر ، وغل ، وفى ، وقي ، وكر	13	الوجد ، السعة ، الصلة ، الأوقية
الياء	-		-

جدول رقم (1)

مقارنة بين "معجم الألفاظ الاقتصادية في لسان العرب" و"معجم المصطلحات الاقتصادية في لغة الفقهاء

فهرس الآيات القرآنية

فهرس الأحاديث

281

فهرس الأحاديث

فهرس الأحاديث

فهرس الأحاديث

فهرس الأحاديث

فهرس الأحاديث

فهرس الأحاديث

فهرس الأحاديث التي لا أصل لها

الفعل	الحديث
أسف	لا تقتلوا عسيفاً ولا أسيفا
أكر	نهى عن المؤاكرة
أكل	نهى عن المؤاكلة
جعل	جعيلة الغرق سحت
حجر	لقد هممت أن أحجر عليها
حرب	الحارب المُشَلِّح
حكر	أنه كان يشتري حكرة
خوب	أصاب رسول الله صلى الله عليه وسلم خوبة فاستقرض مني طعاما
دقع	رماه الله بالدوقعة
روب	لا شوب ولا روب في البيع والشراء
شظف	لم يشبع من طعام إلا من شظف
شفف	فشف الخلخالان نحواً من دانق فقرضه
شكر	نهى عن شكر البغي
ضرب	لا تصلح مضاربة من طعمته حرام
عقر	خير المال العقر
غبر	لو تعلمون ما يكون في هذه الأمة من الجوع الأغبر والموت الأحمر
فرخ	أنه نهى عن بيع الفروخ بالمكيل من الطعام

فهرس الأحاديث التي لا أصل لها

اشترى ناقة من رجلين وشرط لهما من النقد رضاهما	فسل
أنه كان يتعوذ من القزم	قزم
أطعموا ملفجيكم	لفج
أنه كتب لثقيف حين أسلموا كتابا	ليط
من اهتبل جوعة مؤمن كان له كيت وكيت	هبل

فهرس الأعمال والمهن

اسم العامل	وصف العمل والمهنة	الفعل
الآبر	العامل الذي يأبر النخل والزرع	أبر
الأبَّار	الذي يُسَوِّي الإبَرَ ، وبائعه إبْريٌّ	أبر
الإريِّس	الأكار ، والعرب تسميه الفلاح	أرس
الأكار	الحرَّاث	أكر
البدَّال	الذي يبيع كل شيء من المأكولات ، والعامة تقول بقَّال	بدل
البزَّاز	بائع الثياب وحرفته البزازة	بزز
المُبَيْطر	معالج الدواب	بطر
البَيْطر	الخيَّاط	بطر
الخرَّاط	هو الذي يَخْرُط بالمخراط ، والمخراطُ حديدة تسمى البَطُّ	بلط
البندريُّ	هو الذي يخزن البضائع للغلاء	بندر
الثوَّاب	الذي يبيع الثياب	ثوب
الجزَّار	الذي يجزر الجزور ، ويقال له الجزِّير ، وحرفته الجزارة	جزر
الحذَّاء	صانع النعال	حذا
الحرَّاث	الزرَّاع	حرث
الحاقل	الأكار	حقل
الحنَّاط	بائع الحنطة وحرفته الحِناطة	حنط
الحائك	الذي ينسج الثياب	حوك
الخبير	الأكار	خبر

فهرس الأعمال والمهن

292

فهرس الأعمال والمهن

الصبَّاغ	معالج الصبغ ، وحرفته الصباغة	صبغ
الصيرفي	النقاد من المُصارفة ، ويقال له الصرَّاف والصَّيرف	صرف
الصيدلاني	العطار منسوب إلى الصَّيْدَل ويقال له الصيدناني منسوب إلى الصيدن	صندل
الصائغ	الذي يسبك الحلي ، وحرفته الصياغة . ويقال له الصوَّاغ	صوغ
الطباع	الذي يأخذ الحديدة المستطيلة فيطبع منها سيفاً أو سناناً أو نحو ذلك ، وحرفته الطباعة	طبع
الطحَّان	الذي يلي الطحين ، وحرفته الطحانة	طحن
العَرَكيُّ	صياد السمك	عرك
العاسل	الذي يشتار العسل من موضعه ويأخذ من الخلية	عسل
العشَّار	الذي يأخذ عشر أموال الناس	عشر
العطَّار	بائع العطر ، وحرفته العطارة	عطر
العلاَّك	بائع العِلْك وهو البَطْم	علك
الفيتق	النجَّار وقيل الحداد	فتق
الفتَّان	الصائغ	فتن
الفتين	النجَّار	فتن
الفداد	الفلاح	فدد
الفضولي	الخياط	فضل
الفاعل	النجار	فعل
الفاكهانيُّ	الذي يبيع الفاكهة	فكه

فهرس الأعمال والمهن

الفلّاس	بائع الفلوس	فلس
القصّاب	الجزّار ، وحرفته القصابة	قصب
القطّاط	هو الخرّاط الذي يصنع الحُقَن	قطط
القيْن	الحداد	قين
الكرابيسي	بائع الكرباس وهو الثوب	كربس
الكسائي	الذي يعطي الكسوة للغير	كسا
المطّال	الذي يضرب الحديدة ويمدها لتطول ، وحرفته المِطالة	مطل
النخّاس	بائع الدواب ، ويسمى به بائع الرقيق ، وحرفته النّخاسة	نخس
الندّاف	نادف القطن	ندف
النّهام	الحداد والنجار	نهم
المِنْوال	الحائك الذي ينسج الوسائد ونحوها	نول
الهِبْرَقيُّ	الصائغ	هبرق
الهالِكي	الحداد	هلك
الورّاق	الذي يُوَرِّق ويكتب وحرفته الوراقة	ورق

فهرس البيوع

النوع	وصف البيع	الفعل
بيع الإجباء	بيع الزرع قبل أن يبدو صلاحه أو يدرك	جبأ
بيع الجُزاف	بيع الشيء وشراؤه بلا وزن ولا كيل	جزف
بيع حاضر لباد	أن يأتي البدوي البلدة ومعه قوت يبغي التسارع إلى بيعه رخيصاً فيقول له الحضري اتركه عندي لأغالي في بيعه	حضر
بيع التحفيل	هو أن لا تُحاب الشاة أياماً ليجتمع اللبن في ضرعها للبيع ، وهو كبيع التصرية	حفل
بيع المحاقلة	بيع الزرع قبل أن يبدو صلاحه ، وقيل بيع الزرع في سنبله بالحنطة ، وهو الذي يسميه الزراعون المجاربة ، والمحاقلة مثل المخابرة	حقل
بيع المخاضرة	بيع الثمار وهي خضر لم يبد صلاحها ، وسمي مخاضرة لأن المتبايعين تبايعا شيئا أخضر بينهما	روض
بيع المراوضة	التجاذب بين المتبايعين من الزيادة والنقصان كأن كل واحد منهما يروض صاحبه	روض
بيع الترويق	أن تبيع شيئاً لك لتشتري أطول منه وأفضل أو أن تبيع بالياً وتشتري جديداً	روق

فهرس البيوع

بيع المزابنة	بيع الرطب على رؤوس النخل بالتمر كيلاً ، وكذلك كل ثمر بيع على شجرة بثمر كيلاً	زبن
بيع العينة	أن يشتري الشيء بأكثر من ثمنه إلى أجل ثم يبيعه منه أو من غيره بأقل مما اشتراه ، ويسمى بيع الزرنقة	زرنق
بيع السلف	بيع يُعَجَّل فيه الثمن وتضبط السلعة بالوصف إلى أجل معلوم	سلف
بيع السلم	وهو أن تعطي ذهباً وفضة في سلعة معلومة إلى أمد معلوم	سلم
بيع المساومة	المجاذبة بين البائع والمشتري على السلعة وفصل ثمنها	سوم
بيع الصرف	فضل الدرهم على الدرهم ، والدينار على الدينار ، والصرف بيع الذهب بالفضة	صرف
بيع العرايا	أن يشتري الرجل النخلَ ثم يستثني نخلة أو نخلتين	عرا
بيع العربان	هو أن يقول الرجل للرجل : إن لم آخذ هذا البيع بكذا فلك كذا وكذا من مالي	عرب
بيع المعارضة	بيع العرْض بالعرْض لا نقد فيه	عرض
بيع المعاومة	أن يحل دينك على رجل فتزيده في الأجل ويزيدك في الدَّين . وقيل هو أن تبيع زرعك بما يخرج من قابل في أرض المشتري	عوم

فهرس البيوع

بيع الغذمرة	هو بيع الشيء جُزافا	غذمر
بيع الغرر	هو ما كان له ظاهر يَغُرُّ المشتري وباطنه مجهول	غرر
بيع الملامسة	أن تشتري المتاع بأن تلمسه ولا تنظر إليه	لمس
بيع المُسْكان	هو بيع العربان وهو أن يشتري السلعة ويدفع إلى صاحبها شيئاً على أنه إن أمضى البيع حُسِب من الثمن وإن لم يمض البيع كان لصاحب السلعة ولم يرتجعه المشتري	مسك
بيع المَلَس	هو أن يبيع الرجلُ الشيء ولا يضمن عُهْدَته	ملس
بيع المنابذة	هو أن تقول : انبذ إليَّ الثوب أو غيره من المتاع أو انبذه إليك فقد وجب بكذا . وقيل : أن ترمي إليه بالثوب ويرمي إليك بمثله	نبذ
بيع النَّجَش	أن يزيد الرجلُ ثمن السلعة وهو لا يريد شراءها ولكن ليسمعه غيره فيزيد بزيادته	نجش
بيع النسيئة	هو بيع الشيء مقابل تأخير بدله	نسأ
بيع الوجيبة	أن يوجب البيع ثم يأخذ أولاً فأولاً . وقيل : على أن يأخذ منه بعضاً في كل يوم ، فإذا فرغ قيل : استوفى وجيبته	وجب
بيع المواصفة	هو بيع الشيء من غير رؤية . وقيل :	وصف

	هو بيع ما ليس عنده ثم يبتاعه فيدفعه إلى المشتري . أي هو المواصفة بالسلعة ليست عندك أو أن يمدحها ويصفها البائع	

فهرس الموضوعات

299

(الاعتدال في الغذاء)

دقل ، رتع ، رمم ، سدد ، سكن ، شبع ، طعم ، عدف ، عقر ، قصد ، قوم ، كثج ، كفي ، لبز ، يدي

(الكفاف في الغذاء)

ضفف ، طهفل ، عجف ، علق ، عيش ، غبب ، قوت ، مسك ، وغل

(الغذاء المحرم)

خبث ، سحت

(الإنفاق)

(الإنفاق على الغير)

أتي ، أفق ، أوس ، بسس ، بنح ، حدا ، جزر ، حوز ، حبا ، حتر ، حذا ، حنز ، خذم ، خضم ، دهق ، ربحل ، رسغ ، رضخ ، رغب ، سيب ، شبر ، شرم ، شكم ، صفد ، ضهل ، عدف ، عسم ، عفا ، عمر ، غثم ، غير ، فلذ ، قرط ، قوا ، كسا ، لها ، محن ، مصل ، منح ، منن ، نحل ، نزر ، نطا ، نفق ، نفل ، نقز ، نكد ، نهد ، نول ، هزر ، هلك ، وصل

(البخل)

بخل ، جوظ ، حتر ، حصرم ، حلز ، خنبق ، زعفق ، شحح ، شدد ، ضرز ، ضن ، ضيق ، عضض ، علك ، عول ، غلل ، فحش ، قتر ، قزم ، قسط ، كدا ، لكح ، مسك ، نفس

(التبذير والإسراف)

بذر ، بطر ، ترف ، تلف ، دغرق ، دغفق ، سرف ، مصل ، ملق

(الكرم)

بقق ، شكر ، طرف ، طعم ، عطا ، فجر ، فضل ، فنع ، قثم ، كثر ، نعم

(البطالة)

بطل ، بور ، عطل

(البيع)

آخر ، أرش ، ألس ، بدل ، بوك ، بيع ، تجر ، بندر ، ثمن ، جبأ ، جزف ، جلب ، جمع ، حبا ، حضر ، خرج ، خسر ، خضر ، خلب ، خوص ، خير ، خيس ، دلس ، ذرع ، ربن ، رجع ، رفأ ، رمث ، رهن ، روب ، روض ، روق ، زبن ، زرنق ، زكأ ، سبأ ، سفنج ، سلأ ، سلف ، سلـم ، سمسر ،

301

شرك ، شري ، شوب ، صرف ، صعفق ، صفق ، عرا ، عرا ، عرب ، عربن ، عرض ، عسر ، عقب ، عكظ ، عنن ، عهد ، عوض ، عين ، غبن ، غذمر ، غرر ، غلت ، غلق ، غمض ، غير ، فدد ، فلح ، قوم ، قيـل ، كلأ ، لحف ، لقح ، لمس ، مجج ، مجر ، مسك ، مسكن ، مكس ، ملس ، مور ، نبذ ، نجز ، نجش ، نسأ ، هزر ، وجب ، وخط ، وصف ، وضع ، وكس

(الجوع)

أطط ، برض ، ثمل ، جرش ، جشم ، جلب ، جهـد ، جوس ، جوع ، خرص ، خمص ، خوب ، دخن ، دقع ، دهقع ، سعر ، سمل ، شدد ، شكم ، صـرر ، صفر ، ضرس ، ضرم ، عصب ، عله ، غبر ، غتم ، قرن ، قفر ، قها ، قوا ، لمق ، لوس ، محل ، نسس ، هفا ، هنبغ

(الحاجات)

بغا ، جفف ، حوب ، زبن

(الخراج)

أرج ، جبي ، جزي ، خرج ، ضرب ، طعم ، عشر ، فلج ، فيأ ، قطع ، وضع، وفر ، وغر ، وكس

(الذهب)

برز ، تبر ، حمر ، خضر ، ذهب ، زخرف ، سوم ، شذر ، صفر ، عين ، غرب ، فلز ، نسك ، نضر ، نوي ،

(الربا)

ربا ، عين ، ليط ، نخخ

(الربح)

ربح ، شفف

(الرزق)

أكل ، حنن ، رزق ، صنع ، طمع

(الرشوة)

أرش ، جعل ، حلا ، رشا ، سحت ، شكم ، صنع

303

(الرفاهية)

أمم ، بول ، ترف ، خصب ، خضر ، خفض ، دغرق ، دغفق ، رخا ، رسغ ، رغد ، رغس ، رفغ ، رفغن ، رفه ، رفهن ، ضفا ، طثر ، غدفل ، غرل ، غفر ، فضض ، قها ، نضر ، نعم ، وجد ، وسع ، وفر

(الزراعة)

أبر ، أرس ، أكر ، بخع ، بذر ، بزر ، حرث ، حقل ، خبأ ، خبر ، خرج ، ذرأ ، سكك ، فرخ ، فلح ، وكر

(الزكاة)

زكا ، زهد ، صدق ، عمل ، نخخ ، نصب

(الأسعار)

ثمن ، سعر ، شفف ، صبغ

(رخص الأسعار)

حطط ، رخص ، زلل ، غفر ، غيض ، قوم ، موق

(ارتفاع الأسعار)

خدع ، رفص ، رهن ، زيد ، سوم ، غلا ، قطط ، نفق ، هزر

(السلع)

بضع ، بيع ، سلع ، متع

(السوق)

(الرواج)

تجر ، خدع ، سوق ، عطر ، درر ، قوت ، نفق

(الكساد)

بور ، حمق ، خدع , غرر ، قوت ، كسد ، موق ، نعس

(المضاربة)

ضرب ، قرض

(العمل)

تقن , ثمل ، حرف ، حشش ، حوك ، خرز ، خزف ، رذل ، رمق ، سكف ، شفف ، صنع ، ضيع ،
طبع ، عسف ، عسل ، علك ، عمل ، عوس ، قين ، كدح ، كفن ، وضع

(الغنى)

بلل ، بندر ، ترب ، ثرا ، ثمر ، حرف ، حظظ ، درهم ، دنر ، ريش ، زكأ ، غنا ، قعس ، قوا ،
متع ، مول ، نفس ، وفر ، يسر ، يدي

(الفقر)

أبث ، بأس ، بلط ، بوش ، بوط ، ترب ، جرف ، جلف ، حرف ، حوب ، خصص ، خلق ، خلل ،
خوب ، دقع ، رجل ، رمق ، روب ، زعر ، زهد، سأل ، سكن ، سوف ، سوق ، صعلك ، صفر ،
صلفع ، صلقع ، صلمع ، ضرك ، ضيق ، طمل ، عدم ، عصب ، عقف ، عهن ، عوز ، عيل ،
فتق ، فقر ، فقع ، فلس ، فوق ، قتر ، قلل ، قوا ، لفج ، ملق ، نفق ، هزبل ، هزل، وبد

(شدة العيش والجدب والقحط)

أزق ، أزم ، جفف ، جلب ، جوح ، حفف ، خشب ، خفف ، خفق ، رتب ، رقق ، رمل ، سنة ،
شظف ، صرم ، ضرر ، ضنك ، عجف ، عسر ، عضض ، قتر ، قحط ، قوا ، كتل ، كدا ، نكد ، وبد

(القرض)

دين ، سلف ، ضمر ، ظنن ، غرم ، قرض ، كلأ ، مطل ، ملأ ، نسأ

(الكسب)

أبش ، بغا ، جرف ، جلب ، حترف ، حرف ، خبط ، خرش ، خفق ، رقح ، زمر ، سحت ، سمل ، صرف ، ضرب ، طعم ، عسس ، عسم ، عصف ، عمل ، عوس ، عوك ، عول ، عيل ، غير ، قثم ، قرش ، قرف ، قنا ، كدح ، كدد ، كدش ، كده ، كسب ، كسم ، هبش ، هبل

(المكاييل والأوزان)

بخس ، بدر ، بهر ، جرب ، جرف ، جزف ، خطر ، دسق ، دنق ، ذرع ، ذهب ، ردب ، رطل ، سندر ، صرف ، صوع ، طسق ، طفف ، عبر ، عشر ، عور ، عير ، فرق ، فلج ، قبع ، قبن ، قرط ، قسط ، قفز ، قنطر ، كبع ، كرر ، كيل ، مدد ، مدي ، مكك ، منن ، مني ، نشش ، نصف ، نطل ، هيس ، وزن ، وسق ، وفى ، وقي ، وكر

(المال)

أثث ، بضع ، ثرا ، ثمر ، جرف ، حجر ، حرز ، خلع ، خير ، دبر ، دثر ، دعم ، ذرا ، رمم ، ريش ، زلل ، سأر ، سبد ، شري ، ضمر ، ضهل ، ظهر ، عقر ، علق ، عهن ، غرب ، غرر ، فتن ، فجر ، فنع ، قزم ، كدس ، متع ، مول ، نقز

(النقود)

تبر ، ثمر ، جوز ، حجر ، درهم ، دنر ، سحل ، سكك ، صرر ، صلقح ، ضرب ، عين ، قرقف ، لها ، نضض ، نقد ، نمم ، ورق

(النقود المزيفة)

بهرج ، جشم ، زيف ، ستق ، ضربج ، فسل ، قسا ، نقد ، نمم

(التوزيع)

خمس ، ربع، فلج